글 로 벌 기 업

– 환경과 전략 –

강 호 상 저

法 文 社

The Global Corporation

environments & strategies

by

Ho-Sang Kang, Ph.D.
Sogang University

2013
Bŏbmun Sa
Paju bookcity

머리말

이 책은 저자가 지난 30년 동안 The University of Texas at Dallas와 서강대학교에서 강의해온 강의교안을 정리한 것이다. 이 책의 내용은 〈The World Economy〉, 〈무역개론〉, 〈기업과 국제환경〉 그리고 〈국제경영입문〉 등의 과목에서 다루어 온 것으로 글로벌기업의 환경과 전략에 관한 이슈들을 살펴보고 있다.

이 책은 모두 5부로 구성되어 있는데, 제1부에서는 무역이론 및 무역정책을 살펴보고, 제2부에서는 국제수지, 외환시장 및 국제통화제도 등 글로벌 금융환경, 제3부에서는 무역실무, 제4부에서는 글로벌 경영, 그리고 제5부에서는 글로벌 경영 사례를 다루고 있다.

이 책은 경영학 또는 무역학을 처음 접하는 대학의 저학년 학생들을 위하여 집필된 것으로서 학생들로 하여금 글로벌 기업을 둘러싸고 있는 무역환경 및 금융환경을 이해하고 무역실무에 관한 기본적인 지식을 습득할 수 있도록 돕고자 하였다. 또한 학생들에게 글로벌 경영의 특성과 글로벌 경영전략과 관련된 주요 이슈들을 설명하고 마지막으로 글로벌 경영 사례들을 공부할 기회를 제공하고자 하였다.

저자의 경험에 따라 <무역개론> 또는 <기업과 국제환경> 과목에서는 상대적으로 이 책의 전반부 내용에 많은 시간을 할애한 반면 <국제경영입문> 과목에서는 이 책의 후반부 내용에 더 많은 시간을 할애하였다.

많은 사람들의 도움으로 이 책이 세상의 빛을 보게 되었다. 무엇보다도 지난 30년 간 본인이 강의하는 과목의 강의실에서 수업에 열중하고 의미있는 질문을 함으로써 저자의 강의 내용이 더욱 충실해질 수 있도록 자극을 준 학생들에게 진심으로 감사의 마음을 전한다. 그리고 서강대학교 경영대학 국제경영분야 선배 및 후배교수들과의 학문적 그리고 인간적 교류를 통하여 글로벌 경영에 관한 저자의 시야가 크게 확대될 수 있었던 점에 대하여도 감사의 마음을 간직하고 있다. 한편 이 책의 원고정리 과정에서 도움을 준 서강대학교 박사과정의 고성은 조교, 최돈승 조교에게도 감사의 마음을 전한다. 마지막으로 이 책의 편집을 맡아주신 법문사 예상현 과장님께 감사드리며 독자 여러분들께서 많은 조언을 해주실 것을 부탁드린다.

2013년 8월 21일

저자 씀

The Global Corporation

차 례

제 1 부 무역이론 및 정책

제 01 장 고전적 무역이론

제 02 장 근대적 무역이론

제 03 장 새로운 무역이론

제 04 장 관세 및 비관세 무역정책

제 2 부 금융환경

제 05 장 국제수지

제 06장 외환시장

제 07장 국제통화제도

제 3 부 무역실무

제 08장 무역계약 및 거래조건

제 09장 화물의 선적과 해상보험

제10장 신 용 장

제 4 부 글로벌 경영

제11장 글로벌경영의 특성

제12장 글로벌 경영전략

제13장 정치적 위험분석

제14장 수출전략

제15장 계약형태의 해외시장 진출전략

제16장 해외직접투자

제17장 글로벌 통합/조정과 현지화

제 5 부 글로벌 경영 사례

제18장 경영문제 해결과정과 사례분석 방법

제 1 부

무역이론 및 정책

Chapter

01

The Global Corporation

고전적 무역이론

제 1 절 절대생산비설

Adam Smith는 그의 저서 *The Wealth of Nations*(1776)에서 노동의 생산성을 증대시키기 위한 분업(division of labor)의 필요성을 강조하고 각국의 절대생산비(absolute cost)의 차이를 가지고 국제무역을 설명하고자 하였다. 즉, 각국은 두 가지 상품 중에서 무역상대국보다 자국에서 더 낮은 실질생산비로 생산할 수 있는 상품을 수출하고 더 높은 실질생산비로 생산할 수 있는 상품은 자국에서 생산하는 대신 수입하게 된다고 주장하였다.

이러한 주장을 절대우위이론(Theory of Absolute Advantage)이라고 부르는데 여기서 실질생산비(real cost)는 한 상품의 생산에 소요되는 실제 노동시간으로 정의한다. 절대우위이론에 의하면 각국은 한 재화를 국내에서 직접 생산하는 경우의 실질생산비보다 국제무역을 통하여 더 낮은 비용으로 수입할 수 있게 된다면 이것이 바로 무역의 이익이라고 주장하였다.

Adam Smith의 절대우위이론은 무역의 이익이 어떻게 발생하는지를 설명하고 자유무역의 이론적 기초를 제공하는 데 커다란 역할을 하였지만 한 국가가 두 상품의 생산에 모두 절대우위를 가지고 다른 국가는 두 상품의 생산에 모두 절대열위(absolute disadvantage)를 가지는 경우에 과연 무역이 발생할 수 있는가에 대하여는 명쾌한 대답을 하지 못하는 한계를 가지고 있다.

제 2 절 비교생산비설

David Ricardo는 그의 저서 *Principles of Political Economy and Taxation*(1817)에서 국제무역을 통하여 이익이 발생하기 위해서 반드시 절대우위가 요구되는 것은 아니며 상대적 생산비 또는 비교생산비(comparative cost)의 차이만 존재하면 된다고 주장하였다. 즉, 한 국가가 두 가지 상품의 생산에 모두 절대열위를 가지는 경우에도 비교우위(comparative advantage)를 가지는 상품을 수출함으로써 무역을 통하여 이익을 얻을 수 있다고 주장하였다. 이러한 주장을 비교우위이론(Theory of Comparative Advantage)이라고 부른다.

David Ricardo는 다음과 같은 예를 들어 비교우위를 설명하였다. 〈표 1-1〉은 포르투갈과 영국에서의 옷감과 포도주의 단위당 생산비 즉, 상품 1단위를 생산하는 데 소요되는 실제 노동시간을 보여주고 있는데 포르투갈은 두 상품의 생산에 있어서 모두 영국에 비하여 단위당 생산비가 낮으므로 영국에 비해 모두 절대우위를 가지고 있다. 그러나 포르투갈이 가지는 절대우위의 정도는 포도주의 경우는 80시간/120시간인 반면 옷감의 경우는 90시간/100시간이므로 포도주의 경우가 옷감의 경우에 비하여 절대우위의 정도가 더 크다는 것을 알 수 있다. 이러한 경우 포르투갈은 포도주의 생산에 비교우위(comparative advantage)가 있다고 하며 반대로 영국은 두 상품에 있어서 모두 절대열위를 가지지만 불리한

표 1-1 비교생산비의 예

상 품	포르투갈	영 국
옷 감	90시간	100시간
포도주	80시간	120시간

정도가 상대적으로 덜한 옷감의 생산에 비교우위가 있다고 한다.

1. 국제무역을 통해 두 국가가 모두 혜택을 얻을 수 있는 교역비율의 범위

이제 다음의 예를 통하여 David Ricardo의 비교우위이론이 우리에게 어떠한 메시지를 던지고 있는가를 파악하기로 하자.

〈표 1-2〉는 한국과 Greenland 두 국가에서 노동량을 투입할 때 Excel과 Igloo라는 두 상품이 각각 얼마나 생산되는가를 보여주고 있다. 〈표 1-2〉의 세 번째 줄에 따르면 2단위의 노동량을 Excel의 생산에 투입하고 3단위의 노동량을 Igloo의 생산에 투입하는 경우 한국에서는 8단위의 Excel이 생산되고 18단위의 Igloo가 생산되는 반면 Greenland에서는 1.0단위의 Excel이 생산되고 6단위

표 1-2 노동량 투입에 따른 한국과 Greenland에서의 생산스케줄

노동량 투입		생산량 (한국)		생산량(Greenland)	
Excel	Igloo	Excel	Igloo	Excel	Igloo
0	5	0	30	0	10
1	4	4	24	0.5	8
2	3	8	18	1.0	6
3	2	12	12	1.5	4
4	1	16*	6*	2.0*	2*
5	0	20	0	2.5	0

의 Igloo가 생산됨을 알 수 있다.

또한 〈표 1-2〉는 한국에서는 1단위의 노동량이 투입될 경우 Excel은 4단위가 생산되지만 Igloo는 6단위가 생산됨을 보여주고 있으며 반면에 Greenland에서는 1단위의 노동량이 투입될 때 0.5 단위의 Excel이 생산되지만 Igloo는 2단위가 생산됨을 보여주고 있다. 그러므로 Excel의 경우에도 한국의 생산성이 Greenland보다 높고 Igloo의 경우에도 한국의 생산성이 Greenland보다 높게 된다. 이러한 경우 우리는 한국은 Excel과 Igloo 두 가지 상품에 모두 절대적 우위(Absolute Advantage)를 가진다고 말한다.

그러나 David Ricardo의 비교우위이론에 따르면 중요한 것은 절대우위가 아니라 비교우위(comparative advantage)라는 것이다. 즉, 〈표 1-3〉에서 볼 수 있는 바와 같이 한국이 가지는 절대우위의 정도는 Excel의 경우가 4 : 0.5(또는 8 : 1) 인 반면 Igloo의 경우는 6 : 2(또는 3 : 1) 이므로 Excel의 경우가 Igloo의 경우에 비하여 절대우위의 정도가 더 크다는 것을 알 수 있다. 그러므로 한국은 Excel의 생산에 비교우위(comparative advantage)가 있다고 하며 반대로 Greenland는 두 상품에 있어서 모두 절대열위를 가지지만 불리한 정도가 상대적으로 덜한 Igloo의 생산에 비교우위가 있다고 한다.

표 1-3 단위 노동량이 투입되는 경우의 생산량

	한 국		Greenland
Excel :	4	:	0.5
	(= 8	:	1)
Igloo :	6	:	2
	(= 3	:	1)

한편, 앞의 〈표 1-2〉에서 (*)표가 부여된 수치들은 국제무역이 개시되기 이전 자급자족 하에서의 생산 스케줄을 나타낸다고

표 1-4 자급자족 하에서의 세계생산량(소비량)

Excel	Igloo
16(한국) + 2(Greenland) = 18	6(한국) + 2(Greenland) = 8

가정한다. 그러면 자급자족 하에서의 세계 생산량(소비량)은 〈표 1-4〉와 같게 된다.

이제 생산의 전문화와 국제무역이 이루어지는 경우를 생각하기로 한다. 보다 구체적으로 한국은 Excel의 생산에 비교우위를 가지고 있고 Greenland는 Igloo의 생산에 비교우위를 가지고 있으므로 한국은 Excel의 생산에 전문화를 기하여 Excel을 수출하고 Greenland는 Igloo의 생산에 전문화를 기하여 Igloo를 수출하기로 한다고 가정한다.

〈표 1-5〉와 〈표 1-6〉은 이러한 생산의 전문화와 국제무역이 이루어지는 경우를 보여주고 있다. 우선 〈표 1-5〉는 한국이 비교우위가 있는 Excel의 생산에 전문화를 기하기 위하여 노동량 5단위를 모두 Excel의 생산에 투입하고 Igloo의 생산에는 전혀 노동량을 투입하지 않는 경우를 보여주고 있다. 이 경우 〈표 1-2〉를 활용한다면 한국에서는 Excel 20단위가 생산되고 Igloo는 전혀 생산이 되지 않음을 쉽게 알 수 있다. 만약 한국이 생산되는 20단위의 Excel 중에서 3단위를 Greenland로 수출하기로 결정한다면 한국에서의 국내소비량은 Excel 17단위가 될 것이다. 반면에 한국이 국내에서는 Igloo가 전혀 생산이 되지 않지만 Greenland로부터

표 1-5 생산의 전문화와 국제무역: 한국(Excel에 비교우위)

구 분	생산량	수출 또는 수입	소비량	자급자족하 소비량
Excel	20	−3	17	16
Igloo	0	+7	7	6

표 1-6 생산의 전문화와 국제무역: Greenland(Igloo에 비교우위)

구 분	생산량	수출 또는 수입	소비량	자급자족하 소비량
Excel	0	+3	3	2
Igloo	10	−7	3	2

Igloo 7단위를 수입하기로 결정한다면 한국 국내에서 Igloo 소비량은 7단위가 된다.

반면에 〈표 1-6〉은 Greenland가 비교우위가 있는 Igloo의 생산에 전문화를 기하기 위하여 노동량 5단위를 모두 Igloo의 생산에 투입하고 Excel의 생산에는 전혀 노동량을 투입하지 않는 경우를 보여주고 있다. 이 경우 〈표 1-2〉를 활용한다면 Grenland에서는 Igloo 10단위가 생산되고 Excel은 전혀 생산이 되지 않음을 쉽게 알 수 있다. 만약 Greenland가 생산되는 10단위의 Igloo 중에서 7단위를 한국으로 수출하기로 결정한다면 Greenland에서의 국내소비량은 Igloo 3단위가 될 것이다. 반면에 Greenland가 국내에서는 Excel이 전혀 생산이 되지 않지만 한국으로부터 Excel 3단위를 수입하기로 결정한다면 Greenland 국내에서 Excel 소비량은 3단위가 된다.

생산의 전문화와 국제무역이 이루어지는 경우의 한국과 Greenland에서의 Excel과 Igloo의 국내소비량은 〈표 1-5〉와 〈표 1-6〉의 네 번째 열에 나타나 있다. 이제 〈표 1-2〉의 (*)표가 부여된 자급자족하에서의 국내생산량(소비량)을 〈표 1-5〉와 〈표 1-6〉의 다섯 번째 열에 표시하여 네 번째 열의 수치와 서로 비교해 보면 한국과 Greenland 양국에서 모두 자급자족하의 소비량보다는 생산의 전문화와 국제무역이 이루어지는 경우의 국내소비량이 Excel과 Igloo 두 상품 모두 증가하는 것을 알 수 있다. 즉, 생산의 전문화와 국제무역을 통하여 한국과 Greenland 두 나라 모두가 자급자족의 경우보다 Excel과 Igloo의 소비가 늘어나는 혜택을 보게 된다는 것을 알 수 있다.

한편 〈표 1-7〉은 생산의 전문화와 국제무역이 이루어지는 경우의 세계생산량과 소비량을 보여주고 있다. 즉, 〈표 1-5〉와 〈표 1-6〉을 활용하여 Excel의 경우에는 한국에서 17단위, Greenland에서 3단위의 Excel이 소비되고 한국이 생산의 전문화를 기하므로 20단위의 Excel을 생산하게 된다. 따라서 Excel의 경우 세계생산량과 소비량이 모두 20단위가 됨을 〈표 1-7〉이 보여주고 있다. 마찬가지로 〈표 1-5〉와 〈표 1-6〉에 의하면 Igloo의 경우 한국에서는 7단위, Greenland에서 3단위의 Igloo가 소비되고 Greenland가 생산의 전문화를 기하므로 10단위의 Igloo를 생산하게 된다. 따라서 Igloo의 경우 세계 생산량과 소비량이 모두 10단위가 됨을 〈표 1-7〉이 보여주고 있다.

그런데 앞의 〈표 1-4〉에서 우리는 이미 자급자족하에 세계생산량과 소비량을 살펴 본 바 있으므로 〈표 1-7〉과 〈표 1-4〉를 비교하면 Excel과 Igloo 두 상품 모두 국제무역하에서의 세계생산량과 소비량은 자급자족하에서의 세계생산량과 소비량보다 증가함을 알 수 있다.

그러므로 우리는 다음과 같은 결론을 얻을 수 있다. 즉, 생산의 전문화와 국제무역이 이루어지면 자급자족의 경우보다 첫째,

표 1-7 국제무역하의 세계생산량과 소비량

Excel	Igloo
소비량 = 17(한국) + 3(Greenland) 생산량 = 20(한국)	소비량 = 7(한국) + 3(Greenland) 생산량 = 10(Greenland)

표 1-4 자급자족하의 세계생산량(소비량)

Excel	Igloo
= 18	= 8

국제무역에 참여하는 국가들(한국과 Greenland)이 모두 혜택을 보게 되고 둘째, 두 상품(Excel과 Igloo) 모두 세계 총생산량과 총 소비량이 증가한다. 다시 말하자면, 국제무역이 이루어지면 무역에 참여하는 국가들이 각각 혜택을 보게 되고 또한 세계 전체적으로도 혜택이 나타난다는 것이다.

그러나 이러한 무역을 통한 혜택은 항상 가능한 것이 아니고 두 국가 간의 교역조건이 일정한 범위 내에서 결정될 경우에만 가능하게 된다. 보다 구체적으로 두 나라가 모두 무역을 통해 혜택을 얻기 위한 교역조건의 범위는 각국의 국내교환비율(domestic barter rate)에 의하여 결정된다. 여기서 국내교환비율이란 각국 내에서 특정 상품 1단위를 얻기 위하여 포기해야 하는 다른 상품의 단위수를 말한다. 〈표 1-2〉에 따르면 한국의 경우 Excel 4단위를 얻기 위해서는 6단위의 Igloo를 포기해야 하므로 국내교환비율은 4 Excel : 6 Igloo(또는 1 Excel : 1.5 Igloo)가 되고 Greenland의 경우는 0.5단위의 Excel을 얻기 위하여 2단위의 Igloo를 포기해야 하므로 국내교환비율은 0.5 Excel : 2 Igloo(또는 1 Excel : 4 Igloo)가 됨을 알 수 있다. 그러므로 두 나라가 모두 무역을 통해 혜택을 얻기 위한 교역조건

표 1-8 양국 모두가 무역을 통해 혜택을 얻기 위한 교역조건의 범위

	국내 교환비율		
	Excel		Igloo
한 국:	4	:	6
	(= 1	:	1.5)
Greenland:	0.5	:	2
	(= 1	:	4)
	1 : 1.5 하한계 [	←→	] 상한계 1 : 4
		양국 모두가 무역을 통해 이익을 얻기 위한 교역조건	

의 범위의 하한계는 한국의 국내교환비율인 1 Excel : 1.5 Igloo가 되고 상한계는 Greenland의 국내교환비율인 1 Excel : 4 Igloo가 된다. 그리고 두 국가 간의 교역비율이 각국의 국내교환비율에 의해 결정되는 상한계와 하한계의 사이에 있을 경우에만 두 나라가 모두 무역을 통해 혜택을 얻을 수 있게 된다.

우리는 위에서 〈표 1-5〉와 〈표 1-6〉을 작성할 때 한국과 Greenland가 생산의 전문화와 국제무역을 하는 경우 교역비율이 3 Excel : 7 Igloo(또는 1 Excel : 2.33 Igloo)라고 가정하였다. 이 경우는 교역비율이 하한계(1 Excel : 1.5 Igloo)와 상한계(1 Excel : 4 Igloo) 사이에 있으므로 두 나라가 모두 무역을 통해 혜택을 얻을 수 있게 된다. 그러나 교역비율이 하한계(1 : 1.5)와 상한계(1 : 4)로 정해지는 범위 바깥의 값을 가지는 경우 즉, 교역비율이 1.5보다 작거나 4보다 큰 수치가 되는 경우에는 두 나라가 무역을 통해 모두 혜택을 얻을 수는 없게 된다.

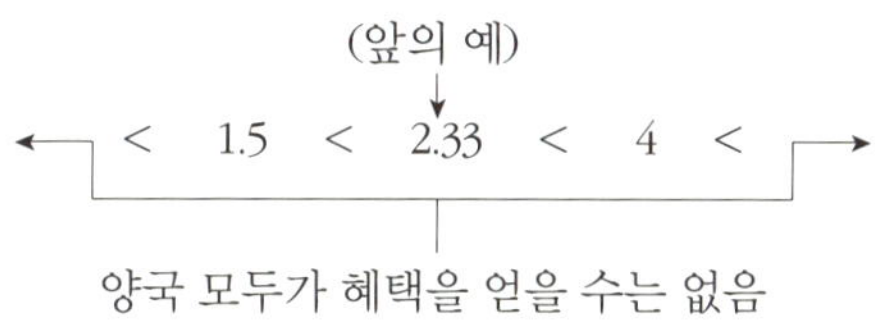

2. 유지될 수 있는 노동비용(임금) 비율의 범위

우리가 앞에서 두 국가가 모두 무역을 통해서 혜택을 얻을 수 있는 교역비율의 범위를 살펴볼 때 생산요소인 노동의 비용, 즉 임금에 대하여는 고려하지 않았다. 그러나 이제 노동비용(임금)에 대하여 고려하기로 하는데 일단 환율은 생각하지 않고 두 국가가 동일한 화폐단위를 사용한다고 가정한다.

〈표 1-9〉는 우선 한국과 Greenland에서의 단위노동량의 노동비용(임금)이 동일하게 ₩500이라고 가정하고 〈표 1-2〉의 한국

표 1-9 한국과 Greenland에서의 Excel과 Igloo의 단위당 생산비*

구 분		한 국	Greenland	
임금(단위노동량)		₩500	₩500	₩100
Excel	생 산 량	4	0.5	0.5
	단위당 생산비	₩125	₩1,000	₩200
Igloo	생 산 량	6	2	2
	단위당 생산비	₩83	₩250	₩50

* 노동비용을 고려할 경우

과 Greenland에서의 생산스케쥴을 이용하여 두 국가에서의 Excel과 Igloo의 단위당 생산비를 산출한 결과를 보여주고 있다.

〈표 1-2〉에 의하면 한국에서는 1단위의 노동량이 투입될 경우 Excel은 4단위가 생산되지만 Igloo는 6단위가 생산되고 반면에 Greenland에서는 1단위의 노동량이 투입될 때 0.5단위의 Excel이 생산되지만 Igloo는 2단위가 생산된다. 따라서 단위노동량의 임금이 ₩500이라고 가정하는 경우 한국에서의 Excel의 단위당 생산비는 ₩125(= ₩500/4)이 되고 Igloo의 단위당 생산비는 ₩83(= ₩500/6)이 된다. 또한 Greenland의 경우에는 Excel의 단위당 생산비는 ₩1,000(= ₩500/0.5)이 되고 Igloo의 단위당 생산비는 ₩250(= ₩500/2)이 된다.

이제 한국과 Greenland에서의 Excel의 단위당 생산비를 비교해보면 한국은 ₩125 그리고 Greenland는 ₩1,000이므로 한국이 Greenland에 비하여 Excel의 단위당 생산비가 더 저렴함을 알 수 있고 Igloo의 단위당 생산비는 한국은 ₩83 그리고 Greenland는 ₩250이므로 Igloo의 경우에도 한국의 단위당 생산비가 Greenland에 비하여 더 저렴함을 알 수 있다. 즉, Excel과 Igloo 두 상품 모두 Greenland에 비하여 한국에서 더 싸게 생산할 수 있음을 알 수 있다. 그러므로 한국은 두 상품 모두 수출하게 될 것이고

Greenland는 두 상품 모두 수입하게 될 것이다.

그러나 Greenland의 경우에는 Excel과 Igloo 두 상품 모두 수입만 하고 수출을 하지 못하므로 수입품에 대한 대가를 어떻게 지불할 수 있는가 하는 것이 문제가 된다. 이경우 아마도 Greenland 국민들은 일상생활에서 소비를 줄이고 내핍생활을 함으로써 이러한 수입품에 대한 대가를 지불할 수 있을 것이다. 그러나 이러한 내핍생활을 통한 수입품에 대한 대가의 지불도 한계가 있으므로 결국 Greenland 국민들은 그들 스스로에게 다음과 같은 질문을 하게 될 것이다. "왜 우리는 수입만 하고 수출은 하지 못하는가?" 그에 대한 대답은 매우 자명하여 Greenland 국민들은 그 이유가 Greenland에서 생산되는 Excel과 Igloo가 한국에서 생산되는 Excel과 Igloo보다 더 비싸기 때문임을 즉시 깨닫게 될 것이다.

그렇다면 Greenland가 국제경쟁력을 가지기 위해서는 Greenland의 임금수준을 낮추어야 한다는 결론이 나오게 된다. 그러므로 이제 Greenland 국민들이 낮은 수준의 임금을 받고도 일을 하겠다고 동의한다고 가정을 해본다. 좀 더 구체적으로 Greenland에서의 단위노동량의 임금이 ₩500으로부터 ₩100으로 급격히 하락한다고 가정해 본다. 그러면 〈표 1-9〉의 마지막 열에서 볼 수 있는 바와 같이 Greenland에서의 Excel의 단위당 생산비는 ₩200(= ₩100/0.5)이 되고 Igloo의 단위당 생산비는 ₩50(= ₩100/2)이 된다. 따라서 Greenland의 임금이 ₩100으로 하락하는 경우에는 Excel의 단위당 생산비가 한국은 ₩125 그리고 Greenland는 ₩200이므로 한국이 Greenland에 비하여 Excel의 단위당 생산비가 더 저렴하지만 Igloo의 단위당 생산비는 한국은 ₩83 그리고 Greenland는 ₩50이 되므로 Igloo의 경우에는 한국에 비하여 Greenland의 단위당 생산비가 더 저렴하게 된다. 그러므로 한국은 Excel을 Greenland에 수출하고 Greenland는 Igloo를 한국에 수출하게 될 것이므로 Greenland는 Igloo를 수출하고 받는 대가를 가지고 Excel을 수입하는데 대한 대가를 지불할 수 있게 될 것이다.

위의 예로부터 우리는 국제무역이 이루어지는 상황에서는 한 나라의 임금수준이 그 나라 독자적으로만 결정될 수는 없다는 것을 알게 되었다. 즉, 위의 예에서 보는 바와 같이 Greenland의 경우에는 한국과 같은 수준인 ₩500의 임금수준은 유지될 수가 없는 반면 ₩100의 임금수준은 유지될 수가 있게 된다. 그렇다면 두 국가 사이에 유지될 수 있는 임금의 비율은 어떻게 정해지는가?

이러한 물음에 대한 답을 구하기 위해서는 한국과 Greenland의 생산성을 비교해 보아야 한다. 위에서 이미 살펴 본 〈표 1-2〉에 따르면 Excel의 경우 1단위의 노동량이 투입될 경우 한국에는 Excel이 4단위가 생산되지만 Greenland에서는 0.5단위의 Excel이 생산되고 Igloo의 경우에는 1단위의 노동량이 투입될 때 한국에서는 Igloo는 6단위가 생산되고 Greenland에서는 2단위의 Igloo가 생산됨을 알 수 있다. 즉, 〈표 1-10〉에서 볼 수 있는 바와 같이 Excel의 경우에는 한국과 Greenland의 생산성의 비율은 4 Excel : 0.5 Excel(또는 8 : 1)인 반면 Igloo의 경우에는 한국과 Greenland의 생산성의 비율은 6 Igloo : 2 Igloo(또는 3 : 1)이 된다. 이러한 경우 한국과 Greenland의 임금의 비율은 Excel의 경우 생산성의 비율인 (8 : 1)을 상한으로 하고 Igloo의 경우 생산성의 비율인 (3 :

표 1-10 한국과 Greenland의 생산성의 비교(단위노동량)

	한 국		Greenland
Excel :	4	:	0.5
	(= 8	:	1)
Igloo :	6	:	2
	(= 3	:	1)

유지될 수 있는 임금의 비율

(하한) 3 : 1 ←——→ 8 : 1 (상한)

₩500 : ₩500(= 1 : 1) ₩500 : ₩100(= 5 : 1)

1)을 하한으로 하는 범위 내에 들어가야 한다. 〈표 1-9〉에서 처음에는 한국과 Greenland의 임금의 비율이 ₩500 : ₩500(또는 1 : 1)인 경우이므로 하한인 (3 : 1)의 밖의 값을 가지기 때문에 그러한 임금비율은 유지될 수가 없는 반면 나중에는 한국과 Greenland의 임금의 비율이 ₩500 : ₩100(또는 5 : 1)인 경우이므로 하한인 (3 : 1)과 상한인 (8 : 1) 사이의 값을 가지므로 그러한 임금비율은 유지될 수가 있는 것이다.

위에서 본 바와 같이 Excel과 Igloo 두 상품에 대하여 각각 한국과 Greenland의 생산성의 비율을 구하고 이 두 가지 생산성의 비율 사이에 두 국가 간의 임금의 비율이 들어갈 때 그러한 임금비율이 유지될 수 있다는 사실은 우리에게 국제경쟁력이 어디로부터 오는가에 대한 중요한 시사점을 던지게 된다.

〈표 1-11〉은 Excel과 Igloo 두 상품 각각에 대한 한국과 Greenland 간의 생산성의 비율과 동시에 한국과 Greenland 간의 임금의 비율을 보여주고 있다. Excel의 경우 한국의 근로자는 Greenland 근로자의 8배나 생산성이 높지만, 한국 근로자의 임금은 Greenland 근로자의 5배밖에 되지 않는다. 즉, 한국의 근로자는 생산성에 비하여 상대적으로 적은 임금을 받기 때문에 한국은 Excel

표 1-11 국제경쟁력은 어디로부터 오는가?

	생산성의 비교(단위노동량)		
	한 국		Greenland
Excel :	8	:	1
	Excel에 있어서 한국의 생산성은 Greenland의 생산성의 8배		
Igloo :	3	:	1
	Igloo에 있어서 한국의 생산성은 Greenland의 생산성의 3배		
임금 :	₩500	:	₩100
	(= 5	:	1)
	임금에 있어서는 한국이 Greenland의 5배		

에 있어서 국제경쟁력을 가질 수 있게 된다. 반면 Igloo에 있어서는 한국 근로자의 생산성이 Greenland 근로자의 생산성의 3배밖에 되지 않지만 한국 근로자의 임금은 Greenland 근로자의 5배나 된다. 즉, 한국의 근로자는 생산성에 비하여 너무 많은 임금을 받기 때문에 한국은 Igloo에 있어서는 국제경쟁력을 가질 수 없게 되고 오히려 Greenland가 Igloo에 있어서 국제경쟁력을 가지게 된다.

3. 유지될 수 있는 환율의 범위

우리가 앞에서 유지될 수 있는 임금비율의 범위 대하여 살펴볼 때 환율은 생각하지 않고 두 국가가 동일한 화폐단위를 사용한다고 가정하였다. 그러나 이제 두 국가가 서로 다른 통화를 사용하는 경우를 생각하기로 한다. 즉, 한국은 화폐단위로 원화(₩)를 사용하고 Greenland는 크라운화(₭)라는 화폐단위를 사용한다고 가정한다. 뿐만 아니라 추가적으로 한국에서의 Excel의 가격은 ₩ 600이고 Greenland에서의 Igloo의 가격은 ₭ 1,000 이라고 가정한다.

표 1-12 Excel과 Igloo의 가격(가정)

Excel : 한국 내 가격 ₩ 600

Igloo : Greenland 내 가격 ₭ 1,000

우선 우리가 가정한 한국에서의 Excel의 가격 ₩ 600과 Greenland에서의 Igloo의 가격 ₭ 1,000으로부터 각국에서의 국내교환비율(domestic barter rate)을 이용하여 다음의 〈표 1-13〉에서 보는 바와 같이 한국에서의 Igloo의 가격과 Greenland에서의 Excel의 가격을 산출할 수 있다. 즉, 한국에서의 Igloo 가격은 ₩ 400이 되고 Greenland에서의 Excel 가격은 ₭ 4,000이 되므로 한국과 Greenland에서의 Excel과 Igloo 가격을 다시 표현하면 〈표 1-14〉와 같이 된다.

표 1-13 한국에서의 Igloo 가격과 Greenland에서의 Excel 가격의 산출

국내교환비율(한국)	국내교환비율(Greenland)
4 Excel = 6 Igloo	0.5 Excel = 2 Igloo
2/3 Excel = 1 Igloo 2/3 (₩ 600) = ₩ 400 = 1 Igloo	1 Excel = 4 Igloo 1 Excel = 4 (₭ 1,000) = ₭ 4,000

표 1-14 한국과 Greenland에서의 Excel과 Igloo 가격

	한 국	Greenland
Excel	₩ 600	(₭ 4,000)
Igloo	(₩ 400)	₭ 1,000

이제 〈표 1-14〉가 보여 주는 한국과 Greenland에서의 Excel과 Igloo 가격 중에서 Greenland에서의 ₭로 표시된 Excel 가격과 Igloo 가격에 환율을 적용하여 ₩화로 환산하여 비교해 보기로 한다. 우선, (₩ 1 = ₭ 5)이라는 환율을 적용해 보기로 한다. 이 경우에는 〈표 1-16〉에서 볼 수 있는 바와 같이 Excel은 Greenland에서의 가격(₩ 800)에 비하여 한국에서의 가격(₩ 600)이 저렴하고 반면에 Igloo는 한국에서의 가격(₩ 400)에 비하여 Greenland에서의 가격(₩ 200)이 저렴하므로 한국은 Excel을 수출하고 Greenland는 Igloo를 수출하게 된다.

표 1-16 한국과 Greenland 간의 Excel 가격과 Igloo 가격의 비교

(환율가정: ₩ 1 = ₭ 5)

	한 국	Greenland
Excel	₩ 600	₭ 4,000 → ₩ 800
Igloo	₩ 400	₭ 1,000 → ₩ 200

두 번째는 (₩1 = ₭10)이라는 환율을 적용해 보기로 한다. 이 경우에는 〈표 1-17〉에서 보는 바와 같이 Excel은 Greenland에서의 가격(₩400)에 비하여 한국에서의 가격(₩600)이 더 비싸고 Igloo도 역시 Greenland에서의 가격(₩100)에 비하여 한국에서의 가격(₩400)이 더 비싸므로 한국은 Excel과 Igloo 모두 수입하고 Greenland는 두 상품 모두 수출하게 된다. 그러므로 이 경우 한국은 국제수지 적자를 보게 됨에 따라 환율조정의 필요성을 인식하게 될 것이므로 ₩화의 평가절하를 단행하기로 한다고 가정하자. 구체적으로 한국은 현재의 환율 즉, (₩1 = ₭10)로부터 원화의 평가절하를 단행하여 (₩1 = ₭5)이라는 새로운 환율을 채택하기로 한다고 가정하자. 그런데 (₩1 = ₭5)이라는 환율은 우리가 위에서 첫 번째로 이미 살펴 본 환율이고 그러한 환율의 경우에는 한국은 Excel을 수출하고 Greenland는 Igloo를 수출하게 되므로 유지될 수 있는 환율임을 알게 된다.

표 1-17 한국과 Greenland 간의 Excel 가격과 Igloo 가격의 비교

(환율가정: ₩1 = ₭10)

	한 국	Greenland
Excel	₩600	₭4,000 → ₩400
Igloo	₩400	₭1,000 → ₩100

마지막으로 (₩ 1 = ₭ 2)이라는 환율을 적용해 보기로 한다. 이 경우에는 〈표 1-18〉에서 보는 바와 같이 Excel은 Greenland에서의 가격(₩ 2,000)에 비하여 한국에서의 가격(₩ 600)이 더 싸고 Igloo도 역시 Greenland에서의 가격(₩ 500)에 비하여 한국에서의 가격(₩ 400)이 더 싸므로 한국은 Excel과 Igloo 모두 수출하고 Greenland는 두 상품 모두 수입하게 된다. 그러므로 이 경우 Greenland는 국제수지 적자를 보게 됨에 따라 환율조정의 필요성

을 인식하게 될 것이므로 ₭화의 평가절하를 단행하기로 한다고 가정하자. 구체적으로 Greenland는 현재의 환율 즉, (₩ 1 = ₭ 2)로부터 ₭화의 평가절하를 단행하여 (₩ 1 = ₭ 5)이라는 새로운 환율을 채택하기로 한다고 가정하자. 그런데 (₩ 1 = ₭ 5)이라는 환율은 우리가 위에서 첫 번째로 이미 살펴 본 환율이고 그러한 환율의 경우에는 한국은 Excel을 수출하고 Greenland는 Igloo를 수출하게 되므로 유지될 수 있는 환율임을 알게 된다.

표 1-18 한국과 Greenland 간의 Excel 가격과 Igloo 가격의 비교

(환율가정: ₩ 1 = ₭ 2)

	한 국	Greenland
Excel	₩ 600	₭ 4,000 → ₩2,000
Igloo	₩ 400	₭ 1,000 → ₩ 500

우리는 위의 세 가지 경우의 환율 중에서 두 번째 환율인 (₩ 1 = ₭ 10)과 세 번째 환율인 (₩ 1 = ₭ 2)은 유지될 수가 없는 반면 첫 번째 환율인 (₩ 1 = ₭ 5)은 유지될 수가 있음을 알았다. 그러므로 이제 우리는 유지될 수 있는 환율의 범위를 구해보고자 한다.

유지될 수 있는 환율의 범위를 구하기 위해서 우리는 두 나라에서의 Excel과 Igloo 간의 국내교환비율(domestic barter rate)을 다시 이용한다. 즉, 앞에서 이미 살펴본 바와 같이 한국에서의 국내교환비율인 4 Excel : 6 Igloo(또는 1 Excel : 1.5 Igloo)와 Greenland에서의 국내교환비율인 0.5 Excel : 2 Igloo(또는 1 Excel : 4 Igloo)를 이용한다.

우선 한국의 국내교환비율은 1 Excel : 1.5 Igloo이므로 여기에 처음에 가정한 한국에서의 Excel 가격인 ₩ 600과 Greenland에서의 Igloo 가격인 ₭ 1,000을 적용하면 1 Excel은 ₩ 600에 해당하고 1.5 Igloo는 ₭ 1,500에 해당하므로 1 Excel : 1.5 Igloo = ₩ 600

: ₭1,500(또는 ₩1 : ₭2.5)의 환율을 얻게 된다. 또한 Greenland에서의 국내교환비율은 1 Excel : 4 Igloo 이므로 여기에 처음에 가정한 한국에서의 Excel 가격인 ₩ 600과 Greenland에서의 Igloo 가격인 ₭ 1,000을 적용하면 1 Excel은 ₩ 600에 해당하고 4 Igloo는 ₭ 4,000에 해당하므로 1 Excel : 4 Igloo = ₩ 600 : ₭ 4,000(또는 ₩ 1 : ₭ 6.6)의 환율을 얻게 된다. 여기서 한국의 국내교환비율로부터 구한 환율 (₩ 1 : ₭ 2.5)을 하한으로 하고 Greenland의 국내교환비율로부터 구한 환율 (₩ 1 : ₭ 6.6)을 상한으로 하는 범위 내의 값을 가지는 환율은 유지될 수가 있는 반면 이러한 범위 밖의 값을 가지는 환율은 유지될 수가 없게 된다. 위에서 살펴본 세 가지 경우의 환율 중에서 두 번째 환율인 (₩ 1 = ₭ 10)과 세 번째 환율인 (₩ 1 = ₭ 2)은 그러한 범위 밖의 값을 가지므로 유지될 수가 없는 반면 첫 번째 환율인 (₩ 1 = ₭ 5)은 그러한 범위 내의 값을 가지므로 유지될 수가 있게 된다.

표 1-19 유지될 수 있는 환율의 범위를 구하는 방법

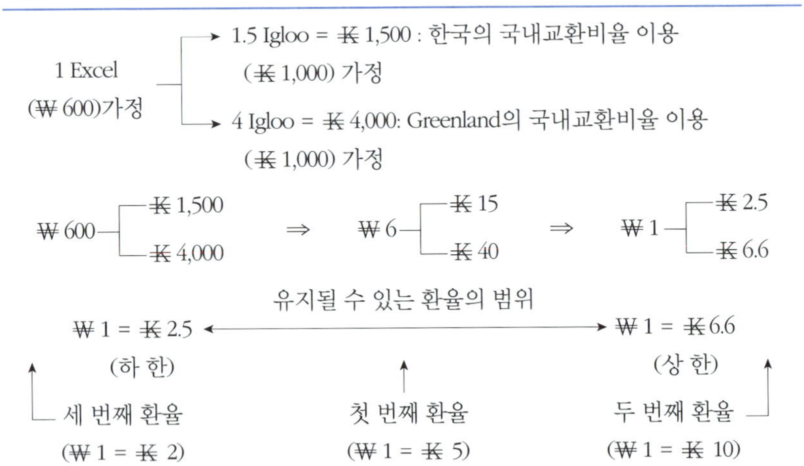

여기서 한 가지 주의해야 할 점은 〈표 1-19〉에서 도출한 유지

될 수 있는 환율 범위의 하한 값 (₩ 1 : Ꝁ 2.5)과 상한 값 (₩ 1 : Ꝁ 6.6)은 〈표 1-12〉에서 가정한 Excel의 가격과 Igloo의 가격을 이용하여 구한 값들이므로 Excel의 가격과 Igloo의 가격을 다르게 가정하는 경우에는 유지될 수 있는 환율 범위의 하한 값과 상한 값도 역시 달라지게 된다는 것이다.

우리는 앞에서 두 국가 모두가 국제무역을 통해 이익을 얻기 위한 교역조건의 범위는 각국에서의 국내교환비율에 의해 결정된다는 것을 배웠다. 즉, 한국과 Greenland에서의 Excel과 Igloo간의 국내교환비율이 양국 모두가 무역을 통해 이익을 얻기 위한 교역조건의 상한과 하한을 이룬다는 것이다. 그러나 지금까지 배운 것은 어디까지나 교역조건의 범위뿐 구체적으로 어떤 비율에서 교역조건이 정해지는가 하는 것에 대한 언급은 없었다.

그러면 구체적인 교역조건의 비율(단지, 상한과 하한이 아닌)은 어떻게 결정되는가? 그것을 알기 위해서는 수요적인 측면을 분석해야 한다. 즉, 여태까지는 Excel과 Igloo에 대한 공급적인 측면만 고려하였으나 구체적인 교역비율을 얻기 위해서는 수요적인 측면 즉, 소비자들의 취향(preference)을 고려해야 한다. 다시 말하자면 각국의 국민이 그 나라로 수입되는 수입품을 얼마나 절실하게 필요로 하는가에 따라서 구체적인 교역비율이 결정된다고 할 수 있다. 예컨대, 한국의 국민이 수입되는 Igloo를 매우 절실히 요구한다면 국제시장에서 비교적 많은 대가(Excel 몇 개와 바꾸는가 하는)를 지불하고라도 Igloo를 수입하려고 할 것이고 반대로 한국 국민이 수입되는 Igloo를 그다지 절실하게 요구하지 않는다면 많은 대가를 지불하지 않으려 할 것이다.

연 습 문 제

01 A국과 B국 두 나라 모두가 무역을 통해 이익을 얻기 위한 교역비율은 각국의 국내교환비율(domestic barter rate)을 하한(lower limit)과 상한(upper limit)으로 하여 그 범위가 결정된다고 한다. 만약 실제로 형성되는 구체적인 교역비율이 위에서 말한 범위 내에 들기는 하더라도 A국의 국내교환비율과 더 가까운 값을 가지게 된다면 무역을 통해 얻을 수 있는 이익을 상대적으로 어느 나라가 더 많이 갖게 된다고 할 수 있는가?

Chapter 02

The Global Corporation

근대적 무역이론

제 1 절 오퍼곡선(Offer Curve)

1. 상호수요곡선(Reciprocal Demand Curve 또는 Offer Curve)

우리는 이제 다음의 〈그림 2-1〉과 같은 한국으로부터 수입되는 Excel에 대한 Greenland 국민의 수요곡선을 생각하기로 한다. 〈그림 2-1〉에서 수직축(Pex)은 Excel의 가격을 나타내며 Excel 1단위와 교환되는 Igloo의 단위수로 표시하고 있다. 그리고 수평축(Qex)은 Excel에 대한 수요량을 나타내므로 수요곡선 상의 점들은 주어진 Excel 가격 하에서 Greenland 국민이 Excel을 얼마나 사기를 원하는가를 보여주고 있다. 이 수요곡선은 가격이 하락하게 되면 수요가 늘어난다는 수요곡선에 관한 일반적인 가정을 반영하고 있다.

한편 다음의 〈표 2-1〉은 위의 Greenland 국민의 Excel에 대한 수요곡선 상의 각 점들에 대하여 Greenland 국민이 원하는 Excel의 수량을 사기 위하여 그 대가로 몇 단위의 Igloo를 제공할 용의가 있는가를 보여주고 있다. 예를 들어 a)점의 경우 Pex = 6 Ig, 즉

그림 2-1 한국으로부터 수입되는 Excel에 대한 Greenland 국민의 수요곡선

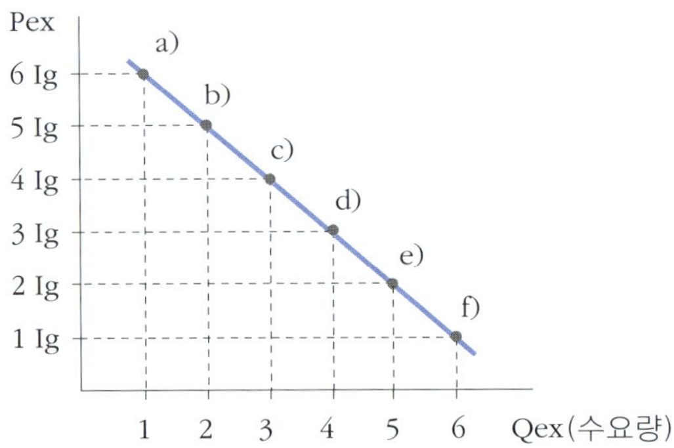

Excel 1단위의 가격이 6단위의 Igloo와 같은 경우 Qex=1, 즉 Greenland 국민은 Excel 1단위를 사고자 한다는 것을 나타내고 있으므로 이 경우 Greenland 국민은 원하는 1단위의 Excel을 사기 위하여 그 대가로 6단위의 Igloo를 제공할 용의가 있음을 우리는 알

표 2-1 Greenland 국민이 원하는 Excel의 수량을 사기 위하여 그 대가로 제공할 용의가 있는 Igloo의 단위 수의 산출

a) Pex = 6 Ig, Qex = 1(수요량)
　　6 Ig × 1 = 6 Ig 　즉, 1단위의 Excel을 사기 위해 6단위의 Igloo를 제공

b) Pex = 5 Ig, Qex = 2(수요량)
　　5 × 2 = 10 Ig 　즉, 2단위의 Excel을 사기 위해 10단위의 Igloo를 제공

c) Pex = 4 Ig, Qex = 3(수요량)
　　4 × 3 = 12 Ig 　즉, 3단위의 Excel을 사기 위해 12단위의 Igloo를 제공

d) Pex = 3 Ig, Qex = 4(수요량)
　　3 × 4 = 12 Ig 　즉, 4단위의 Excel을 사기 위해 12단위의 Igloo를 제공

e) Pex = 2 Ig, Qex = 5(수요량)
　　2 × 5 = 10 Ig 　즉, 5단위의 Excel을 사기 위해 10단위의 Igloo를 제공

f) Pex = 1 Ig, Qex = 6(수요량)
　　1 × 6 = 6 Ig 　즉, 6단위의 Excel을 사기 위해 6단위의 Igloo를 제공

수 있다. b)점의 경우에는 Pex = 5 Ig, 즉 Excel 1단위의 가격이 5단위의 Igloo와 같은 경우 Qex = 2, 즉 Greenland 국민은 Excel 2단위를 사고자 하며 이 경우 Greenland 국민은 원하는 2단위의 Excel을 사기 위하여 그 대가로 10단위의 Igloo를 제공할 용의가 있음을 우리는 알 수 있다.

이제 Qex 즉, 주어진 Excel 가격 하에서 Greenland 국민이 사기를 원하는 Excel의 수량을 수직축에 나타내고 수평축에는 원하는 Excel의 수량을 사기 위하여 그 대가로 제공할 용의(willingness)가 있는 Igloo의 수량을 나타내도록 하여 곡선을 그리면 그러한 그림을 우리는 상호수요곡선(Reciprocal Demand Curve) 또는 오퍼곡선(Offer Curve)이라고 부른다.

〈그림 2-2〉에서 보는 상호수요곡선을 자세히 살펴보면 수직축은 〈그림 2-1〉에서의 수평축과 같은 내용 즉, Qex(수요량)을 나타내고 수평축(Qig)은 Excel과 교환하기 위하여 Greenlnd 국민이 제공할 용의가 있는 Igloo 수량을 나타내므로 수직축과 수평축이 모두 수량을 나타내고 있음을 알 수 있다. 일반적인 수요곡선의 경우

그림 2-2 상호수요곡선(Reciprocal Demand Curve) 또는 오퍼곡선(Offer Curve)

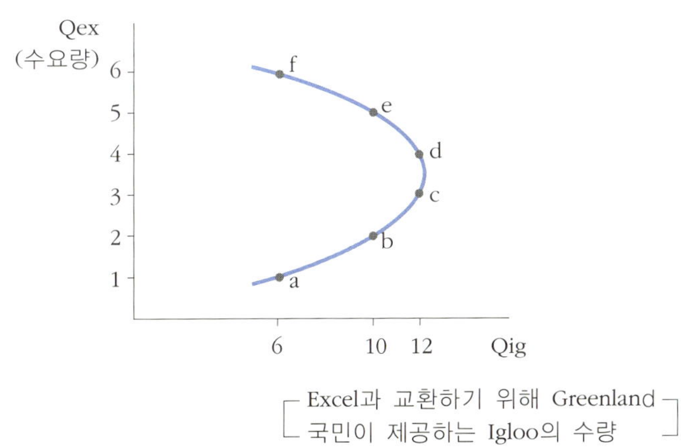

에는 수직축은 가격을 수평축은 수량을 나타내는 것과 비교하면 상호수요곡선은 상당한 차이가 있음을 알 수 있다.

그러면 우리는 상호수요곡선의 경우 어떻게 가격을 알 수 있는가? 가격을 알기 위하여 다음과 같은 기법을 사용하면 된다. 즉, 상호수요곡선상의 어느 한 점과 원점을 직선으로 연결하고 그 직선의 기울기를 구하면 바로 그것이 그 점에서의 Excel과 Igloo 간의 상대적 가격(상호교환비율)을 나타낸다. 〈그림 2-3〉은 상호수요곡선 상의 b점과 원점을 직선으로 연결하고 그 직선의 기울기를 구함으로써 b점에 있어서의 Excel과 Igloo 간의 상대적 가격(상호교환비율)을 구할 수 있음을 보여주고 있다.

따라서 b점에 있어서의 Excel과 Igloo의 상호교환비율은 2 Excel / 10 Igloo 또는 1 Excel / 5 Igloo이며 이러한 상호교환비율 하에서 Greenland국민은 Excel 2단위를 수입하고자 하고 Excel 2단위에 대한 대가로 Igloo 10단위를 제공(수출)할 용의가 있다는 것을 〈그림 2-3〉은 보여주고 있다. 우리는 위와 같은 기법을 사용하여 상호수요곡선 상의 모든 점들에 있어서 상호교환비율을 구할

그림 2-3 상호수요곡선(Reciprocal Demand Curve)의 경우 상대적 가격의 산출

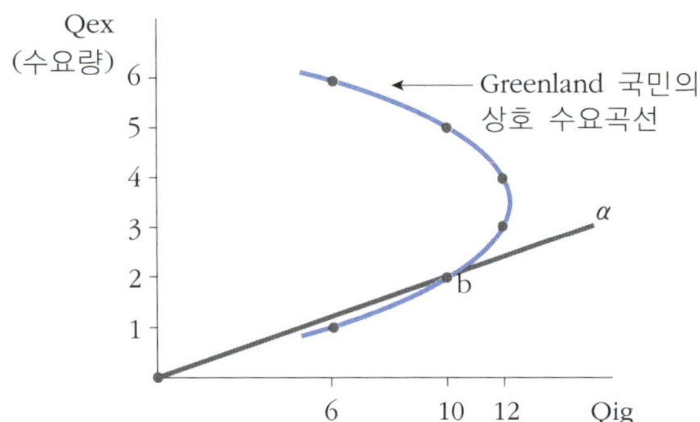

직선 α의 기울기 :

$$\frac{2\ \text{Excel}}{10\ \text{Igloo}} = \frac{1\ \text{Excel}}{5\ \text{Igloo}} =$$ b점에 있어서의 Excel과 Igloo의 상대적 가격 (상호교환비율)

수 있고 또 각각의 상호교환비율 하에서 Greenland국민이 수입하기를 원하는 Excel의 수량과 그에 대한 대가로 제공(수출)할 용의가 있는 Igloo의 수량을 아울러 보여줄 수 있다. 그러므로 Greenland국민의 상호수요곡선(offer curve)은 여러 가지 상호교환비율 하에서의 Greenland국민의 교역에 대한 취향(preference) 또는 용의(willingness)를 나타낸다고 할 수 있다.

Greenland국민의 상호수요곡선(offer curve)을 도출한 것과 마찬가지 방법을 사용하여 Greenland로부터 수입되는 Igloo에 대한 한국국민의 수요곡선으로부터 한국국민의 상호수요곡선(offer curve)도 역시 도출할 수가 있다. 〈그림 2-4〉는 Greenland국민의 상호수요곡선과 한국국민의 상호수요곡선을 동시에 보여주고 있으며 아울러 Greenland와 한국 각국에서의 국내교환비율도 보여주고 있다. 우리는 앞에서 두 나라 모두 무역을 통해서 혜택을 얻기 위해서는 국제교역비율이 한국과 Greenland 각국에서의 국내교환비율을 하한과 상한으로 하는 범위 내에 들어가야 한다는 것

그림 2-4 상호수요곡선을 이용한 실제 교역비율의 산출

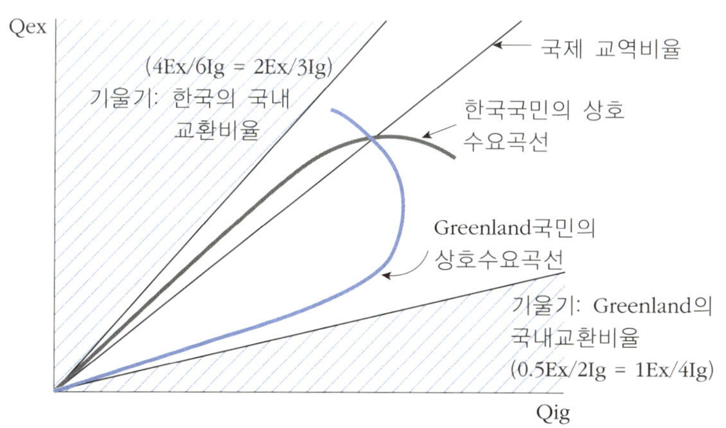

상호이익적 무역이 불가능한 교역조건(빗금친 부분)

을 배웠으므로 그러한 범위 밖의 값을 가지는 교역비율의 경우에는 상호이익적 무역이 불가능하다는 것을 〈그림 2-4〉는 보여주고 있다. 그리고 Greenland국민의 상호수요곡선은 Greenland국민의 교역에 대한 취향(preference)을 나타내고 한국국민의 상호수요곡선은 한국국민의 교역에 대한 취향을 나타내므로 이 두 가지 상호수요곡선이 서로 교차하는 점은 두 나라 국민을 모두 만족시킬 수 있는 점이 될 것이다. 따라서 그 교차점과 원점을 직선으로 연결하고 이 직선의 기울기를 구하면 그것이 바로 한국과 Greenland 간의 실제 교역비율이 될 것이다.

제 2 절 요소부존이론

1. 비교생산비설의 문제점

비교생산비설에 의하면 각국은 두 가지 상품 중에서 무역상대국에 비하여 비교우위를 갖고 있는 상품을 수출한다고 한다. 다시 말하면, 비교적 더 효율적으로 생산할 수 있는 상품을 수출한다는 것이다. 우리가 앞에서 살펴 본 예의 경우 한국은 Excel의 생산에 비교우위가 있으므로 Excel을 수출한다고 하였다. 그러나 왜 한국은 Excel의 생산에 비교우위가 있는가 하고 묻는다면 비교생산비설은 만족한 대답을 줄 수가 없다. 비교생산비설은 한국이 Excel을 상대적으로 더 효율적으로 생산할 수 있다고 가정할 뿐, 왜 그런가 하는 이유에 대하여는 언급을 하지 않고 있다. 그러므로 비교우위는 어떻게 발생하는가 즉, 왜 한국은 Excel을 Igloo보다 비교적 더 효율적으로 생산할 수 있는가라는 의문에 답하기 위하여 새로운 무역이론이 요구됨을 알 수 있다.

2. 요소부존이론(Heckscher-Ohlin Theory)

스웨덴의 경제학자인 Heckscher와 Ohlin에 의하여 처음 주장되고 나중에 Samuelson에 의해 보완된 요소부존이론(factor proportions theory 또는 factor endowment theory)은 비교우위의 발생 원인을 각국에 부존된 생산요소의 차이에서 찾고자 하였다.[1] 요소부존이론은 비교생산비설과는 달리 노동 이외에 자본을 생산요소로 추가하고 이 두 가지 생산요소의 부존상태가 국가별로 다르기 때문에 비교우위가 발생하게 된다고 주장하였다. 예를 들어, 한국에는 노동과 자본 두 가지 생산요소 중에서 상대적으로 자본이 풍부하게 부존되어 있다면 자본의 가격이 저렴할 것이므로 생산과정에서 자본을 많이(집약적으로) 활용하는 상품에 비교우위를 가지게 된다는 것이다. 반면에 Greenland에는 노동과 자본 두 가지 생산요소 중에서 상대적으로 노동이 풍부하게 부존되어 있다면 노동의 가격이 저렴할 것이므로 생산과정에서 노동을 많이(집약적으로) 활용하는 상품에 비교우위를 가지게 된다는 것이다.

요소부존이론은 다음과 같은 가정을 전제로 하고 있다. 첫째, 두 국가(예를 들어, 한국과 Greenland), 두 상품(예를 들어, Excel과 Igloo), 두 가지 생산요소(노동, 자본)가 존재한다. 둘째, 생산요소가 국내 산업 간에는 이동이 가능하므로 국내 산업 간에는 생산요소의 가격이 같아지지만 생산요소가 국가 간에는 이동이 불가능하므로 국가 간에는 생산요소의 가격이 다르게 된다. 셋째, 각국의 생산기술수준이 상품별로 서로 같다. 넷째, Excel을 생산하는 경우에는 Igloo를 생산하는 경우보다 상대적으로 자본이 많이 사용되고 Igloo를 생산하는 경우에는 Excel을 생산하는 경우보다 상대적으로 노동이 많이 사용된다. 즉, 산업 간에 생산요소의 집약도의

1) Bertil Ohlin, *Interregional and International Trade* (Cambridge: Harvard University Press, 1933)

차이가 존재한다고 가정하며 이 경우 우리는 Excel은 자본집약적 상품 그리고 Igloo는 노동집약적 상품이라고 부르기로 한다. 다섯째, 각국에 부존된 생산요소의 상대적인 부존량이 서로 다르다. 예를 들어 한국은 자본이 상대적으로 풍부하기 때문에 자본의 가격이 상대적으로 저렴한 반면 Grenland는 노동이 상대적으로 풍부하므로 노동이 가격 즉 임금이 상대적으로 저렴하다.

이와 같은 가정들을 바탕으로 하여 요소부존이론은 다음과 같은 결론을 내리고 있다. 첫 번째 결론은 어떤 나라든 자기 나라에 상대적으로 풍부한 생산요소를 상대적으로 많이 사용하는 상품에 비교우위를 가지고 그 상품을 수출하게 되며 그렇지 않은 상품을 수입하게 된다는 것이다. 즉, 한국이 상대적으로 자본을 풍부하게 보유하고 있다면 자본의 가격이 상대적으로 저렴할 것이므로 자본집약적 상품을 상대적으로 싸게 생산할 수 있게 되어 자본집약적 상품에 비교우위를 가지며 그러한 상품을 수출하게 된다는 것이다. 반면에 Greenland가 상대적으로 노동을 풍부하게 보유하고 있다면 노동의 가격이 상대적으로 저렴할 것이므로 노동집약적 상품을 상대적으로 싸게 생산할 수 있게 되어 노동집약적 상품에 비교우위를 가지며 그러한 상품을 수출하게 된다는 것이다.

두 번째 결론은 요소가격균등화 정리(Factor Price Equalization Theorem)라고 부르는데 두 국가 간에 무역이 개시되면 각국에서는 각국에 부존된 생산요소에 대한 수요의 변화로 인해 생산요소의 국제적인 이동이 없이도 생산요소의 가격이 양국에서 서로 같아지게 된다는 것이다.[2)]

예를 들어, 상대적으로 자본을 풍부하게 보유하고 있는 한국은 자본의 가격이 상대적으로 저렴할 것이므로 자본집약적인 상품인 Excel에 비교우위를 가지고 무역이 개시되면 Excel을 수출하게 될

2) Paul Samuelson, "International Trade and the Equalization of Factor Prices" *Economic Journal* 58 (1948), pp. 163–184.

것이다. 반면 상대적으로 노동을 풍부하게 보유하고 있는 Greenland는 노동의 가격이 상대적으로 저렴할 것이므로 노동집약적인 상품인 Igloo에 비교우위를 가지고 무역이 개시되면 Igloo를 수출하게 될 것이다. 그런데 한국의 경우 원래는 자본의 가격이 저렴하지만 자본집약적인 상품을 수출하게 됨에 따라 무역 이전에 비하여 자본집약적인 상품을 보다 많이 생산하게 될 것이므로 자본에 대한 수요가 늘어나 자본의 가격이 상승하게 될 것이다. 한편 한국은 상대적으로 노동을 부족하게 보유하고 있으므로 원래는 노동의 가격이 상대적으로 높지만 무역이 개시되면 노동집약적이 상품을 수입하게 됨에 따라 노동에 대한 수요가 줄어들어 노동의 가격은 하락하게 될 것이다. 반면 Greenland의 경우에는 원래는 노동의 가격이 저렴하지만 노동집약적인 상품을 수출하게 됨에 따라 무역 이전에 비하여 노동집약적인 상품을 보다 많이 생산하게 될 것이므로 노동에 대한 수요가 늘어나 노동의 가격이 상승하게 될 것이다. Greenland는 또한 상대적으로 자본을 부족하게 보유하고 있으므로 원래는 자본의 가격이 상대적으로 높지만 무역이 개시되

표 2-2 무역이 개시되는 경우 각국에서의 생산요소에 대한 수요의 변화

한국(자본풍부)	➞	Excel(자본집약적 상품)을 보다 많이 생산
비교적 자본 가격이 저렴	⇨	자본에 대한 수요가 늘어나 자본의 가격이 올라감
비교적 노동 비용이 높음	⇨	노동에 대한 수요가 줄어들어 노동의 가격이 하락
Greenland(노동풍부)	➞	Igloo(노동집약적 상품)를 보다 많이 생산
비교적 노동 가격이 저렴	⇨	노동에 대한 수요가 늘어나 노동의 가격이 올라감
비교적 자본 가격이 높음	⇨	자본에 대한 수요가 줄어들어 자본의 가격이 하락

면 자본집약적이 상품을 수입하게 됨에 따라 자본에 대한 수요가 줄어들어 자본의 가격은 하락하게 될 것이다. 그러므로 무역이 개시되면 한국에서는 자본의 가격이 상승하고 노동의 가격은 하락하며 Greenland에서는 노동의 가격이 상승하고 자본의 가격은 하락하게 되어 결국 한국과 Greenland 간의 자본의 가격이 서로 같아지고 또한 노동의 가격도 서로 같아지게 된다.

그러므로 생산요소의 국제적 이동이 없음에도 불구하고 무역이 개시되면 생산요소의 가격이 양국에서 같아지는데 이는 재화의 국제적 이동으로 인하여 생산요소가 국제적으로 이동하는 것과 같은 효과가 나타난다는 것을 의미하며 이것을 요소가격균등화 정리(Factor Price Equalization Theorem)라고 부른다.

연 습 문 제

01 상호수요곡선(오퍼곡선)은 무엇을 나타내고 있는가?

02 요소부존이론이 등장하게 된 배경을 설명하라.

03 요소가격 균등화 정리(Factor Price Equalization Theorem)를 설명하라.

Chapter 03

The Global Corporation

새로운 무역이론

제 1 절 고전적 또는 근대적 무역이론의 취약성

1. 비현실적인 가정

우리는 앞에서 절대생산비설과 비교생산비설 등의 고전적 무역이론과 요소부존이론 등의 근대적 무역이론을 살펴보았다. 그러나 이러한 무역이론들은 다음과 같은 상당히 비현실적인 여러 가지 가정들에 기초하고 있다.

첫째, 고전적 또는 근대적 무역이론들은 생산요소의 국제적 이동이 불가능하다고 가정하고 있다. 따라서 이들 이론은 결국 국가 간에 상품의 이동만이 가능한 무역이론에 국한되며 생산요소 특히 자본의 국제적 이동을 의미하는 국제투자를 설명할 수가 없다. 그러나 최근에는 국가 간에 무역뿐만 아니라 국제투자가 매우 활발하게 일어나고 있으며 그 결과 전세계적으로 다국적기업들의 활약이 크게 증가하고 있는데 이들 이론은 이러한 현상을 설명할 수가 없다.

둘째, 고전적 또는 근대적 무역이론들은 국가 간에 동질의 생산요소를 가정하고 있다. 예를 들어 국가 간에 생산요소로서 노동의 교육수준이나 숙련도의 차이를 고려하지 않고 있다. 그러나 사실상 각국의 생산요소는 이질적이며 이러한 각국 간 생산요소의 질적 차이는 양적 차이와 마찬가지로 생산비의 차이에 영향을 미친다. 한 국가의 노동이 교육수준이나 숙련도가 매우 높은 경우에는 노동의 양을 풍부하게 보유하고 있는 것과 마찬가지 효과를 생산비에 미치게 된다.

셋째, 이러한 이론들은 정태적인(static) 분석에 머무르고 있다. 즉, 시간이 경과함에 따라 나타날 수 있는 생산요소의 공급량 증대, 경제성장, 무역패턴 및 교역조건의 변화, 기술의 진보, 신제품의 출현 및 소비자들의 기호 변화 등을 전혀 고려하지 않고 있다. 즉, 시간이 경과함에 따라 어떠한 변화가 나타나는가를 살펴보는 동태적인(dynamic) 분석을 하지 못하고 있다.

넷째, 고전적 또는 근대적 무역이론들은 완전경쟁을 가정하고 있다. 즉, 다수의 공급자가 동질의 상품을 시장에 공급하고 다수의 수요자가 시장에 존재하기 때문에 누구도 가격에 영향을 미칠 수가 없는 완전경쟁을 가정하고 있다. 그러나 세계시장이 완전경쟁 하에 있다는 가정은 매우 비현실적이며 세계시장은 오히려 불완전경쟁 하에 있다고 보아야 할 것이다. 예를 들면, 세계시장은 소수의 대규모 다국적 기업들이 과점 등의 형태로 석권하고 있고 또한 세계교역량 중 상당부분을 다국적기업의 모회사와 자회사 또는 자회사 간의 거래가 차지하고 있다.

다섯째, 이러한 이론들은 각국의 기술수준이 서로 같다고 가정하고 있다. 그러나 특정제품을 생산하는 데 있어서의 기술수준이 여러 나라에서 모두 같다는 것은 매우 비현실적인 가정이라고 할 수 있다. 각국의 기술수준이 서로 다른 경우에는 각국의 생산함수가 서로 다르게 되므로 생산요소의 생산성의 차이를 초래하게 된다. 만약 기술의 혁신이 일어나는 경우에는 생산성의 차이뿐만 아니라 신제품의 출현을 가져와 국제무역의 상품 구성을 바꾸기도 한다.

여섯째, 이러한 이론들은 정보(information)의 국제적 이동에 대한 제약이 존재하지 않는다고 가정한다. 그러나 국가 간에 정보의 이동에는 실제로 많은 제약이 있고 또한 시차(time lag)가 존재한다고 보는 것이 보다 현실적이라고 할 수 있다. 만약 한 기업이 보유한 특정 제품의 생산기술 관련 정보가 다른 나라에 알려지기까지 시차가 존재하는 경우에는 그 기간 동안 다른 나라 기업들은 생산을 할 수가 없으므로 생산기술을 보유한 기업은 독점적 지위를 누릴 수가 있을 것이다.

일곱째, 고전적 또는 근대적 무역이론들은 제품차별화(product differentiation)에 대한 고려를 하지 않고 있다. 그러나 제품차별화에 대한 고려를 하지 않는 이들 이론으로는 다국적기업들이 상표를 강조하며 고도로 차별화된 제품들을 생산하고 있는 오늘날의 세계시장에서 일어나는 현상을 설명하기가 어렵다고 볼 수 있다.

2. 자료 분석을 통한 실증적인 검증결과

우리는 위에서 고전적 무역이론 또는 근대적 무역이론들이 매우 비현실적인 여러 가지 가정들에 기초하고 있음을 살펴보았다. 그러므로 이러한 비현실적인 가정들에 기초한 이들 이론이 현실세계에서 나타나는 국제무역 패턴을 과연 충분히 설명할 수 있는가에 대하여 실제 자료의 분석을 통한 실증적 검증(empirical testing)이 행해지게 되었다.

첫째, 비교우위가 노동생산성의 차이로부터 온다고 보는 Ricardo의 비교생산비설에 대한 검증은 1951년에 MacDougall에 의해 실시되었는데 〈그림 3-1〉에서 볼 수 있는 바와 같이 25개 산업에 대하여 미국과 영국의 세계 기타국에 대한 수출을 중심으

그림 3-1 MacDougall에 의한 비교생산비설에 대한 실증적 검증 모형

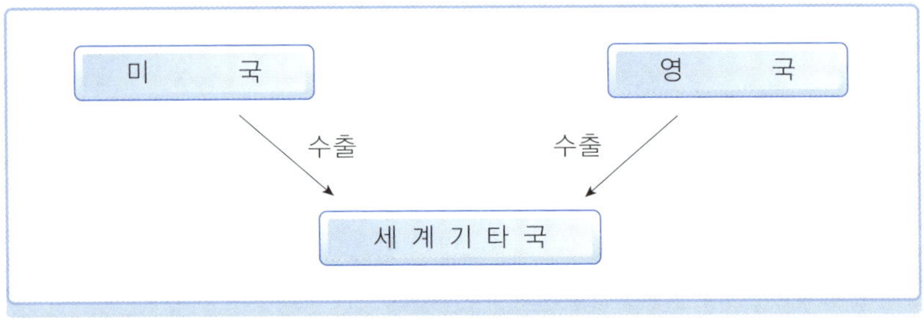

로 고찰되었다.[1]

MacDougall의 실증적 검증 결과에 따르면 우선 미국 노동자 1인당 생산성이 영국 노동자 1인당 생산성의 2.5배 이상 높은 산업에서는 미국의 수출이 영국의 수출보다 많음이 밝혀졌다. 여기서 생산성이 단지 높은 산업이 아니라 2.5배 이상 높은 산업에서 미국의 수출이 영국의 수출보다 많다는 사실은 절대우위가 아니라 절대우위의 정도가 상대적으로 더 큰, 즉 비교우위를 가지는 산업에서 미국의 수출이 영국의 수출보다 많다는 사실을 말해준다고 볼 수 있다. 한편, MacDougall은 실증적 검증을 통하여 같은 기간 중에 미국의 임금수준은 영국의 임금수준의 2배였다는 사실도 밝혔는데 이것은 우리가 앞에서 비교생산비설을 공부할 때 임금을 고려하는 경우 임금보다 생산성이 상대적으로 더 높은 산업에서 국제경쟁력을 가지게 된다는 결론과 일치한다고 할 수 있다. 또한, MacDougall의 실증적 검증 결과 미국과 영국간의 1인당 생산성의 비율이 1% 증가할 때 세계 기타국에 대한 미국과 영국간의 수출의 비율은 3% 내지 4%가 증가한다는 것도 밝혀졌다. 다시 말하여 MacDougall의 실증적인 연구는 노동생산성의 차이가 국제무역 패턴에 중요한 영향을 미친다는 것을 발견한 것으로서

1) G. D. A. MacDougall, "British and American Exports: A Study Suggested by the Theory of Comparative Costs," *Economic Journal* 61 (December 1951), pp. 697–724; (September 1952), pp. 487–521.

그림 3-2 MacDougall에 의한 비교생산비설에 대한 실증적 검증 결과(노동생산성과 수출)

이 그림에서 각 점들은 서로 다른 산업을 나타낸다. 그림에서 보는 바와 같이 미국 노동자 생산성이 영국 노동자 생산성의 2.5배 이상 높은 산업에서는 미국의 수출이 영국의 수출보다 많음을 알 수 있다.

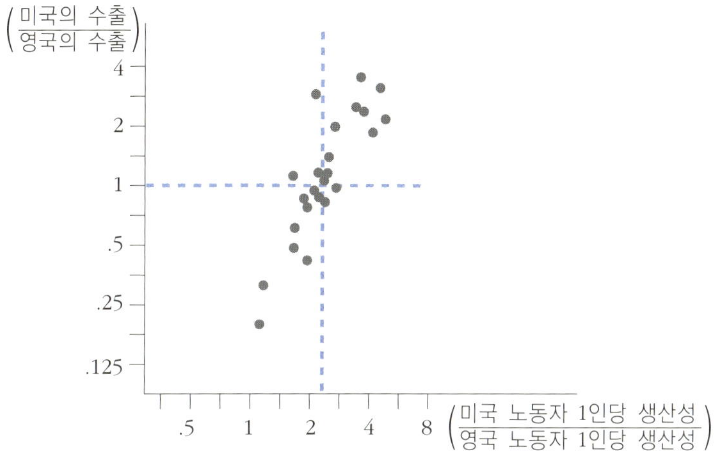

자료: Bela Balassa, "An Empirical Demonstration of Classical Comparative Cost Theory," *Review of Economics and Statistics*, 4, (August 1963), pp. 231-238.

Ricardo의 비교생산비설의 주장을 긍정적으로 평가한 것이라고 할 수 있다.

한편 [표 3-1]은 비교생산비설에 대한 실증적 검증을 위하여 중국과 독일을 비교한 것을 보여주고 있다. 1995년도 자료에 의하면 제조업 전체를 볼 때는 중국 노동자 1인당 생산성이 독일 노동자 1인당 생산성의 5.2%인 반면 의류산업의 경우에는 19.7%임을 알 수 있다. 즉, 의류산업의 경우 중국이 독일과 비교하여 절대적으로는 열위를 가지지만 제조업 전체와 비교할 때는 상대적으로 매우 높은 생산성을 가지므로 의류산업의 경우 중국의 총생산은 독일의 총생산의 8배에 달한다는 것을 알 수 있다. 다시 말하자면 우리는 [표 3-1]을 통하여 중국은 독일과 비교하여 의류산업에 비교우위(절대우위가 아닌)를 가지며 중국 의류산업의 총생산은 독일과 비교할 때 엄청나게 많다는 것을 알 수 있다.

표 3-1 비교생산비설에 대한 실증적 검증 결과(중국과 독일의 비교)

중국과 독일의 비교(1995년)		
	(중국 노동자 1인당 생산성 / 독일 노동자 1인당 생산성) (%로 표시)	(중국 총생산 / 독일 총생산) (%로 표시)
제조업 전체	5.2	71.6
의류산업	19.7	802.2

자료: Ren Ruoen and Bai Manying, "China's Manufacturing Industry in an International Perspective: A China-Germany Comparison." *Economie internationale*, no. 92-2002/4, pp. 103-130.

둘째, Leontief에 의하여 1950년대 중반에 발표된 요소부존이론에 대한 실증적인 검증 결과는 심각한 문제점을 제시하였다.[2)]Leontief는 1947년도의 미국의 산업연관표 (input-output table)를 이용하여 미국의 수출품과 수입대체품의 생산에 필요한 자본과 노동을 산출하여 비교해 본 결과, 미국의 수출품은 노동집약적이고 수입대체품은 자본집약적이라는 사실을 발견하였는데 이는 요소부존이론이 예측하는 바와는 정반대가 되었다. 즉, 일반적으로 미국은 노동에 비하여 자본이 상대적으로 풍부한 나라라고 생각되어 왔으므로 요소부존이론에 의하면 미국은 자본집약적인 산업에 비교우위가 있으며 미국의 수출품은 자본집약적인 상품인 반면에 수입품은 노동집약적인 상품이 되어야 할 터인데 Leontief의 실증적 검증 결과는 요소부존이론이 예측하는 바와는 정반대로 나타났으므로 이를 Leontief의 역설(paradox)이라고 부른다.

이러한 역설적인 실증적 검증 결과에 대하여 Leontief 자신은 다음과 같이 해명하려고 하였다. 즉, 미국의 노동자는 외국의 노동자에 비하여 약 3배 정도의 높은 생산성을 보유하고 있으므로 노동의 효율성까지 고려한다면 미국은 상대적으로 노동이 풍부한

2) Wassily Leontief, "Domestic Production and Foreign Trade: The American Capital Position Re-Examined," *Proceedings of the American Philosophical Society* 97 (September 1953), pp. 331-349.

나라라고 볼 수 있으며, 그러므로 요소부존이론은 여전히 유용한 이론이라고 주장하였다.

Leontief의 역설적인 실증적 검증 결과는 당시 학계에 커다란 충격을 주었으며 많은 학자들이 그 이후에도 여러 번 요소부존이론에 대한 실증적 검증을 시도하였으나 만족할 만한 결과를 얻지 못하자 새로운 이론의 필요성을 절감하게 되었다.

이제 새로운 이론을 정립하기 위한 여러 가지 시도들을 살펴보고자 하는데 제2절에서는 요소부존이론의 틀을 살리면서 약간의 수정을 가하여 그 설명력을 높이고자 한 시도들을 소개하고 제3절에서는 요소부존이론과는 전혀 다른 새로운 개념들을 도입하고자 한 이론들을 소개하고 마지막으로 제4절에서는 이러한 새로운 이론들을 집대성한 종합이론들을 소개하고자 한다.

제 2 절 고전적 또는 근대적 무역이론의 수정

1. 숙련노동설(Human-Skills Theory)

숙련노동설은 자본과 노동 이외에 새로운 생산요소로서 숙련노동을 도입하고 Leontief의 역설을 설명하려고 하였다. Leontief 자신은 미국 노동자의 생산성이 외국 노동자의 생산성에 비하여 높으므로 미국은 오히려 노동이 풍부한 나라라고 주장하였으나, 숙련노동설은 생산요소로서의 자본을 다시 정의하여 자본이 숙련노동의 가치를 포함하도록 하였다. 그러므로 미국은 일반적으로 생각하는 바와 같이 자본이 상대적으로 풍부한 나라인데 단지 그 자본 중에는 숙련노동의 가치도 포함되어 있다고 본 것이다. 그리고 실증적인 연구들의 결과는 미국의 수출산업분야가 수입대체산업분야보다 숙련노동을 고용하고 있는 비율이 더 높다는 것을 보임으로써 숙련노동설의 주장을 뒷받침하였다.[3)]

2. 국제자원이동설(International Transmission of Resources)

Fayerweather가 발표한 국제자원이동설은 6가지의 생산요소를 고려하는데, 이는 자본, 노동, 천연자원, 기술적 능력, 경영능력 및 기업가적 능력을 말한다.[4)] 국제자원이동설은 각각의 생산요소의 부존량이 나라에 따라서 다르며 각국은 풍부하게 보유하고 있는 생산요소를 가장 많이 사용하는 국제경영전략을 택하여 국제경영에 개입한다고 보는 주장이다. 국제경영전략은 매우 다양하다고 볼 수 있는데 예를 들면, 상품의 수출입, 해외직접투자, 라이슨싱, 경영계약, 턴키계약 등이 그것이다. 국제자원이동설이 주장하는 바를 설명하기 위해서 이스라엘의 경우를 예로 들면, 이스라엘은 기술적 능력을 풍부하게 보유하고 있는 나라로 생각할 수 있는데 이러한 기술적 능력을 매우 잘 활용할 수 있는 해외시장 진출전략으로서 계약연구(contract research)방법을 많이 택하고 있다. 또 미국은 일반적으로 경영능력과 자본이 풍부한 나라라고 생각되는데 이같이 풍부한 경영능력과 자본을 가장 잘 활용할 수 있는 해외시장 진출전략으로서 해외직접투자방법을 많이 택하고 있다.

---

3) Donald B. Keesing, "Labor Skills and Comparative Advantage," *The American Economic Review* (May 1966), pp. 249-58.

4) John Fayerweather, *International Business Strategy and Administration*, Second Edition (Cambridge, M.A.: Ballinger Publishing Co., 1982)

제 3 절 새로운 이론

1. 규모의 경제이론(Economies of Scale)

규모의 경제란 생산규모가 증대됨에 따라서 단위당 생산비가 감소하는 경우를 의미하는데 무역이론으로서의 규모의 경제이론은 각국은 자기나라의 국내시장여건과 부합되는 규모의 경제를 나타내는 제품의 생산에 전문화를 기한다는 주장이다. 즉, 국내시장이 매우 큰 나라는 규모의 경제가 크게 나타나는 제품을 생산하게 되면 국내시장에서 이미 단위당 생산비가 상당히 낮아지므로 해외시장으로 그 제품을 수출하려고 할 때 상당히 유리한 위치에 있게 된다는 것이다. 예를 들어, 미국은 국내시장의 규모가 매우 크기 때문에 규모의 경제가 크게 나타나는 제품의 경우 국내시장을 만족시키기 위한 생산을 하는 과정에서 단위당 생산비가 이미 많이 낮아지므로 해외시장으로 그 제품을 수출할 때 가격경쟁력을 가지게 된다는 것이다.[5] 반면에, 국내시장의 크기가 작은 나라는 규모의 경제가 거의 나타나지 않거나 또는 작게 나타나는 제품의 생산에 전문화를 기하여야 국내시장의 크기가 큰 나라와 경쟁할 때 불리한 입장에 처하지 않는다는 주장이다. 다시 말하면, 규모의 경제가 거의 나타나지 않는 제품에서는 국내시장이 큰 나라가 국내시장이 작은 나라에 비하여 단위당 생산비가 별로 낮지 않게 되므로 큰 이점을 갖지 못하게 된다는 것이다.

---

5) Bela Gold, "Changing Perspectives on Size, Scale and Returns: An Interpretive Survey," *Journal of Economic Literature* (March 1981), pp. 5-33.

2. 대표적 수요이론(Theory of Representative Demand)

Linder가 발표한 대표적 수요이론에 의하면 천연자원 집약적인 상품의 국제교역은 생산요소의 부존상태의 차이로써 설명이 가능하지만 공산품의 국제교역은 생산요소의 부존상태가 비슷한 국가 간에 이루어지는 경우가 많으므로 생산요소의 부존상태의 차이로는 설명이 불가능하다는 것이다. Linder에 의하면 한 나라로부터 수출되는 공산품의 범위는 국내수요(internal demand)에 의하여 결정된다고 한다. 그러므로 어떤 상품이 수출가능재가 되기 위해서는 그 상품이 우선 국내시장에서 소비되는 것이 필요하다는 것이다. 한편, 국내수요는 어떠한 상품이 수입될 것인가도 결정하게 되므로 결국 수출가능재의 범위와 수입가능재의 범위는 서로 같게 된다는 것이다. 이 이론은 1인당 소득수준이 높을수록 수요되는 상품의 질도 높아지며, 두 나라 간에 1인당 소득수준이 유사하면 할수록 질적으로 유사한 상품이 수요되므로 공산품교역이 이루어질 가능성이 더 커진다는 것이다. 그러나 Linder의 대표적 수요이론은 구체적으로 한 나라가 어떠한 특정 공산품을 수입하고 수출하는가 하는 것을 체계적으로 설명하지는 못하고 있다. 즉, "요소부존상태가 서로 같고 또한 서로 같은 종류의 상품을 생산 · 소비하는 두 국가가 왜 서로 교역을 하게 되는가"라는 보다 근본적인 문제에는 명쾌한 해답을 주지 못하고 있다.[6)]

3. 기술격차론(Theory of Technological Gap)

Posner가 주장한 기술격차론은 특정 국가가 신제품을 개발하는 경우 타국이 그 신제품 개발국이 개발한 제품을 모방하여 생산

6) Staffan Burenstam Linder, *An Essay on Trade and Transformation* (New York: John Wiley & Sons, 1961)

할 수 있기까지에는 상당한 시간이 걸린다고 보고 그러한 시간을 모방래그(imitation lag)라고 표현한다. 그러므로 특정 신제품에 있어서 국가 간에 기술격차가 발생하게 되고 그로 인하여 신제품 개발국은 모방래그 기간동안 수출에 있어서 독점적 위치를 확보하게 된다고 주장한다.[7]

기술격차론은 모방래그(imitation lag)를 다시 수요래그(demand lag)와 반응래그(reaction lag)로 구분한다. 수요래그는 신제품 개발국에서 개발된 새로운 제품이 타국의 소비자들에게 그동안 사용해 온 국내제품의 완전한 대체품으로 여겨지지 않기 때문에 발생하는 수요 측면에서의 지연되는 시간으로 정의되며, 반응래그는 신제품 개발국에서 새로운 제품이 생산되는 시점부터 타국의 기업들이 이러한 신제품이 자기 국내시장에서 경쟁적 위협을 초래하므로 국내생산을 통해서 대처하기로 결정하는 시점까지의 시간으로 정의된다. 그리하여 신제품 개발국은 일정기간 동안 독점적 위치를 확보하게 되는데 그 이유는 일반적으로 수요래그가 반응래그보다 그 기간이 짧기 때문이라고 본다. 즉, 수요래그가 끝나면 타국의 소비자들은 외국에서 개발된 신제품을 소비하고자 하지만 반응래그는 기간이 더 길기 때문에 타국의 기업들은 아직 국내생산을 시작하지 않으므로 신제품 개발국이 일정 기간 동안 독점적 위치를 확보하게 된다는 것이다.

그리고 생산에 있어서의 규모의 경제가 클수록, 관세 및 운송비가 낮을수록, 수요의 소득탄력성이 낮을수록, 타국의 소득이 낮을수록, 그리고 타국의 시장의 크기가 작을수록 타국에서의 국내생산은 더욱 지연이 될 것이므로 신제품 개발국으로부터 타국으로의 수출은 더욱 오래 계속된다고 주장한다. 결론적으로 기술격차론은 기술격차에 의하여 신제품 개발국이 수출에 있어서 독점

7) Michael Posner, "International Trade and Technical Change," *Oxford Economic Papers*, Vol.13 (October 1961), pp. 323–41.

적 위치를 갖게 되지만 일정시간 경과 후에는 기술혁신국에서 모방국으로 기술이 이전됨에 따라 저임금국이 경쟁적 우위를 갖게 된다고 주장한다.

제 4 절 종합이론

1. 제품수명주기 이론(Product Life Cycle Model)

1960년대에 Harvard 경영대학원의 Vernon과 Wells에 의해 정립된 제품수명주기이론은 신제품이 출현하고 나서 시간이 경과함에 따라 이 제품의 수명이 여러 단계를 거치는 과정에서 생산과 소비 및 산업조직면에 나타나는 주요 변동내용을 무역유형(trade pattern)의 동태적(dynamic) 변화 설명에 적용하려는 시도를 하였다.[8)]

전통적 무역이론과는 근본적으로 상이한 가정에서 출발하는 제품수명주기이론은 첫째, 신제품 생산기술 등에 관한 정보(information)의 국제적 이동은 제약되고 있으며, 둘째, 제품의 생산방법은 시간이 경과함에 따라 숙련노동 및 기술집약적 생산방법으로부터 단순노동 및 자본집약적 생산방법으로 변하는 등 예측가능한 방향으로 변동하게 되며, 셋째, 생산공정에는 규모의 경제(economies of scale)현상이 지배적으로 나타난다는 등의 가정을 하고 있다.

제품수명주기이론은 새로 개발된 재화가 도입기 → 성장기 →

8) Raymond Vernon, "International Investment and International Trade in the Product Cycle," *The Quarterly Journal of Economics* (May 1966), pp.190-207. Louis T. Wells, Jr., "A Product Life Cycle for International Trade?" *Journal of Marketing* (July 1968), pp. 1–6.

성숙기 등의 각 단계를 거치는 과정에서 생산지(production location)의 국제적 분포가 변동하는 것을 설명하고 있는데 다음에서는 각 단계별로 나타나는 특징적인 현상들을 살펴보기로 한다.

(1) 도입기

제품수명주기이론에 의하면 연구개발(R & D) 인력과 기술력을 충분히 확보하고 있어야 신제품을 개발할 능력이 있을 것이며 소득수준이 높아야 신제품에 대한 수요가 있을 것이므로 이러한 조건을 갖추었다고 할 수 있는 최고 선진국에서 신제품이 최초로 개발된다는 것이다. 그러면 신제품의 생산은 어디에서 이루어질 것인가? 제품수명주기이론은 생산도 역시 최고 선진국에서 행해진다고 주장한다. 그 이유는 다음과 같다.

첫째, 신제품이 시장에 출시된 초기 단계인 도입기에 있어서는 제품을 생산하는 기업이 제품의 수요자들과의 긴밀한 접촉을 통하여 제품의 내용, 성능, 디자인 및 포장 등에 관한 피드백(feedback)을 얻는 것이 중요하므로 제품의 생산지는 시장으로부터 가까운 것이 바람직하다고 할 수 있다. 둘째, 신제품이 시장에 출시된 초기 단계에 있어서는 제품이 갖는 독점적 성격 때문에 수요의 가격탄력성이 비교적 작다. 즉, 신제품의 경우에는 가격을 비교할 만한 경쟁제품이 확실하지 않으며 신제품의 수요자들도 가격에 민감한 반응을 보이지 않는 경향이 있으므로 제품의 생산비가 비싸도 큰 문제가 되지 않는다. 따라서 제품을 생산하는 기업이 생산비를 낮추기 위하여 외국에서 생산을 할 필요성을 별로 느끼지 않게 된다. 셋째, 신제품이 시장에 출시된 초기단계에 있어서는 생산공정이 아직 확정되어 있지 않으므로 외국에 생산시설을 확보하기 위한 투자를 하기에는 이르다고 할 수 있다.

그러므로 도입기에는 신제품 개발기업이 최고 선진국 국내시장 수요자를 상대로 한 국내생산을 하게 된다. 그러나 도입기 후반부에 이르러 신제품 개발기업이 국내시장 수요를 충분히 충족시키고 난 후 기타 선진국에서도 신제품에 대한 수요가 발생하게 되면 그 제품을 기타 선진국에 수출하게 된다.

(2) 성장기

도입기의 경우에는 신제품 개발기업이 제품의 생산기술을 독점적으로 확보하고 있지만 시간이 지남에 따라 생산기술에 관한 정보가 점차 국제적으로 확산되어 기타 선진국 기업들도 생산기술을 확보하게 된다. 제품수명주기이론은 생산공정에 규모의 경제(economies of scale)현상이 지배적으로 나타난다고 가정하므로 기타 선진국에서 그 제품에 대한 수요가 충분히 증가하게 되면 기타 선진국 기업의 단위당 생산비가 저렴해짐에 따라 가격경쟁력을 확보할 수 있게 된다. 따라서 기타 선진국 기업들이 그 제품의 생산을 개시하게 되고 최고 선진국으로부터의 수입품과 경쟁을 하게 된다.

일단 기타 선진국 기업들이 그 제품의 생산을 개시하고 나면 신제품 개발기업은 최고 선진국으로부터 기타 선진국으로의 제품수출이 운송비 및 관세/비관세 장벽 때문에 불리하다는 것을 깨닫게 된다. 이에 대한 타개책으로 최고 선진국 기업은 기타 선진국 내에서의 현지생산을 위한 해외투자를 단행하게 되고 기타 선진국 내에서 생산활동을 시작하게 되므로 최고 선진국의 수출은 감소하게 된다.

(3) 성숙기

성숙기의 경우 우선 제품에 대한 수요 측면을 살펴보면, 대량생산을 위한 자본집약적 대규모 설비투자를 합리화할 수 있을 정도로 그 제품에 대한 세계 전체적인 수요가 증대되고 또한 소비자들은 그 제품에 친숙해지므로 수요의 가격탄력성이 매우 커진다. 따라서 이 단계에서는 생산비를 낮추는 것이 매우 중요해지며 임금이 저렴한 후진국이 생산지로서의 우위를 갖게 된다.

또한 제품의 공급 측면을 살펴보면, 성숙기에 이르러는 제반 불확실성의 정도가 감소하므로 생산공정이 확정되고 표준화가 이루어진다. 이것은 특정제품을 개발한 특정국(특정기업)의 기술상의 우위가 소멸되는 것을 의미한다. 이 표준화 단계에서는 생산에 투입되는 노동력 중에서 미숙련 단순노동이 차지하는 비중이 상당히 크기 때문에 저렴한 미숙련 노동력을 풍부하게 가지고 있는 후진국이 생산지로서의 우위를 가지게 된다. 따라서 성숙기에는 후진국에서 생산된 제품이 최고 선진국 또는 기타 선진국으로 역수출된다.

위에서는 신제품이 개발된 후 도입기 → 성장기 → 성숙기 등의 각 단계를 거치는 과정에서 나타나는 무역유형(trade pattern)의 변화와 생산지(production location)의 국제적 분포의 변동을 살펴보았는데 다음에서는 특정 시점에서 최고 선진국, 기타 선진국, 그리고 후진국이 각각 어떠한 제품에 비교우위를 나타내는지를 살펴보고자 한다.

첫째, 최고 선진국(고소득국)의 경우에는 고급품(신제품) 생산에 비교우위를 갖고, 중급품(성장기 제품)과 저급품(표준화된 제품)을 수입한다. 둘째, 기타 선진국(중소득국)의 경우에는 중급품(성장기 제품) 내지 일부 저급품(표준화 초기단계에 있는)의 생산에 비교우위를 갖고 고급품을 주로 수입한다. 셋째, 후진국(저소득국)의 경우에는 저급품(표준화가 상당히 진전된 제품) 생산에 비교우위를 갖고 중급품(성장기 제품) 및 표준화 초기단계에 있는 일부 저급품을 주로 수입한다.

2. 산업내 무역이론(Intra-Industry Trade)

요소부존이론에 의하면 국제무역은 국가간의 요소부존도의 차이에 따른 생산비의 상대적 차이에 의하여 발생하게 되며 국가간의 이러한 차이가 크면 클수록 무역을 통해 이익을 얻을 수 있는 가능성이 크다고 본다. 그러므로, 자본이 상대적으로 풍부한 선진국과 노동이 상대적으로 풍부한 후진국간의 무역이 국제무역에서 차지하는 비중이 매우 커야 하고 또한, 이 경우의 무역에서는 공산품과 1차산품이 서로 교환되리라고 보여지나, 실제로는 그 반대의 현상이 일어나고 있음을 우리는 쉽게 알 수 있다. 즉, 오늘날의 국제무역에서 전세계 수출의 약 3/4이 선진국에 의한 것이고, 또한 그 중의 2/3 가량은 다른 선진국으로 수출되며 이 경우는 주로 공산품간의 교환임을 통계자료를 통하여 우리는 쉽게 알 수 있다. 더욱이 이러한 공산품 교환이 이루어지는 무역의 절반 이상이 동종산업에 속하는 상품들의 교환임을 볼 때 우리는 이러한 산업내 무역을 설명하기 위하여 새로운 무역이론이 요구됨을 알 수 있다.

Linder의 대표적 수요이론을 더욱 발전시킨 산업내 무역이론은 규모의 경제, 제품차별화, 그리고 중복되는 세분시장(overlapping market segments)에 중점을 두고 전개되는 이론이다.[9] 산업내 무역이론에 따르면 우선 국내의 공산품 제조회사들은 국내시장의 특정 세분시장에서 경쟁적 우위를 확보하기 위하여 차별화된 제품을 개발 · 유지하려고 끊임없이 노력한다. 이러한 경우 여러 기업들간의 제품들이 주로 디자인, 포장, 스타일, 소비자에 대한 서비스 및 광고 등을 통하여 차별화된다. 이제 국내 제조회사들은 해외시장에 진출하려고 할 때 그들이 현재 국내시

9) Herbert G. Grubel and P. J. Lloyd, *Intra-Industry Trade: The Theory and Measurement of International Trade in Differentiated Products* (New York: John Wiley & Sons, 1975)

장에서 경쟁적 우위를 확보하는 데 성공한 특정 세분시장과 유사한 세분시장을 가지고 있는 외국에서 그들의 제품에 대한 시장을 발견한다. 그리고 이러한 중복되는 세분시장(overlapping market segments)은 1인당 국민소득이나 경제발전정도가 자국과 비슷한 수준에 있는 외국에서 발견하기 쉽다. 또한, 외국에 있는 공산품 제조회사들은 자신들이 국내에서 확보한 세분시장과 유사한 해외의 세분시장을 공략하기 위하여 수출을 한다.

한편, 공산품 제조회사들은 제품차별화를 통하여 특정제품의 생산에 전문화를 기함으로써 규모의 경제를 달성할 수 있게 된다. 예를 들어, A국의 기업은 제품차별화를 통하여 한 제품의 특정변형(a particular variant of a product)의 생산에 전문화를 기함으로써 비용상의 이점을 얻을 수 있고 B국의 기업은 같은 제품의 또 다른 변형의 생산에 전문화를 기함으로써 비용상의 이점을 얻을 수 있을 것이다. 그러므로 중복되는 세분시장의 발견 및 제품차별화와 관련된 규모의 경제로써 산업내 무역의 설명이 가능하다고 할 수 있다.

예를 들어, 한국은 자동차시장에서 '소나타' 의 생산에 전문화를 기하고 규모의 경제와 제품차별화를 달성하여 이를 유럽에 수출하는 반면 독일은 'BMW' 의 생산에 전문화를 기하고 규모의 경제와 제품차별화를 달성하여 이를 한국에 수출함으로써 동종산업인 자동차산업에서 산업내 무역이 발생한다는 것이다. 그리고 한국과 독일의 1인당 국민소득이나 경제발전정도가 유사해졌기 때문에 서로 중복되는 세분시장이 존재하고 따라서 산업내 무역이 발생하게 된다는 것이다.

연 습 문 제

01 David Ricardo의 비교생산비설에 대한 실증적 연구결과를 설명하라.

02 Leontief의 Paradox를 설명하고 무역이론으로서의 의의를 말하라.

03 요소부존이론(Hecksher-Ohlin Theory)과 국제자원이동설(International Transmission of Resources)을 비교하여 설명하라.

04 대표적 수요(Representative Demand) 이론과 산업내 무역(Intra-Industry Trade) 이론을 비교하여 설명하라.

05 다음은 기술격차론의 주장이다. 이 말의 뜻을 설명하라.

"생산에 있어서의 규모의 경제가 클수록, 관세 및 운송비가 낮을수록, 수요의 소득 탄력성이 낮을수록, 소득이 낮을수록, 그리고 시장의 크기가 작을수록 신제품 개발국으로부터 타국으로의 수출이 더욱 오래 계속되며 타국의 국내생산은 더욱 지연이 된다."

06 제품수명주기이론은 전통적 무역이론과는 근본적으로 상이한 가정들을 활용하고 있다. 제품수명주기이론의 성장기와 관련하여 이러한 가정들이 어떻게 활용되고 있는지를 설명하라.

Chapter

04

관세 및 비관세 무역정책

제 1 절 관세의 종류

1. 과세의 기회에 의한 분류

(1) 수입관세(Import Duty)

수입관세는 외국 상품이 국내로 수입될 때 부과되는 관세로서 수입물품의 국내시장가격을 인상시켜 수입물품의 국내소비를 억제하게 되므로 해당물품의 국내생산을 증대시켜 국내산업을 보호하는 효과를 가지게 된다.

(2) 수출관세(Export Duty)

수출관세는 국내 상품이 외국으로 수출될 때 부과되는 관세로서 부과 목적은 첫째, 국가의 재정수입을 올리고, 둘째, 전략물자 및 자국 공업에 필요한 원료를 국내에 확보하며, 셋째, 특정물품의 대외유출로 인한 국내시장가격의 앙등을 억제하고자 하는 경우 등이다.

2. 과세방법에 의한 분류

(1) 종가세(Ad Valorem Duty)

수입상품의 가격을 과세기준으로 삼는 제도.

(2) 종량세(Specific Duty)

수입상품의 수량을 기준으로 하여 관세를 부과하는 제도.

(3) 선택세(Selective Duty)

한 품목에 대하여 종가세율과 종량세율을 동시에 표시하여 그 중 높은 세율을 적용하는 제도.

(4) 복합세(Compound Duty)

동일품목에 대하여 종가세와 종량세 두 가지를 결합한 관세부과방법.

제 2 절 관세의 효과

1. 관세의 실질적 보호효과

외국 상품이 국내로 수입될 때 관세를 부과하면 수입상품의 국내가격이 인상되므로 같은 상품을 생산하는 국내 생산자는 보호를 받게 된다고 할 수 있다. 관세를 통하여 특정 산업이 받게 되는 실질적인 보호효과는 실효보호율(effective rate of protection)로써 표시할 수 있는데 다음과 같은 예를 생각하기로 한다.

즉, 세계시장에서 자동차의 가격이 8,000이고 전체 부품가격은 6,000이라고 하자. A국가의 경우 수입자동차에 25% 관세를 부과한다면 수입자동차의 국내시장가격이 10,000이 되므로 국내자동차 생산자도 10,000의 가격을 받을 수 있게 된다. 관세가 부과되기 전 국내자동차 생산자의 국내에서의 부가가치는 2,000(즉, 8,000 − 6,000)인 반면 관세가 부과된 후의 국내에서의 부가가치는 4,000(즉, 10,000 − 6,000)이 된다. 이 경우 완성차에 대한 25%의 수입관세가 부가가치 측면에서는 100%의 실효보호율을 가지게 된다.

반면 B국가의 경우에 수입되는 자동차부품에 대하여 10%의 관세를 부과한다면 수입부품의 국내시장가격이 6,600이 되므로 관세가 부과되기 전 국내자동차 생산자의 국내에서의 부가가치는 2,000(즉, 8,000 − 6,000)인 반면 관세가 부과된 후의 국내에서의 부가가치는 1,400(즉, 8,000 − 6,600)이 된다. 이 경우 자동차부품에 대한 10%의 수입관세는 부가가치 측면에서 −30%(즉, −600/2,000)의 실효보호율을 가지게 된다. 즉, 관세의 실효보효율은 다음과 같은 식으로 표시할 수 있다.

관세의 실효보호율 = (관세 후 부가가치 − 관세 전 부가가치)/(관세 전 부가가치)

우리는 위의 예로부터 완성차에 대한 수입관세 부과가 국내자동차 생산자의 실효보호율은 높이는 반면 자동차부품에 대한 수입관세 부과는 국내자동차 생산자의 실효보호율을 낮추게 됨을 알 수 있다. 일반적으로 모든 나라에서 원료나 부품에 대해서는 극히 낮은 관세를 부과하고 완제품에 대해서는 높은 관세를 부과하는데 이러한 관세율구조를 경사관세(tariff-escalation)라고 부르며 완제품 산업에 대한 보호효과를 높이고자 시행하고 있다.

2. 관세는 누가 부담하게 되는가?

A국이 B국으로부터 Y재를 수입하고 있으며 A, B 양국 간 무역이 균형된 상태에서 A국의 수입관세 부과는 즉시 A국내 Y재 가격(소비자가격)을 인상시킨다. 따라서 A국내에서의 Y재에 대한 수입수요는 감소되며 만약, A국이 세계시장에 있어서 Y재의 주요 수입국이라면 세계시장에서의 Y재에 대한 총수요 역시 감소할 것이다. 그러면 세계시장에서 Y재에 대한 초과공급이 발생하므로 Y재의 세계시장가격이 하락하게 되고 따라서, B국의 Y재 수출가격도 하락하게 된다. 여기서 중요한 것은 수입관세부과로 인하여 A국의 소비자들이 수입되는 Y재에 대해 종전보다 더 높은 소비자가격을 지불하지만, A국 전체적인 입장(정부와 소비자를 포함한)에서 볼 때는 세계시장에서의 Y재 가격이 하락하므로 Y재를 종전보다 더 싼 가격으로 구입할 수가 있다는 것이다. 즉, A국의 수입관세 부과로 인하여 A국의 Y재 수입가격은 하락하므로 A국은 대외교역조건이 개선된다. 그러나 B국의 Y재 수출가격은 하락하므로 A국의 Y재에 대한 수입관세의 부과는 B국의 대외교역조건을 악화시킨다.

이상을 요약하면 다음의 〈표 4-1〉과 같다.

표 4-1 관세의 효과

수입관세부과 → 수입국내 소비자가격 상승(Pc↑) → 수입국의 수입수요 감소(D↓) → 세계시장에서 총수요 감소(Dw↓) → 세계시장에서의 가격하락(Pw↓) → 수출국의 수출가격 하락(Px↓)

그런데, 세계시장에서는 Px↓ = Pw↓ = Pm↓ 이므로
(Pm은 수입국 전체적인 입장(정부와 소비자를 포함한)에서 볼 때의 Y재의 수입가격)

Pm↓ → 수입국의 대외교역조건 개선

Px↓ → 수출국의 대외교역조건 악화

그러므로 A국이 Y재에 대하여 수입관세를 부과할 때 A국의 대외교역조건은 개선되지만 그 수입관세로 인하여 Y재 수출국인 B국의 대외교역조건은 악화되는 현상이 나타나게 된다.

그러나 이와 같은 현상이 제대로 나타나기 위해서는 다음과 같은 세 가지 조건이 만족되어야 한다.

즉, 첫째, 수입국의 Y재에 대한 시장의 크기가 커야 한다. 위에서 살펴 본 바와 같이 수입관세 부과로 인하여 수입국내 소비자가격이 상승하고(Pc↑) 그에 따라 수입국의 Y재에 대한 수입수요가 감소하는데(D↓) A국이 세계시장에 있어서 Y재의 주요 수입국이라면 이는 다시 세계시장에서 총수요 감소(Dw↓)로 이어지게 된다. 그런데 만약 A국의 Y재에 대한 시장의 크기가 작다면 A국의 수입관세 부과가 세계시장에서의 총수요에 별로 영향을 미치지 못할 것이므로 세계시장에서의 가격하락 그리고 수출국의 수출가격 하락은 나타나지 않게 될 것이다.

둘째, 수입국 내에서 Y재(수입품)에 대한 수입수요의 가격탄력성이 커야 한다. 수입관세의 부과로 수입국내 소비자가격이 상승할 때(Pc↑) 만약 수입국 내에서 수입품에 대한 수요의 가격탄력성이 작다면 수입국의 Y재에 대한 수입수요는 별로 변하지 않을 것이므로 세계시장의 총수요 역시 변하지 않고 따라서 세계시장에서의 가격하락 그리고 수출국의 수출가격 하락은 나타나지 않게 될 것이다.

셋째, 수출국(B국) 내에서 Y재(수출품)에 대한 공급의 가격탄력성이 작아야 한다. 수입국의 수입관세 부과로 인하여 수입국내 소비자가격이 상승하고(Pc↑) 그에 따라 수입국의 Y재에 대한 수입수요가 감소하며(D↓) 이는 다시 세계시장에서 총수요 감소(Dw↓)로 이어지게 되므로 세계시장에서는 Y재에 대한 초과공급이 발생하게 된다. 그러므로 세계시장에서 시장균형이 이루어지기 위해서는 세계시장에서 Y재의 공급이 감소해야 할 것이다. 그런데 일정한 크기의 공급량이 감소하기 위해서 공급의 가격탄력성이 큰 경우는 가격이 조금만 하락해도 되지만 공급의 가격탄력성이 작은 경우는 가격이 많이 하락해야 필요한 정도의 공급 감소가 나타나게 된다. 그러므로 수출국(B국)내에서 Y재에 대한 공급의 가격탄력성이 작은 경우에 수출되는 Y재의 세계시장가격과 수출가격이 많이 하락하게 되고 B국은 많은 타격을 받게 된다. 그 대표적인 예가 주로 후진국으로부터 수출되는 농산물이다. 농산물의 경우는 국제 농산물시세가 하락한다고 할지라도 공급량이 즉시 변화되기가 어려우므로 수입국이 수입관세를 부과할 때 농산물 수출국은 수출가격의 현저한 하락을 겪게 되고 타격을 입게 된다.

3. 관세가 수입국에 미치는 영향

우선 우리는 수입국이 Y재에 대하여 수입관세를 부과하게 되면 Y재의 세계시장가격 하락으로 인하여 Y재의 수입가격이 하락하므로(Pm↓) 수입국의 대외교역조건은 개선된다는 것을 이미 배웠다. 이것을 관세가 수입국에 미치는 좋은 영향으로서 국민후생의 증대라고 표현하기로 한다.

한편 관세는 수입국에 좋지 않은 영향도 미치게 되는데 이것을 국민후생의 감소라고 표현하기로 한다. 관세가 수입국에 미치는 좋지 않은 영향은 크게 두 가지로 구분할 수 있다. 첫째, 관세의 부과로 수입품의 수입국내 소비자가격이 상승하게 되면 수입국내 소비자들은 수입품을 사지 않고 전에는 원치 않던 국내에서 생산되는 수입대체품을 마지못해 구입하게 되는데 이와 같이 소비자들이 자기가 원하는 소비패턴을 유지하지 못하게 되므로 발생하는 소비자의 피해를 소비자의 후생 감소(consumer welfare loss)라고 표현한다.

둘째, 수입국이 수입품에 대하여 관세를 부과하게 되면 수입품과 경쟁관계에 있는 수입국내 기업들이 유리하게 되므로 국제적인 비교우위가 없는 수입국내 산업이 보호를 받게 된다. 즉, 수입관세의 부과로 인하여 국제적인 비교우위가 없는 산업에 국가가 보유하고 있는 한정적인 자원이 투입되므로 비교우위가 있는 산업에 자원을 집중적으로 투입하는 것에 비하여 국가적 차원에서 비효율적인 생산을 한다고 할 수 있다. 이것을 우리는 관세가 수입국에 미치는 나쁜 영향으로서 생산의 비효율성(production efficiency loss)이라고 표현한다.

그러므로 우리는 관세가 수입국에 미치는 좋은 영향을 최대화하고 나쁜 영향은 최소화 시킬 수 있다면 수입국 입장에서는 최적의 상황이 될 수 있을 것이라고 생각할 수 있는데 이러한 상황을 가져올 수 있는 관세수준을 적정관세(Optimum Tariff)라고 한다. 즉, 적정관세란 수입국의 관세부과 시에 대외교역조건 개선에 따른 국민후생의 증대가 무역규모의 축소에 따른 소비자의 후생 감소(consumer welfare loss) 및 생산의 비효율성(production efficiency loss)으로 나타나는 국민후생의 손실을 최대한 능가할 수 있도록 하는 관세수준을 말한다.

4. 관세가 수출국에 미치는 영향

이미 살펴 본 바와 같이 수입국이 Y재에 대하여 수입관세를 부과하게 되면 Y재의 세계시장가격 하락으로 인하여 수입국의 수입가격이 하락하는 동시에 수출국의 수출가격 역시 하락하므로 (Px↓) 수출국의 대외교역조건은 악화된다. 따라서 관세가 수출국에 미치는 영향은 주로 대외교역조건의 악화라고 할 수 있다.

5. 관세가 전 세계에 미치는 영향

우리는 관세가 수입국에 미치는 나쁜 영향으로서 소비자의 후생감소와 비효율적인 생산을 지목하였다. 한편 대외교역조건의 경우에는 수입국의 대외교역조건은 개선되고 수출국의 대외교역조건은 악화되므로 이 두 가지는 서로 상쇄될 수 있을 것이다. 그러므로 관세가 전 세계에 미치는 영향은 대외교역조건의 경우는 수입국과 수출국에 미치는 영향이 서로 상쇄가 된다고 하더라도 소비자의 후생감소와 비효율적인 생산 이 두 가지 나쁜 영향은 그대로 남게 된다. 결론적으로 수입관세가 수입국의 국민후생을 1차적으로 증대시킬 수 있다 할지라도 수입관세가 전 세계적인 수준에서 악영향을 미치므로 장기적으로 볼 때 국제경제의 침체로 인하여 수입국의 국민후생마저도 감소시키게 될 것이라고 볼 수 있다.

제 3 절 보호무역론의 근거

1. 유치산업보호론(Infant Industry Argument)

유치산업보호론은 경제발전이 늦은 후진국은 자국의 유치산업을 일정기간 관세와 같은 정책수단으로 보호해야 한다는 주장이다. 즉, 일시적으로는 보호에 따른 희생을 감수하여야 할지 모르나 그러한 보호로 인해 유치산업이 갖고 있던 잠재적인 비교우위가 실제로 나타나게 되면 비교우위에 따른 전문화가 가능해지며, 이렇게 얻어지는 국민후생의 증가는 과거의 희생을 상쇄하고도 남을 수 있다는 주장이다.

유치산업보호론의 이와 같은 주장은 규모의 경제와 학습효과를 그 바탕에 두고 있다. 즉, 한 국가가 특정 산업을 처음 시작하는 경우 높은 고정비용으로 인하여 단위당 생산비가 너무 높다면 다른 국가의 상품들과 경쟁하기가 어려울 것이다. 이 경우 정부가 그 특정 산업을 보호하여 그 산업의 생산과 판매가 일정 수준에 도달하게 되면 단위당 생산비가 외국의 경쟁기업과 경쟁할 수 있는 수준으로 감소하게 될 것이다. 또한 어떤 기업이 처음으로 상품을 생산하는 경우에는 제품생산경험이 없기 때문에 단위당 생산비가 높지만 생산경험을 쌓아감에 따라 생산비가 감소하게 될 것이다. 더구나 한 산업에서 축적한 이러한 경험 또는 학습이 다른 산업에까지 파급되는 경우에는 그 나라 경제 전반에 긍정적인 효과를 가져 올 수 있을 것이다.

유치산업보호론에 입각하여 자국의 유치산업을 정책적으로 보호함으로써 경제발전을 이룬 대표적인 예로서 한국을 들 수가 있다. 과거 한국의 가전산업과 자동차산업 등은 초기에 국제경쟁력을 갖추지 못하였으나 상당한 기간 동안 정부가 외국 경쟁제품의 수입을 금지함으로써 한국기업들은 국내수요를 기반으로 생산경험을 축적할 수 있게 되었고 그 결과 오늘날 국제경쟁력을 갖춘 세계 굴지의 기업으로 성장하게 된 것이라고 할 수 있다.

그러나, 유치산업보호론에 입각한 자국 산업의 보호는 정책수행과정에서 많은 문제점을 안고 있다. 첫째, 관세에 의한 보호를 받는 산업은 국제경쟁력을 가져야겠다는 생각을 절실하게 하지 않는 경향이 있고, 둘째, 일단 관세로 어떤 특정산업을 보호해 주기 시작하면 그 보호를 나중에 철회하기가 무척 어려우며, 셋째, 사양산업을 유치산업으로 잘못 선정하여 보호해주는 과오를 범하기 쉽고, 넷째, 누가, 어떤 산업을 선정하여, 얼마나 오랜 기간 동안 보호를 해주어야 할 것인가를 결정하기가 매우 어렵게 된다. 마지막으로 유치산업을 보호하기 위해서는 관세보다 정부보조금이 더 낫다고 할 수 있다. 왜냐하면, 관세가 미치는 악영향으로 소비자의 후생감소와 생산의 비효율성 등 두 가지를 들 수 있지만, 정부보조금의 경우 비효율적인 생산은 여전하나 소비자의 소비패턴이 수입품으로부터 국내 수입대체품으로 변화하지 않으므로 소비자의 후생은 영향을 받지 않게 되기 때문이다.

2. 적정관세정책

앞에서 우리는 관세가 수입국에 미치는 좋은 영향을 최대화하고 나쁜 영향은 최소화 시킬 수 있다면 수입국 입장에서는 최적의 상황이 될 수 있을 것이며 이러한 상황을 가져올 수 있는 관세수준을 적정관세(Optimum Tariff)라고 불렀다.

즉, 적정관세를 수입국의 관세부과 시에 대외교역조건 개선에 따른 국민후생의 증대가 무역규모의 축소에 따른 소비자의 후생감소(consumer welfare loss) 및 생산의 비효율성(production efficiency loss)으로 나타나는 국민후생의 손실을 최대한 능가할 수 있도록 하는 관세수준으로 정의할 때 특정 국가가 자신의 적정관세수준을 찾아내어 그러한 관세수준을 채택하고자 하는 정책을 적정관세정책이라고 한다.

그러나 적정관세정책은 다음과 같은 문제점을 가지고 있다. 첫째, 관세의 부과로 자국의 대외교역조건을 개선시키고 수출국의 대외교역조건을 악화시키기 위해서는 수입국의 그 수입품에 대한 시장의 크기가 매우 커야 한다는 것은 이미 밝힌 바가 있다. 따라서 자국의 시장 크기가 작은 나라는 적정관세라는 개념을 적절하게 적용하기가 어렵게 된다. 둘째, 시장의 크기가 큰 수입국이 수입관세의 부과로 수출국의 대외교역조건을 악화시킬 수가 있다면 큰 나라는 작은 나라를 경제적으로 괴롭힐 수 있다는 것을 뜻하므로 적정관세정책은 국제사회에서 도덕적인 문제를 야기하게 된다. 마지막으로 실제로 적정관세수준을 산출해 보면 대부분 국가의 경우 상당히 저율(예를 들면, 10% 이하)의 관세수준을 얻게 된다. 그러므로 고율의 관세(예를 들면, 50% 이상의 관세)를 부과하는 경우는 적정관세라고 보기가 힘들다.

3. 국내고용 증대, 국제수지 개선

보호무역정책을 채택해야 하는 이유로서 국내고용 증대 및 국제수지 개선 등이 자주 거론되기도 한다. 그러나 이러한 목적을 위하여는 관세와 같은 간접적인 정책보다는 국내고용 증대를 위해서는 재정 및 금융정책 그리고 국제수지 개선을 위해서는 환율정책과 같은 직접적인 정책이 더 효과적이라는 의견이 지배적이다.

제 4 절 비관세 무역정책

1. 수출보조금(Export Subsidy)

수출보조금은 수출을 촉진하기 위하여 정부가 수출업자에게 보조금을 지급하는 제도를 말한다. 이 경우 수출업자는 정부로부터 수출보조금을 받기 때문에 국내가격이 외국가격보다 비싸더라도 수출을 하게 된다. 즉, 수출보조금은 기업들에게 국내판매보다는 수출을 하도록 유도하게 된다. 수출보조금의 경제적 효과를 살펴보면 수출보조금으로 인하여 수출상품의 국내가격이 국제시장가격보다 비싸게 되므로 국내생산은 증가하고 국내소비는 감소하며 수출은 증가하지만 정부는 보조금 때문에 지출을 증가시키게 된다.

2. 수입할당(Import Quota)

관세는 수입상품의 국내가격을 인상시킴으로써 수입을 억제하는 반면에 수입할당은 수입상품의 수입물량을 규제하여 수입을 억제하는 제도이다. 그러나 수입할당의 경우에도 수입량이 제한되므로 초과수요가 발생하고 국내가격이 상승하게 된다. 수입관세와 수입할당의 가장 큰 차이점은 관세를 부과했을 때는 정부의 재정수입이 있게 되지만 수입할당의 경우는 수입허가를 받은 수입업자에게 그 혜택이 돌아간다는 것이다. 수입허가를 받게 되면 국제시장가격으로 상품을 수입하여 더 높은 국내시장가격으로 판매하여 차익을 얻을 수 있으므로 수입허가권을 받기위하여 공무원과 수입업자간에 뇌물수수 등 부정이 발생하기 쉽다.

3. 수출자율규제(Voluntary Export Restraints)

수출자율규제는 수출국이 자발적으로 수출량을 일정수준으로 제한하는 정책을 말한다. 수출자율규제를 비관세장벽이라고 보는 이유는 그러한 규제가 수출국의 자율적인 의사보다는 대부분 수입국의 요구에서 비롯된 것이기 때문이다. 1980년대 초반 미국은 일본의 대미 자동차수출에 대하여 수출자율규제를 요구하였고 일본이 이를 받아들여 미국으로의 자동차 수출량을 일정수준으로 제한하였다. 수출자율규제는 그 경제적 효과 측면에서 수입할당과 매우 유사하다고 볼 수 있다.

부록: 관세가 수입국에 미치는 효과

시장의 크기가 작은 나라는 수입품에 대하여 관세를 부과한다고 하더라도 세계시장가격에 영향을 미치지 못하지만 시장의 크기가 큰 대국의 경우에는 수입관세 부과로 인하여 수입국내 소비자가격이 상승하고 그에 따라 수입국의 수입품에 대한 수요가 감소함에 따라 세계시장에서의 총수요를 감소시켜 세계시장가격이 하락하게 된다.

[그림 4-1]은 시장의 크기가 큰 대국의 경우 관세가 수입국에 미치는 영향을 보여주고 있다. [그림 4-1]에서 수입국이 관세를 부과하면 세계시장가격은 P_{w1}에서 P_{w2}로 하락하고 여기에 관세가 더해져 수입국내 가격은 P_d가 된다. 수입국의 관세부과로 인하여 세계시장가격은 하락하지만 수입국내 가격은 관세가 부과되기 전 가격이었던 P_{w1}보다 높은 P_d가 된다. 이와 같이 수입국내 가격이 상승함에 따라 국내생산은 S_1에서 S_2로 증가하는 반면 국내소비는 D_1에서 D_2로 감소한다.

국내생산자의 경우 국내가격이 상승함에 따라 생산자잉여는 증가하게 된다. 생산자잉여는 공급곡선 윗부분과 가격의 아랫부분에 해당하는 면적으로 표현되므로 이와 같이 국내가격이 상승하는 경우에는 생산자잉여는 a 만큼 증가함을 쉽게 알 수 있다. 즉, 국내생산자는 수입관세의 부과로 혜택을 얻게 된다.

한편 국내소비자의 경우에는 국내가격이 상승함에 따라 소비자잉여는 감소하게 된다. 소비자잉여는 수요곡선 아랫부분과 가격의 윗부분에 해당하는 면적으로 표현되므로 이와 같이 국내가격이 상승하는 경우에는 소비자잉여는 $(a+b+c+d)$ 만큼 감소하게 된다. 즉, 국내소비자는 수입관세의 부과로 손실을 보게 된다.

마지막으로 정부는 수입관세의 부과로 인하여 관세수입을 얻게 되는데 수입량(D_2-S_2)에 관세(P_d-P_{w2})를 곱한 $(c+e)$만큼에 해당한다.

그러므로 관세의 순효과는 $-(a+b+c+d)+a+c+e=-(b+d)+e$가 됨을 알 수 있다.

수입국의 수입관세의 부과로 국내가격이 상승함에 따라 국내생산자들은 관세부과 전에 비하여 생산을 늘리게 되는데 [그림 4-1]에서 삼각형 b

가 바로 이러한 생산의 비효율성(production efficiency loss)을 나타낸다. 반면 수입국의 수입관세의 부과로 국내가격이 상승함에 따라 국내소비자들은 관세부과 전에 비하여 소비를 줄이게 되는데 삼각형 d가 바로 이러한 소비자의 후생 감소(consumer welfare loss)를 나타낸다. 즉, 삼각형 b와 d는 생산과 소비의 왜곡으로 발생하는 사회적 손실이라고 할 수 있다. 한편 [그림 4-1]의 직사각형 e는 정부가 얻게 되는 관세수입 중에서 대외교역조건의 개선에 따른 국민후생의 증대를 나타낸다. 즉, 수입국이 수입관세를 부과함에 따라 세계시장가격이 P_{w1}에서 P_{w2}로 하락하므로 수입국은 수입품을 종전보다 낮은 가격으로 수입할 수 있게 되는데 이러한 수입가격의 하락폭($P_{w1} - P_{w2}$)에 수입량($D_2 - S_2$)를 곱하여 직사각형 e에 해당하는 국민후생의 증대를 얻을 수 있다.

그러므로 관세의 부과가 국민후생에 미치는 최종적인 효과는 삼각형 b에 해당하는 생산의 비효율성(production efficiency loss)과 삼각형 d에 해당하는 소비자의 후생 감소(consumer welfare loss) 즉, 생산과 소비의 왜곡으로 발생하는 국민후생의 손실의 크기와 직사각형 e에 해당하는 대외

그림 4-1 관세가 수입국에 미치는 효과

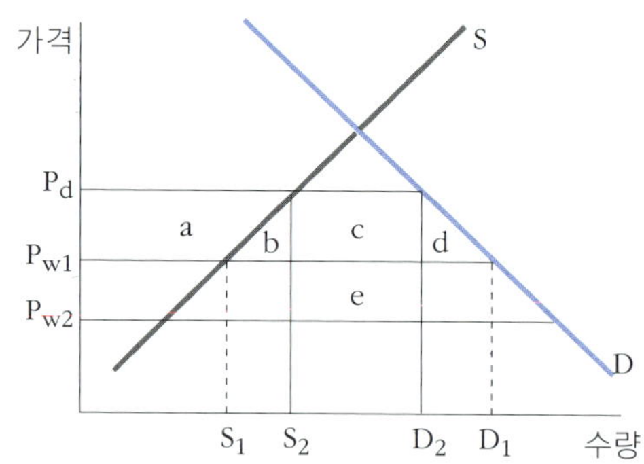

소비자잉여 감소 = a + b + c + d
생산자잉여 증가 = a
정부수입 증가 = c + e
관세의 순효과 = −(b + d) + e

교역조건의 개선에 따른 국민후생의 증대의 크기 중 어느 것이 더 큰가에 의하여 좌우된다고 할 수 있다.

그리고 적정관세(Optimum Tariff)란 수입국의 관세부과 시에 대외교역조건 개선에 따른 국민후생의 증대가 소비자의 후생 감소(consumer welfare loss) 및 생산의 비효율성(production efficiency loss)으로 나타나는 국민후생의 손실을 최대한 능가할 수 있도록 하는 관세수준을 말한다.

연 습 문 제

01 종가세(Ad Valorem Duty)와 종량세(Specific Duty)를 구별하여 설명하라.

02 "A국이 Y재에 대하여 수입관세를 부과할 때 그 수입관세의 일부를 Y재의 수출국이 부담하기 위하여는 수입국내에서 Y재에 대한 수요의 가격탄력성이 커야한다." 이 주장에 대하여 논하라.

03 보호무역론의 근거로서 유치산업보호론(Infant Industry Argument)에 대하여 아는 바를 기술하라.

04 보호무역론의 근거로서 '적정관세정책'을 설명하고 이 이론의 문제점들에 관하여 논하라.

제 2 부

금 융 환 경

Chapter

05 국제수지

제 1 절 국제수지의 개념

국제수지(balance of payments)란 일정기간 동안에 한 나라의 거주자(residents)와 외국의 거주자(residents of foreign countries) 사이에 행해진 모든 경제적 거래(economic transactions)를 체계적으로 기록한 것이다.

첫째, 일정기간이라 함은 국제수지가 플로우(flow)개념임을 나타낸다. 즉, 국제수지표는 일정한 기간에 있어서 국제거래에 따라 발생한 자금의 흐름을 나타내는 표이기 때문에 플로우를 나타내는 표이다. 기업회계로 말하면, 대차대조표(balance sheet)는 어느 특정시점에 있어서의 한 기업의 자산과 부채의 상태를 보여주는 스톡(stock)개념이므로 국제수지표는 플로우개념인 손익계산서와 같은 성격이라고 할 수 있다.

둘째, 국제수지에서 거주자의 개념은 지리적, 정치적인 것과는 달리 개인이나 법인의 주된 경제활동이 어느 나라에서 일어나는가에 의해 결정된다. 개인의 경우에 일반적으로는 국적과 일치하지만 거주지(residence)가 기준으로 되어 있기 때문에, 비록 국적은 외국인이라도 일국에 영주하고 있는 사람은 그 나라의 거주자가 된다. 기업의 지점이나 자회사는 일반적으로 소재지의 경제의 일부를 이루고 있기 때문에 소재지의 거주자가 된다. 따라서, 본점과 지점과의 거래는 대외거래로서 국제수지표에 기록된다.

셋째, 국제수지에서 경제적 거래라 함은 한 나라의 국민경제에 영향을 미치는 대외거래를 총괄하는 의미이다. 따라서, 유상거래 뿐만 아니라 증여나 원조 등의 무상거래 즉, 일방적 이전거래까지도 포함된다.

마지막으로, 체계적 기록이라 함은 복식부기의 원리를 적용함을 뜻한다. 복식부기의 방법은 모든 거래를 급부와 반대급부의 양면에서 파악하여 항상 차변(debit)과 대변(credit)의 양쪽에 같은 금액을 기록하는 방법이다. 국제수지표의 작성에 있어서도 이것과 마찬가지의 원리를 응용하고 있다. 단, 원조나 증여 등과 같은 일방적 거래 또는 이전거래에는 반대급부가 없기 때문에 이전수지라고 하는 실체가 없는 항목을 만들어 사용하고 있다.

제 2 절 국제수지의 내용

1. 경상수지

경상수지는 ① 상품수지, ② 서비스수지, ③ 소득수지, ④ 경상이전수지를 모두 합한 것이다. 경상수지는 국제수지의 건전성을 나타내는 가장 중요한 지표로 사용되고 있다. 왜냐하면 경상수지가 적자를 보인다는 것은 외국에 우리 나라 상품을 팔거나 서비스를 제공하여 벌어들인 외화보다 외국상품이나 서비스를 구입하기 위해 지급한 외화가 더 많다는 것으로서 경상수지 적자만큼 우리 나라가 가지고 있는 대외자산이 감소하거나 우리 나라의 대외부

표 5-1 국제수지표의 구성

차변[支給]		대변[受入]	
수 입	상 품	수 출	
			상품수지
	서비스 (운수, 보험, 여행, 수수료, 로얄티)		
			서비스수지
	급료/임금, 투자소득		
			소득수지
	증여 및 원조		
			경상이전수지
			경상수지
유출	직접투자, 증권투자, 기타투자	유입	
			투자수지
	특허권/상표권 매매, 해외이주비		
			기타자본수지
			자본수지
	오차 및 누락		
	준비자산증감		

채가 증가하는 것을 의미하기 때문이다.

(1) 상품수지

상품수지는 상품수출(輸出)과 상품수입(輸入)의 차액, 즉 재화의 순수출로서 국제수지의 가장 기본적인 개념이다.

(2) 서비스수지

서비스수지는 운수, 보험, 여행, 수수료, 로얄티 등과 관련한 대외거래의 수지로서, 서비스를 외국에 수출하고 그 대가로 수취한 금액은 대변[受入]에 기록되고 반면에 외국으로부터 서비스를 수입한 대가로 지급하는 금액은 차변[支給]에 기록된다.

(3) 소득수지

소득수지는 거주자가 외국에서 근로의 대가로 받은 급료/임금 및 국내에서 비거주자에게 지급한 급료/임금 그리고 이자 및 배당금 등의 투자소득의 국제적 흐름이 기록된다.

(4) 경상이전수지

경상이전수지는 민간부문에서의 무상증여와 정부간의 무상원조 등 대가를 수반하지 않는 대외거래를 나타내는 국제수지 항목이다.

2. 자본수지

경상수지가 상품, 서비스 및 소득거래를 대상으로 하는 데 비하여 자본수지는 국제간의 자본거래를 그 대상으로 하고 있다. 자본수지는 크게 ① 투자수지와 ② 기타자본수지로 구분된다. 자본수지가 흑자라는 것은 자본의 유입이 자본의 유출보다 많았다는 것을 의미한다.

(1) 투자수지

투자수지는 ① 외국의 기업에 대한 소유권을 확보하고 경영참여를 목적으로 투자하는 직접투자와 ② 단지 이익을 획득하기 위하여 외국의 금융자산에 대한 투자를 하는 증권투자 그리고 ③ 직접투자와 증권투자에 포함되지 않는 대출 및 차입, 무역관련 신용, 현금 및 예금 등의 금융거래를 기록하는 기타투자로 구성된다.

(2) 기타자본수지

기타자본수지는 특허권, 상표권 등의 매매거래와 해외이주자가 외국에 이주할 때 가지고 가는 해외이주비 등이 기록된다.

3. 준비자산증감

준비자산증감은 경상수지와 자본수지 그리고 통계상 불일치에 대한 조정항목인 오차 및 누락(errors and omissions)을 합한 것이다. 따라서 준비자산증감은 국민경제의 각 부문이 대외거래를 하여 결과적으로 외화가 얼마만큼 모자랐는가 또는 얼마만큼 남았는가를 의미하며 외환보유액의 변동을 나타내게 된다.

준비자산증감이 일정 기간 동안의 증감을 나타내는 플로우개념인데 반하여 외환보유액은 한 나라의 통화당국이 일정 시점에서 보유하고 있는 대외준비자산(foreign reserves)을 나타내는 스톡개념으로서 금, 외국통화 및 외화금융자산 등으로 구성된다.

4. 오차 및 누락

국제수지표는 복식부기의 원리를 채택하고 있으므로 국제수지표의 차변의 합계와 대변의 합계는 균형을 이루어야 할 것이다. 그러나 실제에 있어서는 다음과 같은 이유 때문에 대개 불균형을 이룬다. 즉, 첫째, 항목별로 서로 다른 출처를 통하여 통계자료가 집계되며, 둘째, 자료가 집계 당시 부정확할 수가 있고, 셋째, 어떤 항목들에 대해서는 추측한 값을 사용하는 경우도 있기 때문에 불균형이 발생한다. 그러므로 이러한 국제수지의 불균형을 메꾸기 위하여 '오차 및 누락(errors and omissions)'이라는 항목이 필요하다. 즉, 차변 합계와 대변 합계의 차이를 보상해 주는 항목이다. 그러면 국제수지표를 해석함에 있어서 '오차 및 누락' 항목은 어떤 중요성을 가지고 있는가? 만약, 이 항목 수치의 규모가 갑자기 커지는 경우에는 통계자료에 잡히지 않는 불법적인 거래가 많다고도 볼 수 있다. 예를 들어, 불법 외화유출 등이 그것이다.

5. 국제수지의 예

다음의 [표 5-2]는 우리나라 국제수지표의 2000년, 2003년, 2007년도 항목별 수치를 보여주고 있다. 2000년도의 경우를 살펴보면 상품수지 169.5억 달러, 서비스수지 −28.5억 달러, 소득수지 −24.2억 달러, 경상이전수지 5.6억 달러를 모두 합한 값이 경상수지로서 122.5억 달러에 해당한다. 여기에 자본수지 121.1억 달러를 합하면 243.6억 달러가 되는데 이것을 종합수지라고 부르며 종합수지가 243.6억 달러 흑자가 발생하였음을 의미한다. 준비자산증감 항목은 증가를 (−)로 그리고 감소를 (+)로 기록하며 2000년도의 경우 준비자산증감이 −237.7억 달러이므로 준비자산이 237.7억 달러 증가하였음을 의미한다. 종합수지가 243.6억 달러인데 준비자산이 237.7억 달러 증가하였으므로 오차 및 누락이 −5.9억 달러에 해당한다. 준비자산증가를 (−), 감소를 (+)로 기록하는 이유는 복식부기의 작성원리를 따르므로 국제수지 항목을 모두

표 5-2 국제수지(예)

(단위: 억달러)

	2000년	2003년	2007년
I. 경상수지	122.5	119.5	58.7
1) 상품수지	169.5	219.5	281.7
2) 서비스수지	−28.5	−74.2	−197.7
3) 소득수지	−24.2	3.2	10.0
4) 경상이전수지	5.6	−29.0	−35.3
II. 자본수지	121.1	139.1	71.3
III. 오차 및 누락	−5.9	−0.1	21.2
IV. 준비자산증(−)감(+)	−237.7	−258.5	−151.3

합하면 0이 되도록 하기 위함이다. 만약 준비자산증감과 오차 및 누락 항목을 무시한다면 경상수지 흑자는 자본수지 적자로, 경상수지 적자는 자본수지 흑자로 나타나게 된다. 가령 수입이 수출보다 많은 경우 경상수지는 적자를 보이게 되며 이때 부족한 외화를 해외로부터 충당한다면 자본수지는 흑자가 나타나게 된다.

제 3 절 국제수지표의 작성원리

국제수지표는 복식부기의 원리에 입각하여 기록하도록 되어 있다. 복식부기의 방법은 모든 거래에 대하여 항상 차변과 대변의 양쪽에 같은 금액씩을 기록하는 방법이다. 국제수지표의 작성에 있어서 차변과 대변을 나누는데 다음과 같은 규칙이 적용된다. 즉, 재화 및 서비스의 수입, 이전거래의 공여, 대외자산의 증가, 대외부채의 감소는 차변[支給]에 기록되고 반면에 재화 및 서비스의 수출, 이전거래의 수취, 대외자산의 감소, 대외부채의 증가는 대변[受入]에 기록된다.

일반적으로 국제수지표의 지급과 수입의 의미는 거래의 결과 발생된 자금의 흐름의 방향으로 설명할 수 있다. 예를 들어, 재화 또는 서비스를 수출하는 경우 수출대금으로 외환이 유입되기 때문에 대변(수입)에 기록하고, 해외투자의 증가는 외환이 유출되기 때문에 차변(지급)에 기록한다. 반면에 재화 또는 서비스를 수입하는 경우 수입대금으로 외환이 유출되므로 차변(지급)에 기록하고, 외국인의 국내투자 증가는 외환이 유입되기 때문에 대변(수입)에 기록한다. 또한, 해외투자의 감소는 기존투자의 철수를 의미하므로 외환이 유입되기 때문에 대변(수입)에 기록하고, 외국인의 국내투자감소는 외국인의 기존투자 철수를 말하므로 외환이

표 5-3 국제수지표 작성의 기본원리

거래의 종류	차변(지급)	대변(수입)
재화 및 서비스거래	재화 또는 서비스의 수입	재화 또는 서비스의 수출
이전거래	이전거래의 공여	이전거래의 수취
자본거래	대외자산의 증가 (예: 해외투자의 증가) 대외부채의 감소 (예: 외국인의 국내투자 감소)	대외자산의 감소 (예: 해외투자의 감소) 대외부채의 증가 (예: 외국인의 국내투자 증가)
	외환의 소요(use)	외환의 원천(source)

유출되기 때문에 차변(지급)에 기록한다. 국제수지표 작성의 기본원리는 〈표 5-3〉과 같다.

이제 구체적인 예를 들어 복식부기의 원리에 따른 국제수지표의 작성방법을 설명하기로 한다.

예제 1

어느 국내 수출업자가 $ 1,000 상당의 상품을 외국의 수입업자에게 수출하고 그 외국의 수입업자는 상품대금으로 외국은행이 발행한 $ 1,000짜리 수표를 보내주었다.

재화의 수출은 외환의 원천이므로 대변(수입)에 기록하고, 외국은행이 발행한 수표의 취득은 외화표시 금융자산의 취득으로 대외자산의 증가를 의미하므로 차변(지급)에 기록한다.

	차변(지급)	대변(수입)
대외자산의 증가	$ 1,000	
재화의 수출		$ 1,000

예제 2

국내기업이 외국기업이 발행한 채권을 $ 10,000어치 매입하고 그 매입대금으로 외환은행이 발행한 송금수표를 보내주었다.

외국기업이 발행한 채권을 매입한다는 것은 대외자산의 증가를 의미하므로 차변(지급)에 기록하고, 국내은행이 발행한 송금수표를 외국인이 취득하는 경우 이는 대외부채의 증가에 해당하므로 대변(수입)에 기록한다.

	차변(지급)	대변(수입)
대외자산의 증가	$ 10,000	
대외부채의 증가		$ 10,000

예제 3

외국기업이 $ 50,000 상당의 시설재를 도입하여 국내에 실물투자를 하였다.

시설재의 도입은 재화의 수입이므로 차변(지급)에 기록하고 외국기업의 국내투자는 대외부채의 증가를 의미하므로 대변(수입)에 기록한다.

	차변(지급)	대변(수입)
재화의 수입	$ 50,000	
대외부채의 증가		$ 50,000

예제 4

우리나라 기업이 장기차관 $ 180,000를 현물차관 $ 100,000, 현금차관 $ 80,000의 조건으로 도입하였다.

현물차관 $100,000는 재화의 수입에 해당하므로 차변(지급)에 기록하고 현금차관 $80,000는 외화표시 금융자산의 증가로서 대외자산의 증가이므로 역시 차변(지급)에 기록한다. 한편, 장기차관 $180,000를 도입하였다는 사실은 대외부채의 증가를 의미하므로 대변(수입)에 기록한다.

	차변(지급)	대변(수입)
대외자산의 증가 재화의 수입	$ 80,000 $ 100,000	
대외부채의 증가		$ 180,000

예제 5

한국의 거주자가 외국의 거주자에게 $ 1,000,000의 재화를 증여하였다

	차변(지급)	대변(수입)
재화의 수출		$ 1,000,000
이전거래의 공여	$ 1,000,000	

예제 6

우리나라가 외국으로부터 $ 1,000,000의 외화를 무상원조로 받았다.

	차변(지급)	대변(수입)
대외자산의 증가	$ 1,000,000	
이전거래의 수취		$ 1,000,000

연 습 문 제

01 다음 중 국제수지표에서 오차 및 누락(errors and omissions) 항목에 관한 설명으로서 타당하지 못한 것은?

1) 국제수지표에서 차변의 합계와 대변의 합계의 차이를 보상해주는 항목이다.
2) 국제수지표가 복식부기의 원리를 따르고 있으므로 차변의 합계와 대변의 합계는 균형을 이루어야 하나 실제로 통계자료를 집계해보면 불균형이 발생하므로 반드시 필요한 항목이다.
3) 통계자료에 잡히지 않는 거래가 많은 경우(예를 들어, 불법적인 거래)에는 이 항목의 수치의 규모가 갑자기 커지기도 한다.
4) 통화금융기관이 민간 및 공공부문의 대외거래활동 결과로 발생한 외화자금의 과부족을 어떻게 메우고 운용하였나 하는 자본거래를 기록한 것이다.

02 다음 중 국제수지(Balance of Payments)의 정의와 관련하여 올바른 설명은?

1) 국제수지표는 일정기간 동안의 국제거래에 따라 발생한 자금의 흐름을 나타내는 표이므로 플로우(flow) 개념이다.
2) 국제수지표를 작성함에 있어서는 경제주체의 거주지보다는 국적이 중요하다.
3) 국제수지표에는 원조나 증여와 같은 무상거래는 제외된다.
4) 경상수지는 국제간의 자본거래를 나타낸다.

Chapter

06

The Global Corporation

외환시장

제 1 절 환율의 기초개념

외환시장에서의 가격 또는 환율이란 서로 다른 통화간의 상대적 가격을 의미한다. 즉, $1.00가 £0.6400의 가치가 있다고 하는 말은 £0.6400를 가지면 $1.00를 살 수 있다는 말도 되지만 동시에 £1는 $1.5624의 가치가 있다는 것을 의미한다. 이와 같이 환율의 표시방법은 두 가지로 나눌 수 있는데 외국통화 1단위를 얻기 위하여 지급해야하는 자국통화의 단위수로 표시하는 방법을 방화표시법(direct quotation)이라고 하고 자국통화 1단위를 대가로 수취할 수 있는 외국통화의 단위수로 표시하는 방법을 외화표시법(indirect quotation)이라고 한다. 예를 들면, $1 = ₩1200 또는 ₩1200원/$1로 표시하는 것은 방화표시법이 되며, ₩1 = $(1/1200) 또는 $(1/1200)/₩1로 표시하는 것은 외화표시법이 된다.

선도환율이란 선도환거래(forward exchange transaction)에 적용되는 환율을 말하는데 선도환거래의 만기에 따라 각기 다른 선도환율이 존재한다. 선도환거래는 현물환거래(spot exchange transaction)와는 다른 개념으로 현물환거래가 외환거래의 수도결제일이 계약일로부터 2영업일(2 business days)이내인 외국환거래를 말하는 반면에 선도환거래는 장래에 이루어질 두 통화의 교환비율(환율)을 거래액과 함께 계약일에 미리 결정해 두고, 결제는 계약일로부터 일정기간이 지나서 이루어지는 외환거래를 말한다.

매도율(selling rate, asked rate)이란 특정통화를 금융기관이 매도할 때 적용하는 환율을 의미하며 이와는 반대로 특정통화를 금융기관이 매입할 때 적용하는 환율은 매입률(buying rate, bid rate)이라고 부른다. 그리고 매도율과 매입률의 차이를 bid-asked spread라고 부른다. 이 매도율과 매입률의 차이로 부터 금융기관은 이익을 취하는 것이므로 매도율은 매입률보다 높아야 한다. 은행들간의 외환거래에 적용되는 환율을 은행간율(interbank rate)이라고 부르는데 이 은행간율은 시시각각으로 변동한다. 국제금융시장에 참여하는 대규모 은행들은 전자통신장비를 갖춘 trading room을 가지고 있으므로 직접 거래를 행할 수 있으나, 자체적으로 trading room을 갖추지 못한 개인이나 회사들은 은행을 통하여 외환거래를 하게 된다. 이때 적용되는 환율을 대고객률이라고 부르며 은행은 고객에게 이러한 외환거래의 서비스를 제공하는 대가로 이익을 취하기 위하여 은행간율과는 다른 매도율과 매입률을 적용하므로 대고객률의 bid-asked spread는 은행간율의 bid-asked spread보다 더 크게 된다.

제 2 절 선도환거래

선도환거래(forward exchange transaction)란 장래에 이루어질 두 통화의 교환비율(환율)을 거래액과 함께 계약일에 미리 결정해 두고, 결제는 계약일로부터 일정기간이 지나서 이루어지는 외환거래를 말한다. 그리고 이러한 선도환거래에 적용되는 환율을 선도환율(forward exchange rate)이라고 부르는데 일반적으로 선도환율은 현물환율(spot exchange rate)과 같지 않으며 선도환계약(forward exchange contract)의 만기(maturity)에 따라 각기 다른 선도환율이 존재한다.

선도환거래에서의 수도결제일을 value date라고 부르는데 선도환계약의 value date는 spot date로 부터 1개월, 2개월, 3개월, 6개월 및 12개월째 되는 날이 일반적이다. 그러나 때로는 1년 이상의 기간이 경과한 후가 value date가 되기도 한다. 여기서 spot date란 외환매매계약의 계약일로부터 2영업일(two business days) 후가 되는 날을 말하는데 우리가 보통 현물환거래(spot exchange transaction)라고 할 때는 계약일로부터 2영업일후가 되는 spot date에 수도결제가 이루어짐을 뜻한다. 그러므로 선도환거래에서 예를 들어 3월 18일에 2개월 만기의 선도환계약을 체결하였다면 spot date는 3월 20일이 되고 value date는 spot date로부터 2개월 째 되는 날이 5월 20일이 되므로 선도환계약의 수도결제는 5월 20일에 이루어지게 된다.

우리는 앞에서 환율을 표시하는 방법을 두 가지로 나눌 수 있다는 것을 알았다. 즉, 방화표시법(direct quotation)은 외국통화 1단위를 얻기 위하여 지급하여야 하는 자국통화의 단위수로 표시하는 것이며, 외화표시법(indirect quotation)은 자국통화 1단위를 대가로 수취할 수 있는 외국통화의 단위수로 표시하는 것이라고 하였다. 은행간거래의 대부분에 있어서는 소위 European terms라고 불리우는 환율표시방법이 채택되고 있다. European terms는 환율을 미국 달러화 1단위에 대하여 다른 외국통화로 얼마인가를 표시하는 방법인데 이 European terms가 미국 달러화의 다른 통화표시가격을 의미하므로 미국 이외의 지역에서는 방화표시환율이 되고 미국내에서는 외화표시환율이 된다고 할 수 있다. 반면에 American terms는 환율을 특정통화 1단위에 대하여 미국 달러화로 얼마인가를 표시하는 방법인데 영국, 오스트레일리아, 뉴질랜드 및 아일랜드의 통화에 대하여 환율을 표시할 때 사용된다. 이와 같이 은행간거래에서는 몇몇 통화를 제외하고는 대부분 European terms가 사용되고 있지만 대고객률에 있어서는 American terms가 많이 사용되고 있으며 Chicago의 통화선물시장과 Philadelphia의 통화옵션시장 등에서는 American terms가 사용된다.

실제로 환율이 호가될 때 매입률(bid)과 매도율(offered 또는 asked)로 구분하여 표시된다는 것은 이미 앞에서 밝힌 바 있다. 예를 들어, 스위스프랑/달러환율이 1.6110 to 1.6130으로 호가된다면 이것은 dealer가 $1를 SF 1.6110/$의 환율로 매입할 용의가 있으며 SF 1.6130/$의 환율로 매도할 용의가 있음을 의미한다. 일반적으로 매입률이 매도율보다 먼저 호가되며, 매도율과 매입률의 차이를 dealer의 스프레드(spread)라고 하고 이것이 dealer의 이익이 된다. 국제금융시장에서의 환율은 보통 소수점 네자리까지 표시한다. 예를 들어, 스위스프랑화와 미국의 달러화간의 환율에 있어서 매입률이 SF 1.6110/$이고 매도율이 SF 1.6130/$인 경우, 매입률은 1.6110이라고 전체가 다 표시되지만 매도율은 매입률과 차이가 나는 부분만 표시된다. 그러므로 비디오 화면을 통하여 호가가 될 경우에는 1.6110/30으로 표시되고 전화를 통하여 호가가 될 경우에는 1.6110(쉬고) 30 또는 1.6110 to 30으로 전달된다.

선도환율은 현물환율에 비하여 더 비싸냐 또는 싸냐에 따라 프리미엄(premium) 또는 디스카운트(discount)에 있다고 부른다. 그리고 만약 선도환율이 현물환율과 같은 수준에 있다면 선도환율이 'flat' 하다고 표현한다. 예를 들어, 6개월 선도환계약에 적용되는 선도환율의 매도율이 SF 1.6369/$이고 현물환율의 매도율이 SF 1.6130/$이라고 하자. 미국 달러화의 가치가 현물환시장에서보다 선도환시장에서 더 높으므로 미국달러화는 선도환시장에서 premium에 있다고 부른다. 바꾸어 말하면, 스위스프랑화는 현물환시장에서 보다 선도환시장에서 그 가치가 더 낮으므로(즉, 선도환율 SF 1.6369/$는 $ 0.6109/SF을 의미하고 현물환율 SF 1.6130/$는 $0.6200/SF을 의미하므로), 스위스프랑화는 선도환시장에서 discount에 있다고 부른다.

선도환율의 표시방법은 크게 세 가지로 구분할 수 있다. 첫번째 방법이 forward outright rate로 선도환율을 표시하는 것인데 위에서 이미 본 바와 같이 선도환율을 그대로 표시하는 것이다. 즉, SF과 $간의 선도환율을 SF 1.6369/$이라고 표시하는 것이 forward outright rate로 표시하는 방법이며 신문지상에 선도환율이 표기될 때나 은행들이 고객을 상대로 선도환율을 표기할 때 사용된다. 선도환율을 표시하는 또 한 가지 방법은 선도환율과 현물환율의 차이(forward differential)로써 표현하는 것이다. 이와 같이 선도환율과 현물환율의 차이로써 선도환율을 표시하는 방법을 point quotation method라고 부르며 forward differential은 swap rate라고도 부른다. 여기서 point란 환율을 표시할 때의 맨 마지막 자리를 의미하는 데 일반적으로 환율을 소수점 이하 4자리까지 표시하는 경우가 많기 때문에 1 point는 0.0001이 되는 경우가 많다. 다음의 예를 통하여 선도환율을 forward outright rate와 forward differential(또는 swap rate)로 각각 표시하는 방법을 살펴보기로 한다.

상 황

SF / $

	매입률	매도율
Spot rate	1.6110	1.6130
Forward differential(6 months)	213	239
Forward outright rate(6 months)	1.6323	1.6369

위의 경우에는 미국 달러화의 가치가 현물환시장에서 보다 선도환시장에서 더 높으므로 달러화는 스위스프랑화에 대하여 선도환시장에서 premium에 있음을 알 수 있고 forward outright rate로 표시된 선도환율을 얻기 위하여는 현물환율에 forward differential을 가산해 주어야 한다. 이와 같은 경우에 dealer는 6개월 선도 달러는 '213 to 239 points' premium에 있다고 표현할 수도 있지만 대개의 경우에는 discount인지 premium인지를 밝히지 않는다. 매입률과 매도율의 forward differential이 point로 표시되어 있으나 discount인지 premium인지가 밝혀져 있지 않은 경우에는 다음과 같은 법칙을 따르면 된다. 즉, 포인트로 표시된 매입률의 forward differential이 매도율의 forward differential보다 그 값이 큰 경우에는 현물환율에서 forward differential을 공제해 주어야 하며 반대로 매입률의 forward differential이 매도율의 forward differential보다 그 값이 작은 경우에는 현물환율에 forward differential을 가산해 주어야 한다. 선도환율이 현물환율로부터 discount에 있는지 premium에 있는지를 알 수 있는 또 한 가지 방법은 두 통화간의 이자율 차이를 이용하는 것이다. 즉, 이자율이 상대적으로 높은 통화는 이자율이 상대적으로 낮은 통화에 대하여 선도환시장에서 discount에 있게 된다.

선도환율을 표시하는 세번째 방법은 swap rate(forward differential)를 연율표시방법으로 표현하는 것이다. 연율표시방법으로 선도환율을 표현하게 되면 선도환시장에서의 premium 또는 discount를 두 통화간의 이자율 차이와 직접 비교할 수 있는 이점이 있다. 방화표시환율을 사용하는 경우 swap rate를 연율로 표시하기 위하여는 다음의 공식을 이용하면 된다.

$$\begin{array}{c}\text{forward premium}\\ \text{또는 discount}\\ \text{(연율표시)}\end{array} = \frac{\text{선도환율} - \text{현물환율}}{\text{현물환율}} \times \frac{12}{n} \times 100$$

여기서 n은 선도환계약의 개월수를 나타낸다. 앞에서 예로 든 SF/$ 환율의 매도율을 사용하여 연율표시의 swap rate를 산출하면, 현물환율은 SF 1.6130/$ 이고 6개월 선도환율은 SF 1.6369/$ 이므로

$$\begin{array}{c}\text{forward premium}\\ \text{또는 discount}\\ \text{(연율표시)}\end{array} = \frac{1.6369 - 1.6130}{1.6130} \times \frac{12}{6} \times 100$$
$$= 2.96\ \%$$

가 된다. 이때 환율의 단위 SF/$는 SF의 입장에서 본 방화표시환율로서 외국통화인 $의 가치를 자국통화 SF의 단위수로 표현한 것이다. 그러므로 위의 계산으로부터 얻은 2.96%란 외국통화인 $가 선도환시장에서 2.96% 만큼 premium에 있다는 것을 의미한다. 즉, 계산결과 + 값을 얻게 되면 forward premium, − 값을 얻게 되면 forward discount를 의미하며 위의 경우에는 환율이 외국통화인 $의 가치를 나타내므로 $의 가치가 현물환시장에 비하여 선도환시장에서 더 높다는 것을 뜻한다.

제 3 절 외환이론

1. 구매력평가설

(1) 일물일가의 법칙

일물일가의 법칙(law of one price)은 동일한 상품은 어떤 시장에서든지 그 가격이 같아야 한다는 주장이다. 따라서 일물일가의 법칙은 다음과 같이 표현된다.

$$P = S \cdot P^*$$

S : 현재환율(방화표시, 즉 외국통화 1단위를 얻기 위하여 지급해야 하는 자국통화의 단위수로 표시)
P : 특정상품의 국내가격
P^*: 그 특정상품의 외국에서의 외국통화 표시가격

일물일가의 법칙은 자유롭고 완전한 국제적 상품재정거래를 통하여 이루어진다. 국제적 상품재정거래란 두 나라간에 있어서 특정상품의 가격차이가 운송비 및 기타 거래비용의 합계보다 더 클 때 가격이 낮은 나라에서 그 특정상품을 매입하고 가격이 높은 나라에서 매도하여 이익을 취하는 것을 말한다. 만약, 운송비 및 기타 거래비용이 무시할 수 있을 정도로 적다면 국제적 상품재정거래는 일물일가의 법칙이 성립할 때까지 계속될 것이다. 예를 들면, 운송비 및 기타 거래비용이 무시할 수 있을 정도로 적은 경우에 서울에서의 사과 1개의 값이 도쿄에서의 사과 1개의 값과 크게 차이가 나지 않게 된다는 것이다.

실제환율이 일물일가의 법칙으로부터 괴리되는 현상은 다음과 같은 경우에 주로 발생한다. 첫째, 운송비를 포함한 거래비용이 높은 경우, 둘째, 관세 등의 무역장벽이 높은 경우, 셋째, 제품차별화(product differentiation)의 정도가 높은 경우 그리고 상품이 비교역재(nontradable)인 경우 등을 들 수 있다.

만약 일물일가의 법칙이 실제로 성립한다면 동일한 상품의 가격을 환율을 적용하여 동일한 통화로 가격을 표현할 때 어느 나라에서나 그 가격이 같아야 할 것이다. [그림 6-1]은 맥도날드 햄버거에서 판매하는 빅맥(Big Mac)의 국가별 가격을 보여주고 있다. [그림 6-1]이 보여주는 빅맥 지수에 의하면 2013년 1월 30일 기준으로 미국에서의 빅맥 가격은 $ 4.37이다. 반면 빅맥의 가격이 중국은 $ 2.57로 상대적으로 저렴한 반면 노르웨이는 $ 7.84 그리고

그림 6-1 빅맥 지수

빅맥 지수

각국 통화가 달러화에 대하여 고평가(+) 또는 저평가(-)되어 있는가를 %로 표시한 것임.

2013년 1월 30일자 환율을 적용한 것임.

자료: McDonald's; *The Economist*

스위스는 $ 7.12로 상대적으로 비싸다는 것을 알 수 있다. 이것은 전세계적으로 볼 때 일물일가의 법칙이 성립하지 않고 있으며 일물일가의 법칙이 성립하기 위해서는 중국 위엔화의 가치가 현재보다 평가절상되어야 하며 반면 노르웨이와 스위스의 통화는 현재 지나치게 고평가되어 있으므로 평가절하가 되어야 한다는 것을 의미한다.

(2) 절대적 구매력평가설

절대적 구매력평가설(purchasing power parity theory–absolute version)은 일물일가의 법칙을 하나의 상품가격뿐만 아니라 전체적인 물가수준에 적용시킨 것이다.

$$P = S \cdot P^*$$

S : 현재환율(방화표시)
P : 국내물가수준
P^*: 해외물가수준

물가지수를 특정경제의 대표적 재화들 가격의 가중평균으로 산출한다면, 절대적 구매력평가설이 뜻하는 바는 국내의 대표재화바스켓(representative basket of commodities)의 가격이 해외의 대표재화바스켓의 가격과 크게 차이가 나지 않는다는 것이다.

(3) 상대적 구매력평가설

상대적 구매력평가설(purchasing power parity theory–relative version)은 환율의 상대적 변화율은 국내와 해외의 물가상승율의 차와 같게 된다는 주장이다. 예를 들어, 한국의 물가상승률이 연간 5%이고 미국의 물가상률이 연간 2%라고 한다면 원화는 달러화에 대하여 연간 3% 만큼 그 가치가 하락해야 한다는 것이다. 즉, 상대적으로 물가상승률이 높은 나라의 통화는 두 나라의 물가상승률의 차이만큼 평가절하 되어야 한다는 것이다.

$$\hat{S} = \pi - \pi^*$$

$\hat{S}$: 환율의 상대적 변화율(%로 표시)
π : 국내물가상승률(%로 표시)
π^*: 해외물가상승률(%로 표시)

2. 국제피셔효과

국제피셔효과(the international Fisher effect)는 환율변화율에 대한 예상은 서로 다른 통화간에 존재하는 이자율의 차이와 밀접한 관계가 있다는 주장이다. 다시 말하면, 서로 다른 통화로 표시된 동일한 종류의 금융자산에 투자하는 경우, 투자자들이 가치하락이 예상되는 통화로 표시된 증권에 투자하기 위해서는 그 통화가치 하락에 따른 손실을 상쇄시킬 수 있을 만큼 명목이자율이 충분히 높아야 한다는 것이다. 예를 들어, 투자자들이 자국통화가 외국통화에 대하여 그 가치가 연간 5% 하락할 것이라고 예상하는 경우에 국내명목이자율은 해외명목이자율보다 연간 5%가 더 높아야 한다는 것이다.

$$\hat{S} = i - i^*$$

$\hat{S}$: 환율의 상대적 변화율(%로 표시)
i : 국내명목이자율(%로 표시)
i^*: 해외명목이자율(%로 표시)

3. 이자율평가설

예를 들어, $ 1의 자금을 보유하고 있는 미국의 투자자가 미국내에서 투자를 할 경우 미국금융시장에서의 이자율이 i 라고 할 때 1년후에 받는 원리금의 합계는 $(1 + i)가 될 것이다. 한편 이 자금($ 1)을 미국내에 투자하지 않고 현물환시장에서 현물환율 S($/£)로 영국 파운드화(£)로 바꾸면 £(1/S)이 될 것이고, 이것을 영국의 금융시장에서 투자하면 영국금융시장에서의 이자율을 i^* 라고 할때 1년후에 받는 원리금의 합계는 £$\frac{1}{S}(1 + i^*)$가 된다. 이제 남은 일은 투자만기일에 £를 $로 바꾸는 것이다. 그러나 1년

후 투자만기일의 현물환율(future spot exchange rate)이 최초의 시점에서의 현물환율(current spot exchange rate)인 S와 동일하게 되리라는 보장은 없다. 이러한 국제투자에 따르는 환리스크를 회피하기 위하여 최초의 시점에서 투자만기일에 £를 $로 교환하는 선도환계약(forward exchange contract)을 체결해 두면 된다. 그러면 투자만기일의 실제환율이 어떤 값이 되든지간에 계약된 선도환율(forward exchange rate)로 £를 $로 교환할 수 있게 된다. 따라서 영국 금융시장을 이용하는 경우의 원리금의 합계는 최초의 시점에서 계약할 수 있는 선도환계약에 적용되는 선도환율을 F ($/£)라고 할 때 다음과 같이 나타내어질 수 있다.

$$\$\frac{1}{S}(1+i^*)\cdot F \quad \text{또는} \quad \$\frac{F}{S}(1+i^*)$$

그러므로 $1를 가지고 있는 미국의 투자자가 미국내투자를 하는 경우에는 1년후 만기일의 원리금 합계가 $\$(1+i)$가 될 것이고, 영국 금융시장을 이용하는 경우에는 만기일의 원리금 합계는 $\$\frac{F}{S}(1+i^*)$가 될 것이다. 즉,

미국내 투자	국제투자
$\$(1+i)$	$\$\frac{F}{S}(1+i^*)$

이제 우리는 잠시 국제투자의 원리금 합계가 미국내 투자의 원리금 합계보다 더 크다고 가정하자. 이러한 경우 비단 위에서 말한 한 사람의 미국 투자자뿐만 아니라 많은 수의 투자자들이 국제투자 쪽을 택하게 될 것이다. 따라서 자금은 미국에서 영국으로 이동하게 될 것이며, 그 결과 현물환시장에서 £에 대한 수요가 증가하게 되어 £는 그 가치가 상승하게 되고 ($S\uparrow$), 선도환시장에서는

많은 투자자들이 £를 \$로 교환하는 선도환계약을 체결하고자 함에 따라 £의 공급이 증가하게 되어 £는 그 가치가 하락하게 된다($F\downarrow$). 또한, 영국 금융시장에서는 자금이 풍부해져서 이자율이 하락하고($i^*\downarrow$), 미국 금융시장에서는 자금이 부족해져서 이자율이 상승하게 된다($i\uparrow$).

미국내 투자		국제투자
$\$(1+i\uparrow)$	$<$ (가정)	$\$\dfrac{F\downarrow}{S\uparrow}(1+i^*\downarrow)$

그러므로 시간이 경과하게 되면 미국내 투자와 국제투자는 그 만기일의 원리금 합계가 서로 같아지게 될 것이다.

$$\$(1+i)=\$\frac{F}{S}(1+i^*)$$

윗 식의 양변을 $(1+i^*)$로 나누면,

$$\frac{(1+i)}{(1+i^*)}=\frac{F}{S}$$

윗 식의 양변에서 1을 빼면,

$$\frac{(1+i)}{(1+i^*)}-1=\frac{F}{S}-1$$

$$\frac{(1+i)-(1+i^*)}{(1+i^*)}=\frac{F-S}{S}$$

$$\frac{(i-i^*)}{(1+i^*)}\approx i-i^*=\frac{F-S}{S}$$

즉,

$$\frac{F - S}{S} = i - i^*$$

위에서 우리는 투자의 만기가 1년이라고 가정하였으나, 보다 일반적인 경우를 생각하여 투자의 만기가 n개월이라고 한다면 위의 표현은 다음과 같이 바뀌어져야 하며 이것을 이자율평가설(interest rate parity theory)이라고 부른다.

$$\frac{F_{t+n} - S_t}{S_t} \times \frac{12}{n} \times 100 = i - i^*$$

F_{t+n} : t 시점(현재)에서 계약할 수 있는 n개월 선도환계약에 적용되는 선도환율(방화표시)
S_t : t 시점에서의 현물환율(방화표시)
i : 국내연간명목이자율(%로 표시)
i^* : 해외연간명목이자율(%로 표시)
n : 선도환계약의 계약기간

연 습 문 제

〈문제 1번부터 3번까지는 다음의 상황을 읽고 답하라〉

상 황

	매입률	매도율
Spot Rate	SF 1.6110/$	SF 1.6130/$
Forward differential(3 months)	213	239
Forward outright rate(3 months)	SF 1.6323/$	SF 1.6369/$

01 위의 SF/$ 환율에 대한 호가표로부터 알 수 있는 것은?

1) SF은 $에 대하여 forward premium에 있다.

2) $는 SF에 대하여 forward discount에 있다.

3) 스위스 이자율이 미국 이자율보다 낮다.

4) 스위스 이자율이 미국 이자율보다 높다.

02 위의 호가표로부터 매도율을 사용하여 forward premium 또는 discount를 연율로 표시하면?

03 "위의 호가표와 같은 환율표시방법을 American terms라고 부른다." 타당한가?

〈다음의 상황을 읽고 답하라〉

상 황

현물환율: SF 0.0159/YEN

3개월 선도환율: SF 0.0161/YEN

SF화 금융시장에서의 이자율: 4.75%(연간)

YEN화 금융시장에서의 이자율: 0.50%(연간)

04 위의 경우 선도환율을 연율표시방법(percent per annum)으로 나타낸다면?

1) SF화가 2.52% forward discount

2) SF화가 2.52% forward premium

3) YEN화가 5.03% forward discount

4) YEN화가 5.03% forward premium

05 위의 경우 이자율평가설이 성립하는가?

Chapter

07

국제통화제도

제 1 절 금본위제도(The Gold Standard)

1. 고전적 금본위제도(1870~1914)

중세 이후 세계경제가 발전함에 따라 최초의 국제통화로 채택되었던 것은 금과 은이었는데 금이 본격적인 국제통화로서 채택된 것은 1816년 영국이 금을 유일한 화폐로 인정하여 금본위제를 채택하면서부터였다. 1870년대에 이르러 독일, 네덜란드, 노르웨이, 스웨덴, 프랑스, 일본 등이 각각 금본위제로 이행함에 따라 금본위제도가 국제통화제도로서 확립되었다.

금본위제도(The Gold Standard)란 각국이 자국통화 한 단위의 가치를 금의 일정량으로 정해 놓고 금화의 무제한 주조와 자유로운 수출입을 허용하며 은행권이 항상 아무런 제한없이 금화와 교환될 수 있도록 한 제도로서 각국 통화간의 교환비율은 각국 통화의 금평가(gold parity)에 의해 결정되고 평가절하는 원칙적으로 허용되지 않았다.

또한 금본위제도는 고전학파의 화폐수량설을 기초로 하여 경제는 항상 완전경쟁 및 완전고용상태에 있고 일국의 통화공급량과 중앙은행의 금준비 간에는 항상 일정한 비율을 유지하며 물가는 통화공급량에 비례하여 변동된다는 것을 전제로 하고 있었다. 금본위제도하에서 각국 정부는 재정정책(fiscal policy)을 별로 사용하지 않았으며 금융정책(monetary policy)은 각국이 보유하고 있는 금의 양에 의해 결정되었다고 할 수 있다.

한편 금본위제도는 국제수지가 완전히 자동조정될 수 있는 제도로서 각국의 중앙은행들은 게임룰(rules of the game)을 철저히 준수했다. 즉, 일국의 수입이 수출을 초과하는 국제수지적자가 누적되면 자국이 보유하고 있는 금의 유출이 계속적으로 이루어져 국내 통화량이 감소되며 통화량의 감소는 물가하락을 가져 오는데 이는 대외교역의 측면에서 볼 때 자국상품의 가격경쟁력의 강화를 가져옴과 동시에 상대적으로 교역상대국 상품의 가격경쟁력이 약화되는 결과를 가져옴으로써 자국은 수출이 증가하고 동시에 수입이 감소함에 따라 국제수지가 흑자로 전환되어 국제수지는 자동적으로 균형을 회복하게 된다는 것이다. 따라서 각국의 중앙은행들은 이러한 자동조정(automatic adjustment)을 방해하여서는 안된다는 것이 금본위제도하에서의 게임룰이었다.

이러한 19세기의 금본위제도는 자유무역체제의 근간으로서 국제수지의 자동조정에 크게 기여하였는데 당시 금본위제도가 제1차 세계대전 이전까지 원활한 기능을 할 수 있었던 이유는 첫째, 재화의 가격과 임금이 신축적이었고 둘째, 물가상승률이 비교적 낮았으며 셋째, 각국 정부는 인플레 또는 과소고용 등 대내적 불균형상태보다는 국제수지 흑자 또는 적자 등 대외적 불균형상태를 더욱 중시하였고 넷째, 국제간의 자본이동이 많지 않았으며 다섯째, 금본위제도하의 각국들은 자유시장경제제도를 따르고 있었고 여섯째, 기술과 무역면에서 변화속도가 비교적 느렸다는 점 등을 들 수 있다.

그러나 20세기로 접어들면서 세계경제 및 무역의 확대에 비하여 금산출량이 절대적으로 부족하게 되었으며 또한 당시 미국의 일방적인 국제수지흑자의 지속은 각국간에 금편재현상을 가속화 시켰으며 당시 각국간의 물가상승률이 서로 달랐다는 점 등으로 인해 금본위제도는 흔들리기 시작하였는데 마침내 1914년 제1차 세계대전의 발발로 금의 자유로운 유출입 및 태환이 어려워지자 전면적으로 붕괴하게 되었다.

2. 금본위제도로의 복귀(1923~1928)

세계 각국은 제1차 세계대전이 끝나자 일시적으로 변동환율제도를 채택하게 된다. 그러나 그후 세계 각국은 다시 제1차 세계대전 이전과 같은 금평가의 금본위제도로 복귀를 시도하였다. 즉, 1919년 미국은 금수출정지를 해제하고 금본위제도로 복귀하였으며 또한 1922년 이탈리아의 제노아에서 열린 국제회의에서 통화가치의 안정이 경제부흥의 필수조건임을 인식하고 이를 위해 각국은 금본위제도의 확립에 노력할 것을 결의하고 유럽의 주요국들은 금본위제도로 복귀를 시도하였다. 그러나 이러한 시도가 성공을 거두기에는 심각한 문제점을 안고 있었다. 즉, 제1차 세계대전 이전에 비하여 각국의 물가수준이 서로 엄청나게 다르게 변화하였으므로 제1차 세계대전 이전과 같은 수준의 환율은 유지될 수가 없는 상황이 되었다. 그럼에도 불구하고 세계각국은 각기 자기나라의 경제상황에 대한 국제적인 신뢰를 잃지 않기 위하여 환율을 변화시키지 않고 제1차 세계대전 이전의 금평가를 유지하기를 고집하였고 그 결과 세계경제는 아주 어두운 국면을 맞이하게 되었다.

3. 평가절하의 악순환과 3국의 협조(1930~1939)

그후 마침내 세계각국은 국제수지적자 문제와 실업문제를 해결하기 위하여 평가절하를 단행하게 되었는데 여러 나라들이 경쟁적으로 평가절하를 단행하였기 때문에 평가절하의 효과를 볼 수가 없었다. 또한 세계경제는 국제적 금융위기를 맞이하게 되어 각국의 국제수지가 투기적 자금의 이동에 의하여 마구 교란되게 되었다. 프랑스는 처음에 평가절하방법을 채택하지 않고 수입할당제를 채택하였다. 그러나 후에 프랑화의 과대평가 정도가 너무 심각하게 되자 평가절하의 필요성을 절감하였다. 그러나 영국과 미국의 보복을 피하기 위하여 갑작스런 프랑화의 평가절하보다는 점진적으로 프랑화의 가치를 하락시키게 되며 영국과 미국의 협조를 요청하였다. 그로부터 미국, 영국, 프랑스 3국은 그들의 경제정책을 세우는 데 서로 협조하게 되었는데 이것이 이른바 3국통화협정(Tripartite Agreement)의 체결이다. 이러한 협조체제도 얼마가지 않아서 제2차 세계대전으로 인하여 붕괴하게 되었으며 제2차 세계대전 기간 중에는 각국이 외환통제를 강화하였다.

제 2 절 브레튼우즈 체제

1. Bretton Woods 협정(1944년 7월)

(1) 국제통화기금(International Monetary Fund)의 창설

제2차 세계대전이 연합군의 승리가 될 것이 점차 확실해지자 미국과 영국을 중심으로 한 연합국측에서는 전후 세계경제질서의 회복을 위한 논의가 시작되었다. 이것은 제1차 세계대전 이후 각국의 통화혼란, 경쟁적인 평가절하, 특히 1930년대 경제공황시에 야기된 각국의 비협조주의, 무역제한, 외환관리 등으로 인해 당시의 세계경제가 극심한 어려움을 겪었으므로 제2차 세계대전 후에는 그러한 사태를 되풀이하지 않고 외환시세의 안정과 국제협력의 강화를 통하여 세계경제의 성장과 번영을 실현하고자 함이었다.

하지만 당시 가장 강대국이었던 미국과 영국은 기본적인 협조정신하에서 세계경제질서를 회복한다는 데 대해서는 아무런 이의가 없었으나 그러한 목적을 달성하기 위한 수단에 있어서는 차이가 있었다.

미국은 전후의 세계경제의 회복에 있어서 가장 큰 장애물은 외환시세의 불안정과 무역 및 외환의 차별조치라고 보았다. 외환시세의 불안정에 관해서는 외환관리를 폐지하고 달러의 금평가를 설정한 후 세계 각국의 모든 통화를 달러에 연결시켜 각국의 외환시세의 안정을 기하려고 하였다. 그러나 영국은 과거 그들이 확보한 국제금융상의 전통적 우위를 지속시키려고 하였으며 또 파운드를 달러와 더불어 국제통화로 계속 사용하고자 하였다.

이렇게 영국과 미국의 입장에 차이가 있었음에도 불구하고 전후의 국제통화제도의 정립에 대한 필요성이 절실해짐에 따라 영국은 1943년에 국제청산동맹(International Clearing Union)안을 제출했고 이어 미국은 국제안정기금(International Stabilization Fund)안을 발표했다. 국제청산동맹안은 영국의 J. M. Keynes가 입안했기 때문에 Keynes안이라 하며 국제안정기금안은 미국의 H.D. White가 입안했기 때문에 White안이라 한다.

이러한 Keynes안과 White안은 외환시세의 안정, 외환제한의 철폐, 국제수지의 균형 등을 목적으로 하고 있다는 점에서는 서로 일치하고 있으나 양안을 비교하면 다음과 같은 차이점이 있다. 첫째, 케인즈안은 영국과 영연방간의 전통적 무역관계를 결속하는 영연방 특혜관세제도와 스털링 통화권을 존속시키려고 한 반면 White안은 이러한 차별주의적인 영국의 경제권을 국제무역의 확대를 저해하는 하나의 장벽으로 보고 이를 제거하려고 하였으며 특히 외환제한이나 2국간 협정을 제거하려고 하였다. 둘째, 케인즈안은 각국의 국제수지의 균형을 위하여 외환시세의 탄력적인 변경의 필요성을 인정했다. 즉, 케인즈안은 안정보다도 성장을, 대외적 균형보다도 대내적 균형을 중시하는 입장에서 외환시세는 때로는 변경되어야 하며 고정시킬 필요는 없다고 보았다. 그러나 화이트안은 원칙적으로 고정환율제도의 유지를 주장하며 가급적 외환시세의 변동을 피하고 당해국의 국제수지가 근본적 불균형이 발생할 경우에만 이의 변경을 인정했다.

이 두 안은 국제적으로 신중히 토의된 결과 케인즈안의 일부를 반영하면서 화이트안을 주로 채택하여 미국의 주장이 관철되었다. 즉, 1944년 4월 "국제통화기금 설립에 관한 전문가의 공동성명"이 채택되었고 1944년 7월 미국 New Hampshire주 Bretton Woods에서 Bretton Woods 협정이 체결되었으며 1946년 국제통화기금(International Monetary Fund: IMF)이 정식으로 발족됨으로써 브레튼우즈 체제가 확립된 것이다.

(2) 금환본위제도(Gold Exchange Standard)

브레튼우즈 체제를 금환본위제도(Gold Exchange Standard)라고 부르는데 그 이유는 달러화의 가치는 금을 기준으로 정하고 기타 모든 다른 통화의 가치는 달러화를 기준으로 정하였기 때문이다. 즉, 당시 각 가맹국 통화의 평가(par value)는 금 또는 일정한 금의 중량과 순도를 가진 1944년 7월 1일 현재의 미국 달러화(1달러에 순금 1/35온스)로 표시하도록 하였다. 따라서 미국 달러화가 직접 금에 연결되어 있었고 기타 IMF 가맹국의 통화는 달러화에 연결되면서 미국은 각국의 중앙은행에 대하여 달러화의 금태환을 보장하였다.

그러므로 브레튼우즈 체제하에서는 미국의 달러화가 기축통화(key currency)로 부상되어 금과 더불어 국제통화로 사용되었으며 미국은 소위 은행국(world banker)으로서 그 통화가 국제통화로서의 국제적 가치를 유지할 수 있도록 충분한 금을 준비금으로 보유하도록 요구되었다. 따라서 미국의 달러는 그 가치가 절대적으로 안정되어 있어야 할 뿐만 아니라 국제유동성에 대한 수요를 만족시킬 수 있도록 풍부하게 공급되어야 했다.

(3) 조정가능 고정환율제도(Adjustable Fixed Exchange Rate System)

브레튼우즈 체제하에서는 각국 통화당국으로 하여금 자국통화의 환율을 평가의 상하 각 1%의 범위 내에서 유지하도록 고정환율제도를 채택하였으나 가맹국의 국제수지가 근본적 불균형(fundamental disequilibrium)상태에 있을 경우에는 당초평가의 10% 범위 내에서 변경할 수 있도록 하였다.

이와 같이 브레튼우즈 체제하에서는 외환시세의 변동폭이 극히 제한되었고 다만 가맹국의 국제수지가 근본적 불균형에 빠질 경우에 한하여 평가변경이 허용되었던 것은 과거와 같은 국제경제의 무질서를 다시 경험하지 않기 위해서였다. 즉, 1920년대에 있어서 각국은 외환시세를 무질서하게 자주 변경시켰기 때문에 외환투기가 만성적으로 유발되었고 이어 1930년대에 있어서도 각국은 수출확대 및 수입억제와 국내의 불황타개를 위하여 자국통화의 평가절하를 경쟁적으로 단행하였기 때문에 세계경제가 붕괴되었던 것이다.

(4) 브레튼우즈 체제의 문제점

브레튼우즈 체제하에서는 금과 더불어 미국의 달러가 국제통화로 사용되었으며 국제유동성(international liquidity)에 대한 수요는 대부분 달러의 공급에 의해서 충당되었다. 특정국의 통화가 국제통화로 사용되고 있는 제도하에서는 그 가치가 절대적으로 안정되어야 했고 또한 그 가치의 하락없이 국제유동성의 공급이 풍부하게 이루어 져야 했다.

그러나 국제통화인 미국 달러의 공급은 미국의 국제수지의 적자를 통해서 비로소 가능했으므로 국제통화의 원활한 공급과 가치안정이라는 문제는 상호 모순되게 되었다. 즉, 국제유동성은 미국의 국제수지 적자에 의해서 증가되지만 미국이 보유하고 있는 준비금에 비하여 미국 달러의 공급규모가 상대적으로 크다고 인식될 경우에는 달러의 가치안정이 위협을 받게 되며 반대로 미국의 국제수지가 흑자로 전환되면 달러의 신인도는 회복되지만 세계적으로 국제유동성이 부족하게 되는 구조적인 모순이 내재하고 있었는데 이것이 바로 유동성딜레마(liquidity dilemma)이다.

세계 무역량의 확대와 GNP 성장률에 비하여 새로운 금의 산출에 의한 화폐용 금의 증가는 상당히 적었으며 금의 부족을 보충하기 위해서는 부득이 미국 이외의 국가에 대한 달러의 공급이 끊임없이 증대되어야 했었지만 달러가 계속 공급되면 미국의 국제수지는 지속적 적자를 면할 수가 없었던 것이다.

(5) 특별인출권(SDR)의 창출

새로운 금의 산출에 의한 화폐용 금의 증가가 사실상 중단됨에 따라 세계무역의 증가율보다 국제유동성의 증가율이 낮아지자, 주요국가의 통화당국은 이에 대하여 우려하기 시작하였다. 각국 통화당국이 보유하고 있는 금의 가치를 증가시키기 위하여 금의 가격을 인상하자는 주장에 대하여는 첫째, 금의 가격을 올리면 주요 금생산국인 남아연방, 소련 등만 주로 이익을 보게 되고, 둘째, 금의 가격을 인상함으로써 금의 가치가 증가하면 적어도 일부 국가의 중앙은행은 그에 상응하는 화폐공급을 늘릴 것이므로 세계적으로 인플레이션이 심해질 우려가 있다는 이유로 반대가 많았다.

IMF는 1969년 10월에 이르러 특별인출권(Special Drawing Rights: SDR)을 창출하기로 의결하고 1970년 1월에 각 회원국의 IMF 쿼타비율에 따라 SDR을 배분하여 추가적인 국제유동성으로 사용되도록 하였다. 이후 SDR은 중앙은행들 사이의 거래에 사용되기 시작하였으나, 금과 미달러화 등 기존의 국제유동성을 완전히 대체하기보다는 보완적 국제유동성에 머물렀다.

SDR이 창출되었을 당시에는 1SDR의 가치를 금 일정량, 즉 1/35온스와 동일한 가치를 갖도록 하였다. 따라서 당시 미달러화와 동일한 가치를 가졌다.

그러나 나중에 국제통화제도가 고정환율제도로부터 변동환율제도로 이행하는 과정에서 SDR의 가치를 결정하는 방법이 변경되었다. 즉, 금을 통하여 단일통화인 미달러화에 고정시키는 방법을 버리고 일정한 가중치를 지니는 복수통화들로 이루어진 통화바스켓(currency basket)에 연결시키는 방식을 1974년 7월에 채택하였다.

2. 달러 부족기(1945~1958)

이러한 브레튼우즈 체제는 당시 거대한 미국의 경제력을 배경으로 유지되었고 달러의 국제통화로서의 신인도가 높았던 1950년대까지는 운영에 별다른 문제를 나타내지 않았다. 오히려 이 시기에 있어 미국의 달러화 공급은 세계적으로 큰 환영을 받았는데 그 이유는 전후의 경제부흥을 위해 국제통화에 대한 수요가 매우 컸기 때문이었다. 그러나 1958년 유럽 국가들 통화의 교환성(convertibility)이 회복되고 또한 유럽 국가들의 경제가 회복되어 대미의존에서 벗어나게 됨에 따라 유동성딜레마 현상이 나타나게 되었다.

3. 달러의 국제적 가치에 대한 신인도 저하(1960년대)

1960년대에 들어서면서 유동성딜레마 현상이 표면화되었고 미국의 국제수지 적자규모가 엄청나게 되자 달러의 국제적 가치가 과연 유지될 수 있을 것인가에 대하여 많은 국가들이 의심을 하게 되면서 달러의 신인도가 크게 저하되자 일부 국가들은 미국에 대하여 달러의 금태환을 요구하기 시작하였다.

4. 금의 이중가격제 도입(1968년 3월)

브레튼우즈 체제는 금 1온스 = $ 35라는 금과의 교환성에 입각하여 유지되어 왔다. 그러나 1960년대 이후 계속된 미국의 국제수지 악화는 달러에 대한 신인도를 감소시켜 금가격의 변동이 심하게 나타남에 따라 금투기가 성행하여 금의 시장가격이 폭등하였다. 그 결과 금 1온스 = $ 35의 공정가격을 유지하기가 어렵게 되어 1968년 3월에는 금의 이중가격제(two-price system for gold)를 실시하게 되었다.

그 내용은 각국 중앙은행간의 금거래에 있어서는 과거와 같이 금 1온스 = $ 35라는 공정가격을 적용하되 앞으로 공적보유금은 중앙은행간의 금거래에만 사용하고 민간 금시장에 대해서는 금의 공급을 중단한다는 것이었다. 따라서 금의 공정가격은 각국 중앙은행간의 공적인 거래에만 적용되고 민간시장에서의 금시세는 시장에서의 수요 · 공급에 의하여 자유로이 결정되도록 하였다. 이것은 국제통화로서의 금의 지위를 달러에 비하여 상대적으로 저하시킨 것을 뜻한다. 즉, 각국 중앙은행간의 결제에 있어 온스당 $ 35로 평가된 금과 달러가 병용되는 경우 금의 자유시장가격이 온스당 $ 35를 상회한다면 금을 인도한 국가는 손실을 입게 될 것이므로 금보다는 실질가치가 낮은 달러가 국제결제에 주로 사용되도록 한 것이다.

5. 스미소니언 협정(1971년 12월)

1944년 브레튼우즈 협정에 의하여 금환본위제도와 조정가능 고정환율제도를 주축으로 성립된 브레튼우즈 체제는 국제경제의 급격한 변화가 야기된 1960년대부터 기축통화로서의 달러위기, 국제유동성의 부족 등으로 인하여 동요되어 왔다.

1970년대에 들어와서도 미국의 국제수지 적자는 계속 악화되어 1971년 초 미국의 금준비는 110억 달러 수준으로 감소된 반면 미국이 금태환 의무를 지는 대외공적채무는 300억 달러를 넘게 되자 달러의 신인도가 더욱 낮아져 달러의 평가절하를 예측한 투기자들이 대규모의 자금을 미국으로 부터 서독으로 이동시키게 되었고 이에 따라 세계의 주요 외환시장에서는 큰 혼란이 초래되었다. 그 결과 마침내 1971년 8월 미국의 닉슨 대통령은 달러를 방어하기 위해 달러의 금태환정지와 함께 일련의 긴급 경제정책을 취함으로써 금환본위제를 근간으로 한 브레튼우즈 체제는 사실상 붕괴되고 말았다.

1971년 12월 미국 워싱턴의 스미소니언 박물관에서 선진 10개국 회의가 개최되어 국제통화제도의 안정과 국제무역의 확대를 위한 스미소니언 협정(Smithsonian Agreement)을 체결함으로써 스미소니언 체제가 성립되었다.

스미소니언 협정에서는 금 1온스의 가격이 35달러에서 38달러로 인상되는 달러의 평가절하가 단행되었으며 반대로 일본의 엔화와 서독의 마르크화 등 국제수지 흑자국들의 통화는 평가절상이 이루어지는 등 다국간의 통화의 평가조정이 이루어졌다. 또한 과거에는 평가를 기준으로 상하 각각 1%의 범위내에서 유지되었던 외환시세는 상하 각각 2.25%의 범위 내에서 유지되도록 완화함으로써 중앙은행이 수시로 외환시장에 개입하지 않아도 되도록 하였다.

6. 제2차 달러 평가절하(1973년 2월)

그러나 영국은 그후 6개월 만에 경상수지 악화에 따른 파운드화 파동을 진정시키기 위하여 변동환율제도를 채택하였고 이어 스위스가 변동환율제로 이행하였으며 프랑스, 벨기에, 이탈리아 등에서는 경상거래에 대하여는 고정환율을 적용하고 자본거래에 대하여는 변동환율을 적용하는 이중환율제도를 도입하였다. 그리고 투기자본이 마르크화와 엔화 등에 집중되어 그 가치가 폭등하고 달러의 가치는 폭락하는 등 국제통화위기가 다시 야기되었다.

결국 미국의 무역수지는 더욱 악화되고 투기자본이 엔화와 마르크화에 집중되어 달러화는 더 이상 그 국제적 가치를 유지할 수 없다는 것이 분명해지자 미국은 자국의 국제수지를 개선하기 위하여 1973년 2월 다시 금 1온스 당 38달러의 금공정가격을 42.22달러로 인상시키는 달러의 평가절하를 단행하였다.

7. 브레튼우즈(스미소니언) 체제의 몰락

그러나 제2차 달러 평가절하 직후에도 달러 위기는 해소되지 않았으며 주로 마르크화의 매입을 위해 대규모의 투기적인 달러 투매현상이 계속되어 대부분의 외환시장이 폐쇄되었다. 1973년 3월 EC 국가들은 1972년 4월에 실시했던 공동변동환율제도(European System of Narrower Exchange Rate Margins: Snake System)를 더욱 강화하였고 이로써 1년 2개월 남짓 존재했던 스미소니언 체제도 종막을 고하게 되었다. 그후 선진국들은 단독변동환율제도 또는 공동변동환율제도를 실시하였으며, 대부분의 개발도상국가들은 달러화나 파운드화, 프랑화 등에 자국통화를 고정시키는 등 각각 자국의 경제여건과 필요성에 따라 다양한 환율제도를 채택, 유지하게 되었다.

제 3 절 킹스턴 체제

1. 킹스턴 체제의 성립

브레튼우즈 체제가 몰락한 후 환율문제를 둘러싸고 변동환율제도를 주장하는 미국과 평가제도의 복귀를 고집하던 프랑스와의 견해차이가 좀처럼 좁혀지지 않자 미국, 프랑스 등 주요 선진국들은 1975년 11월 파리에서 정상회담을 개최하여 이 환율문제를 타결하고 그 내용을 기초로 랑부이에 선언이 발표되었다.

한편 1976년 1월 자마이카의 킹스턴에서 개최된 킹스턴 회의에서는 IMF 협정문을 개정함으로써 그 동안 약 3년 동안에 걸친 국제통화제도의 개혁작업은 종결되고 킹스턴 체제라는 새로운 국제통화체제가 성립되었다. 다시 말하면 금환본위 제도와 조정가능 고정환율제도를 중심으로 하는 브레튼우즈 체제는 종막을 고하고 그 대신 SDR(Special Drawing Right)본위제도와 변동환율제도를 근간으로 하는 킹스턴 체제가 탄생된 것이다.

킹스턴 체제는 IMF회원국에게 독자적인 환율제도를 선택할 수 있는 재량권을 부여함으로써 이미 실시되고 있던 변동환율제도를 인정하였다. 또한 킹스턴 체제는 금의 공정가치를 폐지함으로써 가치척도로서의 금의 역할이 완전히 사라지고 그 대신 SDR이 가치척도의 기능을 맡게 되었다. 그리고 국제통화, 곧 국제유동성으로서 SDR의 기능을 높이기 위해 그 사용범위를 크게 확대하였다. 즉, SDR의 적절한 발행을 통해서 국제유동성 부족문제를 해결하고자 하였다. 그러나 SDR의 사용이 주로 중앙은행 사이의 공적 거래에 국한되었고 SDR의 과도한 발행은 세계적 인플레이션을 낳을 수 있으므로 SDR의 적극적인 사용에는 한계가 있었다고 볼 수 있다.

2. 1976~1979년의 미달러화의 가치하락

제 1 차 석유파동에 따른 경제침체 및 인플레이션에 대응하여 대부분의 국가들은 팽창적인 경제정책을 수행하였다. 그러나 그 정도는 나라마다 상이하여 미국의 정책이 가장 팽창적이었던 반면에 독일 및 일본의 정책은 상대적으로 덜 팽창적이어서, 미국의 인플레이션과 독일 및 일본의 인플레이션이 큰 격차를 보였다. 이와 같은 정책의 상이함으로 말미암아 1976년경부터 미달러화의 절하가 심화하였다. 다시 말하자면 독일마르크화와 일본엔화의 절상이 나타났는데 이것이 독일 및 일본경제에 미칠 경기위축 효과를 방지하고자 두 나라의 중앙은행은 외환시장에 개입하여 미달러화를 매입하고 자국통화들을 매도하였다. 그럼에도 불구하고 미국과 독일 및 일본사이의 인플레이션 격차가 좁혀지지 않자 미달러화는 계속해서 절하하였다. 미달러화의 계속적인 절하는 미국의 카터 행정부로 하여금 미달러화에 대한 신뢰하락을 우려하게 하여 미국 정부는 긴축적인 화폐정책을 수행할 것을 1979년 10월에 결정하였고 이로써 미달러화의 절하현상이 끝나게 되었다.

3. 유럽통화제도(EMS)의 성립

1979년 3월 독일과 프랑스의 선도아래 당시 EC 10개 회원국 중 영국과 그리스를 제외한 8개국이 참여하여 유럽통화제도(European Monetary System: EMS)를 창설하였다. 그 후 스페인과 포르투갈이 EC에 가맹하여 EC는 12개 회원국으로 이루어지게 되었는데, EMS에는 영국과 스페인이 추가로 가입하고, 그리스와 포르투갈은 준 회원국으로 참가하였다.

EMS는 미달러화 등 역외통화의 가치변동으로부터 역내통화들을 보호하고, 역내통화들 사이의 경쟁적 평가절하정책과 개별 회원국 이익위주의 개별 경제정책의 수행을 지양하고 역내통화가치를 안정시킴으로써, 역내경제의 균형적 발전을 도모하는 데 그 목표를 두고 있으며 궁극적으로 EC내의 통화를 단일화하고 경제통합을 실현하고자 하였다.

한편 EMS는 유럽통화단위(European Currency Unit: ECU)를 창출하여, 이로써 회원국 통화의 가치를 표시하는 척도 및 일반적인 계산단위로 삼았고, 나아가 중앙은행의 개입통화 및 중앙은행간 결제수단으로 사용하고, 궁극적으로는 EC의 단일통화로 발전시키고자 하였다.

4. 1980~1985년의 미달러화의 가치상승

1979년 10월에 시작된 미국의 긴축적 화폐정책은 달러화의 절하를 막기 위해서뿐 아니라, 더 중요하게는 미국의 인플레이션을 방지하기 위해서 수행되었다. 이 결과 미국의 금리는 1979년 말부터 급상승하여, 1981년에 단기금리는 1978년 수준의 두배 가까이 되었다. 또 이 기간 중 미달러화는 독일마르크화에 대하여 23% 가량 절상하였다. 1979년 10월부터 미국정부가 추진한 긴축적 화폐정책과 1981년에 출범한 레이건 행정부의 팽창적 재정정책의 결과 미국은 낮은 인플레이션 하에서도 금리는 높게 되었고 따라서 1980년~85년까지의 기간 동안 미달러화는 그 가치가 크게 상승하였다.

5. 플라자 협정과 미달러화의 가치하락

미달러화의 강세가 미국의 경상수지를 크게 악화시킴에 따라, 미국에 보호무역주의가 대두되었다. 이에 국제무역체제의 위기를 우려하여 미국, 독일, 일본, 프랑스, 영국 등 선진 5개국(Group of Five; G-5)의 경제관료들이 미국 뉴욕시 소재 플라자 호텔에서 회의를 열고, 1985년 9월 22일 플라자 협정을 발표하였다. 이 협정의 주요 골자는 미달러화의 절하를 유도하기 위해서 G-5의 중앙은행들이 외환시장에 공동으로 개입하겠다는 것이었다. 이에 미달러화는 즉각 절하하기 시작하였고, 미국이 팽창적 화폐정책을 수행하고 미국 내 금리가 하락함에 따라서 1986년에 이어 1987년 초까지 미달러화의 절하가 지속되었다.

환율에 대해 협조하려는 새로운 노력이 1987년 2월 파리의 루브르 박물관에서 열린 회의를 통해 시작되었다. 앞서 플라자 협정에 참가했던 미국, 독일, 일본, 프랑스, 영국 등 G-5외에 캐나다가 참가하였는데 이들 선진 6개국, 곧 G-6의 재무장관과 중앙은행 총재들이 이른바 루브르 협정을 맺었다. 이 협정에 따르면 당시의 환율수준이 경제의 기초적 변수들(fundamentals)을 대략 잘 반영하므로 그 환율수준에서 안정을 유지하도록 협력하겠다는 것이었다. 그런데 루브르 협정은 공표되지 않은 합의사항에서 환율들에 대한 목표환율대(target zones)를 설정하고, 외환시장개입을 통해

이 목표환율대를 수호하기로 합의하였던 것이다.

이러한 목표환율대 내에서 환율이 얼마 동안은 잘 유지되었다. 그러나 미국의 경상수지적자는 지속되고, 미달러화는 계속하여 절하압력을 받았다. 결국 1987년 말에는 루브르 협정의 목표환율대를 벗어날 수 밖에 없었다. 이에 새로운 목표환율대가 설정되었고, 그 후에도 여러 번 갱신되었다.

제 4 절 경제통화동맹과 유로화

1. 경제통화동맹의 추진

유럽통화제도(EMS)는 국제통화제도로서의 기능을 확립하고 궁극적으로 단일통화권을 실현하기 위하여 EC집행위원회를 중심으로 EC통합방안에 대하여 논의를 해왔다. 특히 1987년 7월에 채택된 단일유럽의정서(Single European Act)는 EC통합의 개념을 크게 확대하여 유럽연합(European Union)과 경제통화동맹(Economic and Monetary Union: EMU)의 실현을 명시하였다.

1991년 12월 네덜란드의 마스트리히트(Maastricht)에서 개최된 EC 12개국 정상회담에서는 경제통화동맹(EMU) 및 유럽정치동맹(European Political Union)의 실현을 위해 유럽연합조약(Treaty on European Union)의 체결에 합의하였다.

마스트리히트조약은 경제통화동맹을 완성함에 있어 다음과 같이 3단계로 나누어 추진하기로 하였다. 즉, 제1단계(1990년~1993년)에서는 전 회원국의 환율안정 및 정책협조에 역점을 두고, 제2단계(1994년~1998년)에서는 유럽통화기구(European Monetary Institute)를 설립하여 동 기구로 하여금 제3단계로의 이행을 위한 준비업무를 담당하도록 하고, 제3단계(1999년 1월부터)에서는 유럽중앙은행제도(European System of Central Banks: ESCB)를 설립하여 참가국의 통화주권(monetary sovereignty)을 유럽중앙은행제도에 이양하고 동시에 단일통화를 창출하여 유럽통화통합을 완성하도록 하였다.

2. 유로화의 도입

마스트리히트조약의 규정에 따른 유럽통화통합의 첫 단계로서 EC의 공동통화단위로 사용되었던 ECU의 바스켓을 구성한 각 회원국통화의 구성통화 단위수를 1994년 1월 1일부터 고정시킴으로써 ECU가치의 안정을 도모하였다. 그후 1995년 12월 EU이사회에서는 1999년 1월 1일부터 참가국통화와 새로 도입될 단일통화인 유로화간의 환율을 고정하여 유로화가 고유의 기능을 갖는 통화가 되도록 하고 그 동안 사용하던 ECU는 공식적으로 폐기하도록 하였다. 그리고 참가국 통화와 유로화를 병행하여 사용하고 이들간에 법적으로 유효한 등가성(equivalence)이 유지되도록 하였다. 또한 2002년 1월 1일부터는 유로화 지폐 및 주화를 발행하여 각 회원국 지폐 및 주화와 병행하여 사용할 수 있도록 하되 병행사용기간을 최소화하여 6개월 이내에 회원국 통화의 법화적 지위가 소멸되도록 하였다.

제 5 절 고정환율제도와 변동환율제도의 비교

1. 고정환율제도의 장점

첫째, 고정환율제도하에서는 환율이 안정적이므로 환율의 변동에서 오는 환위험이 존재하지 않는다. 그러므로 국제무역과 장기자본의 국제적 이동(특히 국제투자)이 증진될 수 있다.

둘째, 일반적으로 환차익을 노리는 환투기자들의 투기활동이 일어나지 않으므로 투기성 단기자본의 이동이 가져올 수 있는 국제수지의 불안을 방지할 수 있다.

2. 고정환율제도의 단점

첫째, 금본위제도하에서는 국제수지의 균형이 금의 유출입에 따른 국내 물가수준의 변동에 의하여 유지되므로 대내적인 경제불안이 불가피해지며, 반대로 국내물가의 변동을 억제하기 위한 대내정책은 곧 국제수지의 균형을 저해하게 된다. 그러므로 국내물가의 안정 및 경제성장을 위한 대내정책의 시행(즉, 통화공급의 적정화)은 국제수지의 균형을 위하여 제약을 받기 마련이다.

둘째, 일국의 물가수준은 무역상대국의 물가수준의 영향을 받게 된다. 즉, 무역상대국이 인플레이션에 직면하게 되면 자국상품의 가격경쟁력이 상대적으로 강화되므로 자국의 국제수지 흑자가 발생하게 된다. 이 과정에서 자국의 금 및 외환보유고는 증대되므로 이에 따른 통화의 공급증대는 국내 인플레이션을 유발할 수 있다. 이 인플레이션은 결국 무역상대국으로부터 수입된 것이라고 볼 수 있으며 이는 개별국의 경제적 독립성이 결여되는 것을 의미한다.

셋째, 고정환율제도하에서는 경제정책들이 국가간에 서로 파급효과를 미치게 된다. 예를 들어, 일국의 정부가 긴축정책을 쓰면 물가수준의 하락에 따른 자국상품의 가격경쟁력 강화로 인하여 국제수지의 흑자가 발생하게 되지만 무역상대국의 국제수지는 적자가 발생하게 되므로 통화량의 감소를 가져와 무역상대국의 경제도 또한 위축된다.

3. 변동환율제도의 장점

첫째, 변동환율제도하에서는 외환시장에서의 외환의 수요와 공급상태에 따라 환율이 자유롭게 움직이기 때문에 환율의 변동을 통해 국제수지의 불균형이 수시로 시정된다. 즉, 환율이 외환시장에서의 외환의 수급상황에 따라 계속적으로 조정되므로 고정환율제도하에서와 같은 국제수지불균형을 해소하기 위한 각종 경제정책의 낭비를 피할 수 있다.

둘째, 변동환율제도하에서는 환율의 변동으로 국제수지의 균형을 이룰 수 있으므로 국제수지의 상태에 관계없이 국내경제 상황에 따라 완전고용, 물가안정 및 경제발전 등을 위한 금융 및 재정정책 등의 대내 경제정책을 독자적으로 자유롭게 시행할 수 있게 된다.

4. 변동환율제도의 단점

첫째, 변동환율제도하에서는 환율이 수시로 변동하므로 환율이 안정적이지 못하며 또한 환율이 각국의 기본적인 경제력에 의해서 보다는 단기자금의 이동에 의해 크게 영향을 받을 수도 있기 때문에 단기간에도 대폭 변동할 가능성을 가지고 있다. 그러므로 그에 따른 환위험은 국제무역의 규모를 축소시키고 또한 장기자본의 국제적 이동을 억제시킬 수 있다.

둘째, 환율의 자유로운 변동은 환투기자들의 활동을 촉진시킬 수 있으므로 환율의 불안정이 초래될 수 있다. 예를 들어, 투기자들에게는 환율이 조금만 변동하여도 환율의 대폭적인 변동의 시초로 해석될 수 있기 때문에 국제수지 적자국으로 부터의 단기자본유출을 더욱 촉진시켜 환율은 더욱 크게 변동할 수 있다.

연 습 문 제

01 19세기말 금본위제도가 원활한 기능을 할 수 있었던 이유에 해당하지 않는 것은?

1) 각국의 물가상승률이 비교적 낮았다.
2) 국제간의 자본이동이 비교적 많지 않았다.
3) 각국 정부는 국제수지의 자동조정기능을 방해하여서는 안된다는 원칙을 철저히 준수하였다.
4) 변동환율제도를 택하였다.

02 다음 중 국제통화제도로서의 브레튼우즈(Bretton Woods)체제의 특징에 해당하지 않는 것은?

1) 국제통화기금(IMF)을 창설하였다.
2) 달러화의 가치는 금을 기준으로 하여 정하고 기타 다른 통화의 가치는 달러화를 기준으로 정하였다.
3) 기본적으로는 고정환율제도를 채택하였으나 국제수지가 근본적인 불균형상태에 있다고 판단될 경우에는 일정한 범위 내에서 환율의 조정이 가능하였다.
4) 각국이 자국통화 한 단위의 가치를 금의 일정량으로 정해놓고 원칙적으로 평가절하는 허용되지 않았다.

03 다음 중 변동환율제도의 특징에 해당하지 않는 것은?

1) 국내경제정책은 국제수지에 대한 고려 때문에 제약을 받게 된다.

2) 환율의 변동을 통해 국제수지의 불균형이 수시로 시정된다.

3) 환투기자들의 활동을 촉진시킬 수 있다.

4) 단기간에 환율이 대폭 변할 수 있어 환위험이 커진다.

04 다음 중 고정환율제도의 특징에 해당하지 않는 것은?

1) 환율이 안정적이므로 환율변동위험에 대한 걱정이 적다.

2) 경제정책들이 국가간에 서로 파급된다.

3) 국제수지에 관계없이 국내경제상황에 따라 경제정책을 자유롭게 수행할 수 있 다.

4) 국내경제정책은 국제수지에 대한 고려 때문에 제약을 받게 된다.

05 다음 중 국제통화제도로서의 금본위제도(The Gold Standard)가 붕괴하게 된 원인이 아닌 것은?

1) 제1차 세계대전의 발발

2) 각국의 물가수준이 서로 엄청나게 다르게 변화

3) 각국간에 금의 편재현상의 심화

4) 미국 달러화의 국제통화로서의 신인도 하락

제 3 부

무 역 실 무

Chapter 08

The Global Corporation

무역계약 및 거래조건

무역거래는 국내의 상거래와는 달리 서로 원거리에 있는 매매 당사자들 간의 거래이기 때문에 계약을 철저하고 완벽하게 체결해놓지 않으면 나중에 그 계약이 제대로 이행되지 않을 경우 많은 시간과 경비를 낭비하게 된다. 무역계약은 일반적으로 다음과 같은 절차를 거쳐서 이루어진다.

제 1 절 계약의 체결

1. Inquiry

수입업자가 수출업자에게 자기가 수입하고자 하는 상품에 대한 거래조건을 문의하면서 Offer를 내주도록 의뢰하는 행위를 Inquiry라고 한다. 이는 상품에 대한 수입업자의 최초의 의사반영이라고 할 수 있으며 무역계약 체결의 예비적 교섭이라고 할 수 있다.

2. Offer

Offer는 크게 나누어서 Selling Offer와 Buying Offer로 구분할 수 있는데 무역거래에서는 주로 Selling Offer를 의미한다. Offer는 Offerer(청약자)가 Offeree(피청약자)에게 일정한 조건으로 계약을 체결하고 싶다는 의사표시이다. 무역거래에서 사용되는 Offer는 다음과 같이 구분된다.

(1) Firm Offer

Firm Offer는 Offer의 유효기간과 선적기일이 반드시 명시되어 있어 유효기간 내에 Offeree(피청약자)가 그 조건을 승낙(Accept)하면 Offer의 발행자(Offerer)는 Offer의 내용대로 선적할 법적의무를 진다.

(2) Free Offer

Free Offer는 Offeree(피청약자) 즉, 수입희망자가 이 조건을 승낙하여도 Offer 발행자의 재확인(Confirm)이 필요하며 Confirm한 이후부터 Offer의 내용대로 선적할 법적의무를 진다.

(3) Conditional Offer

이것은 'Subject to being unsold' 또는 'Subject to prior sale' 등의 조건이 붙는 조건부 Offer를 말하는데 이 Offer를 구매희망자가 승낙할 당시에 그 해당물품이 아직 판매되지 않았다면 그 Offer가 유효해지는 것이다.

(4) Offer on Approval

이것은 Offer와 함께 견본을 보내어 구매희망자가 견본에 만족하면 그 Offer가 유효해진다.

3. Counter Offer

이것은 Offer를 받은 측(Offeree)이 원래의 Offer에 대하여 그 조건의 수정을 요구하는 것을 말하며 실제로 무역거래에서는 Count Offer가 수차에 걸쳐서 왔다 갔다 하게 된다.

4. 계약의 성립

매매당사자 중 어느 한편이 표시한 의사를 상대방이 승낙(Accept)하면 곧 계약(Contract)이 성립된다.

제 2 절 계약의 종류

무역거래에서 이용되는 계약은 크게 다음과 같이 분류할 수 있다.

1. 개별계약(Case by Case Contract)

이것은 특정 품목의 거래가 성립될 때마다 그 거래에 대하여 계약서를 작성하는 것을 말하는데 모든 조건을 하나도 빠짐없이 기재한다.

2. 포괄계약(Master Contract)

이것은 매매당사자 간에 오랜 기간 동안 서로 거래를 하여 잘 알고 있을 때 지정품목에 대해서 일정기간 동안 계약을 체결하고 필요할 때마다 선적해주는 경우에 사용되는 계약형태이다.

3. 독점계약(Exclusive Contract)

이것은 수출업자는 수입국의 지정 수입업자 외에는 같은 품목을 Offer하지 않으며 수입업자는 수출국의 다른 업자들의 해당품목은 취급하지 않는다는 조건으로 이루어지는 독점계약이다.

제 3 절 계약의 기본조건

일반적으로 무역계약의 내용을 구성하는 기본조건들은 계약서의 전면에 기재되는데 주로 다음과 같은 것들로 구성된다.

1. 품질조건

품질에 관한 조건은 무역거래에서 가장 중요한 계약조건의 하나인데 상품에 대한 품질을 규정하는 방법은 다음과 같이 나눌 수 있다.

(1) 견본매매(Sale by Sample)

무역거래에 있어서 상품의 품질을 상대방에게 올바르게 인식시킬 수 있는 가장 좋은 방법은 견본을 보여주는 것이라고 할 수 있는데 실제로 이 방법이 대부분의 경우 사용된다.

(2) **표준품매매**(Sale by Standard or Type)

농산물과 수산물과 같은 1차 산품의 경우에는 견본을 제시하기 어렵기 때문에 주로 표준품에 의해 품질을 규정하는데 다음과 같은 것들이 있다.

① Fair Average Quality Term

이 조건은 주로 농산물의 매매에서 많이 사용되는데 선적지에서 해당 계절 출하품(出荷品)의 평균중등품(平均中等品)을 표준으로 한다.

② Good Merchantable Quality Term

이 조건은 목재나 냉동어류에 많이 적용되는 조건으로 수입지에서 현물을 인수할 때 부패하여 쓸 수 없는 부분이 발견되면 매도인에게 변상요구를 할 수 있는 판매적격 품질보증(販賣適格 品質保證)조건이다.

(3) **상표매매**(Sale by Trade Mark or Brand)

품질이 공인된 상품의 경우의 경우에는 구태여 견본을 보낼 필요가 없이 상표명으로 매매계약을 할 수 있다.

2. 수량조건

무역거래에서 상품의 수량을 측정하는 단위로는 중량(Weight), 길이(Length), 용적 (Measurement: Gallon, Cubic feet 등), 포장단위(Package), 개수(Piece) 등이 있다.

특히 중량의 경우에는 상품을 포장한 채로의 중량을 말하는 총중량(Gross Weight) 과 포장용의 무게를 공제한 순중량(Net Weight)을 구분하는 것이 중요하다. 그리고 광산물이나 곡류와 같이 감량이 예상되는 품목은 계약할 때 'More or Less' 조건으로 계약을 체결하는데, 예를 들어 'More or Less 5%' 로 계약하는 경우에는 5% 이내의 과부족이 발생하여도 허용이 된다.

3. 대금결제조건

(1) 전불(Cash with Order: CWO)

이것은 물품 주문과 동시에 대금을 전부 지불하는 조건으로 매수인에게는 매우 불리한 조건이다.

(2) 분할지불(Instalment Payment)

상품의 대금을 계약시 · 선적시 · 도착시 등으로 나누어 일정 액씩을 결제하는 방법인데 거액의 금액을 필요로 할 때 많이 쓰이는 방법이다.

(3) 선적서류상환불(Cash Against Documents: CAD)

수출업자가 상품을 수출하고 선적(船積)을 증명할 수 있는 선하증권 등의 주요 선적서류를 수출지에 있는 수입업자의 대리점이나 거래은행에 제시하여 서류와 상환으로 수출대금을 받는 방법이다.

(4) 현물상환불(Cash on Delivery: COD)

상품이 목적지에 도착하면 상품과 상환으로 대금결제를 해주는 방법인데 수입지에 수출업자의 대리인이 있는 경우에 이용된다.

(5) 후불(Deferred Payment)

상품이 목적지에 도착하고 난후 일정기일이 지나서 대금을 결제받는 조건으로 수출업자에게는 매우 불리한 조건이다.

(6) 장부결제(Open or Current Account)

서로 거래가 많은 회사끼리 일정기간에 한 번씩 누적된 대금을 결제하는 일종의 신용거래이다.

(7) 무담보어음(Clean Bill of Exchange) 결제

이것은 서로 믿을 수 있는 거래선 사이에 사용되는 일종의 후불조건이다. 수출업자가 상품을 선적하고 선적서류는 수입업자에게 직접 송부해주고 난 후에 환어음만 하나 작성하여 거래은행을 통하여 추심(Collection)하여 결제받는 방법이다.

(8) 화환어음(Documentary Bill of Exchange) 결제

수출업자가 상품을 선적하고 나서 선적서류와 함께 환어음을 발행하여 거래은행에 매입시키면 거래은행은 이들과 상환으로 대금지불을 하여 준다.

수출업자의 거래은행은 환어음과 선적서류를 수입지의 지점이나 거래은행에 송부하고 이 서류를 받은 수입지은행은 수입업자에게 다시 이 환어음을 제시한다. 이때 화환어음이 인수도조건(Document Against Acceptance: D/A)으로 되어 있으면 수입업자는 어음에다가 Accept라고 표기하고 서명을 하면 은행으로부터 선적서류를 인도받고 선적화물을 찾아낼 수 있다. 그러나 만약 화환어음이 지불도조건(Document Against Payment: D/P)으로 되어 있으면 수입업자는 어음금액을 지불해야 은행으로부터 선적서류를 인도받을 수 있다.

(9) 신용장(Letter of Credit: L/C) 결제

전항의 화환어음에 은행의 보증이 더 붙는 신용장부화환어음(Documentary Bill of Exchange with Letter of Credit) 결제를 말한다. 화환어음은 수입업자 개인의 신용도에 의해 결제되지만 신용장에 의한 결제는 수입상이 대금지불을 못하더라도 신용장의 개설은행이 그 책임을 지고 지불하여 준다.

4. 가격조건

수출입에 따른 각종 비용 및 위험을 누가 부담하는가를 규정하는 무역거래조건으로서 국제상업회의소(International Chamber of Commerce: ICC)에서 무역거래조건의 해석에 관한 국제 규칙(International Rules for the Interpretation of Trade Terms: Incoterms)을 1936년 최초로 제정하였으며 그 이후 여러 차례의 개정을 거쳐 현재는 'Incoterms 2010' 이 사용되고 있는데 다음과 같이 매도인과 매수인의 의무를 규정하고 있다.

(1) 공장인도조건(EXW) – "Ex Works"

매도인은 계약물품을 작업장 또는 공장 구내에서 매수인에게 인도하면 되고 별도의 합의가 없는 한 계약물품을 매수인이 준비한 운송수단에 적재할 책임이 없으며 수출통관의 의무도 없다. 매수인은 계약물품을 인수하여 최종목적지까지 운송하는데 수반되는 모든 비용과 위험을 부담해야 한다. 그러므로 이 조건은 매도인의 최소의무를 나타낸다.

(2) 운송인인도조건(FCA) – "Free Carrier"

이 조건은 복합운송의 대표적인 것으로 매수인이 지정한 장소에서 매도인이 수출통관된 계약물품을 운송인의 보관하에 인계할 때 매도인의 의무가 완료된다. 매도인은 만일 매수인이 정확한 인도지점을 지정하지 않은 경우에는 운송인이 통상 인수해 갈 수 있는 특정한 지역을 선택할 수 있다.

(3) 운송비지불인도조건(CPT) – "Carriage Paid to"

운송비지불인도조건은 운송인인도조건(FCA)과 마찬가지로 운송형태에 관계없이 매도인이 적출지에서 운송인에게 계약물품을 인도해 주는 조건이다. 이 조건은 매도인이 지정도착지까지의 운임을 지불하나, 물품의 멸실 또는 손상 등의 위험이나 추가비용의 부담은 최초의 운송인의 관리 하에 인도된 시점에서 매도인으로부터 매수인에게 이전된다. 여기서 운송인이란 육 · 해 · 공 중 어느 한 가지나 이들의 복합방식으로 계약화물을 목적지까지 운송해주기로 약정하는 자를 말한다.

(4) 운송비 · 보험료지불인도조건(CIP) – "Carriage and Insurance Paid to"

이 조건은 운송도중의 계약물품의 멸실 또는 손상에 관한 위험을 담보하는 통상적인 운송보험을 매도인이 들어야 한다는 점을 제외하고는 CPT조건과 똑같다. 이러한 점에서 CIP는 해상운송조건의 CIF와 자주 비교되는데, 사실 운송형태가 다르다 뿐이지 그 밖의 매도인과 매수인의 의무는 서로 같음을 알 수 있다.

(5) 터미널인도조건(DAT) – "Delivered At Terminal"

매도인이 수입지내 지정터미널에서 도착된 운송수단으로부터 양륙되고, 수입통관 되지 않은 물품을 매수인에게 인도하는 거래조건이다.

(6) 목적지인도조건(DAP) – “Delivered At Place”

매도인이 수입지내 지정장소에서 도착된 운송수단으로부터 양륙되지 않고, 수입통관 되지 않은 물품을 매수인에게 인도하는 거래조건이다.

(7) 관세지급인도조건(DDP) – “Delivered Duty Paid”

매도인이 수입지내 지정장소에서 도착된 운송수단으로부터 양륙되지 않고, 수입통관된 물품을 매수인에게 인도할 때까지의 모든 비용과 위험을 부담하여야 한다. 따라서 이는 EXW조건과 반대로 매도인의 의무가 가장 무거운 무역거래조건이다.

(8) 선측인도조건(FAS) – “Free Alongside Ship”

매도인은 계약물품을 본선의 선측(船側)에 인도하여야 하며 수출통관절차를 필해야 한다. 매수인은 그러한 순간부터 계약물품에 대한 모든 비용과 계약물품의 멸실 또는 손상에 관한 모든 위험을 부담해야 한다.

(9) 본선인도조건(FOB) – “Free on Board”

매도인은 매매계약에서 지정된 선적항의 본선에 계약물품을 인도하여야 하며 수출통관절차를 필하고 무사고 본선수취증(Mate’ s Receipt: M/R)을 매수인에게 제공하여야 한다. 그 이후 계약물품의 멸실 또는 손상에 대한 위험은 매도인으로부터 매수인에게 이전된다.

(10) 운임포함인도조건(CFR) – “Cost and Freight”

매도인은 지정된 목적항까지 계약물품을 인도하는 데 필요한 운임을 지불하여야 한다. 그러나 계약물품의 멸실 또는 손상에 대한 위험은 FOB와 마찬가지로 계약물품이 선적항에서 본선에 인도될 때 매도인으로부터 매수인에게로 이전된다.

(11) 운임 · 보험료포함인도조건(CIF) – "Cost, Insurance and Freight"

이 조건은 운송중에 발생하는 계약물품의 멸실 또는 손상에 대한 위험을 담보하는 해상보험증권(海上保險證券)을 매도인이 취득해야 한다는 점을 제외하고는 앞의 CFR조건과 똑같다. 따라서 매도인은 보험계약을 체결하고 보험료를 지불하여야 한다.

연 습 문 제

01 Exclusive Contract이란 무엇인가?

02 Fair Average Quality Term이란 무엇인가?

03 대금결제조건에 있어서 D/P와 D/A를 비교하여 설명하라.

04 무역거래조건으로서 FCA는 무엇인가?

05 무역거래조건으로서 CIP는 무엇인가?

06 무역거래조건으로서 DDP는 무엇인가?

Chapter

09

The Global Corporation

화물의 선적과 해상보험

제 1 절 선적서류의 종류

선적서류란 수출화물의 선적을 증명하는 제 서류로서 수출지에서는 이들 서류의 제시로 수출상품의 대금을 받을 수 있고, 화물의 도착지인 수입지에서는 이들 서류와 상환으로 화물을 인수받을 수 있는 중요한 서류들을 말한다. 선적서류는 선하증권, 상업송장과 같이 반드시 필요한 서류와 그 외의 부속서류로 구분된다.

1. 선하증권(Bill of Lading : B/L)

수출통관을 마친 화물을 수출업자가 본선에 반입하면 선박의 일등항해사가 화물을 인수하고 인수의 증거로 본선수취증(Mate's Receipt: M/R)을 수출업자에게 발급한다. 수출업자는 발급받은 본선수취증을 선박회사에 제출하면 선박회사는 선하증권을 수출업자에게 교부한다.

선하증권은 화물을 선적했다는 사실을 증명하는 가장 중요한 선적서류인 동시에 유통될 수 있는 유가증권이며 이것이 없으면 화물을 찾을 수가 없으므로 신중하게 다루어야 한다.

2. 상업송장(Commercial Invoice)

이 서류는 수출물품의 품명 · 규격 · 단가 · 총금액 등이 기입되어 있으며 매도인이 매수인 앞으로 보내는 선적화물의 계산서 및 내용명세서로서 물품매매를 증거하는 서류이다.

3. 보험증권(Insurance Policy)

계약물품이 운송 중의 멸실, 손상위험으로부터 보호될 수 있도록 부보(付保)되고 있음을 증명하는 서류로서 매도인이 보험에 들어야 할 경우에는 필수서류가 된다.

4. 포장명세서(Packing List)

선적화물의 포장단위별 명세와 중량이 기재된다.

5. 원산지 증명(Certificate of Origin)

오늘날 대부분의 국가들은 수입통관시에 원산지증명을 요구하는데 특정국 상품의 수입을 막거나 특혜관세적용 대상국을 구별하기 위하여 요구한다.

6. 영사송장(Consular Invoice)

상업송장상의 금액이 사실과 다르게 기재되었는가를 확인하기 위하여 수출국주재 수입국영사가 상업송장을 일정한 수수료를 받고 사증(査證)하여 주는 것으로 상도의가 의심스러운 경우에 요구된다.

7. 세관송장(Customs Invoice)

수입품에 부과될 과세가격의 결정과 덤핑세 부과의 유무를 결정하기 위해서 많은 나라들이 요구한다.

제 2 절 해상보험

1. 해상보험계약

해상보험이란 해상운송 도중에 일어나는 사고에 대하여 보험자가 보험금(Insured Amount)의 지급을 통해 손해를 보상하여 줄 것을 약속하고 피보험자는 그 대가로 보험료(Insurance Premium)를 지불할 것을 약속하는 손해보험의 일종이다.

2. 해상보험의 당사자

(1) 보험자(Insurer 또는 Assurer)

보험료를 받고 해상위험을 부담하는 자로서 물품의 해상운송 중에 손해가 발생하였을 경우 피보험자에게 그 손해액을 보상할 것을 약속하는 보험회사를 말한다.

(2) 보험계약자(Policy Holder)

보험회사와 보험계약을 체결하고 보험료(Insurance Premium)를 지불하는 자를 말한다.

(3) 피보험자(Insured, Assured)

보험의 목적물에 대하여 경제적 이해관계 즉, 피보험이익(Insurable Interest)을 갖고 이러한 피보험재산(Insurable Property)에 손해가 발생하면 보험자로부터 보상을 받는 자를 말한다. 보험계약자와 피보험자는 매매계약조건에 따라서 동일인이 될 수도 있고 다른 사람이 될 수도 있다.

3. 피보험이익(Insurable Interest)

보험에는 반드시 피보험자가 보험의 목적물과 재산상의 이해관계가 있어야 하며, 이러한 재산상의 이해관계를 보호함으로써 특정인이 갖게 되는 이익을 피보험이익이라 한다. 즉, 보험이 보호하는 대상은 선박이나 화물과 같은 어떤 물체 그 자체가 아니라 이와 같은 보험의 목적물에 대하여 특정인이 갖는 이해관계이다.

4. 해상보험증권

해상보험증권은 보험자와 보험계약자 사이에 보험계약이 체결되었음을 증명하는 증거서류이다. 해상보험증권은 1779년 로이즈 보험자(Lloyd's Underwriters) 총회에서 그때까지 사용되어 오던 여러 가지 양식의 보험증권을 통일한 'Ship and Goods Form'의 보험증권이 영국해상보험법 부록에 표준해상보험증권으로 채택됨으로써 공식적으로 사용되었으며 이 보험증권에 포함된 내용은 오늘날까지도 해상보험의 골격을 이루고 있다.

그러나 기존의 해상보험증권은 문장이나 단어가 고어체가 많아 이용자들에게 많은 불편을 주기 때문에 내용이 간단하고 세계각국에서 공통으로 사용할 수 있는 새로운 양식의 해상보험증권을 마련하고 1982년부터는 새로운 양식의 해상보험증권을 사용하기로 합의하였다. 새로운 해상보험증권 양식에 의하면 해상보험증권은 단순히 해상보험계약의 성립을 확인하는 문서에 불과하고 해상보험계약의 내용은 모두 협회적화약관(Institute Cargo Clause)에 의하여 결정하도록 되어 있기 때문에 반드시 협회적화약관이 첨부되어야만 보험증권으로서 역할을 다하게 된다.

연 습 문 제

01 선하증권(Bill of Lading)이란 무엇인가?

02 영사송장(Consular Invoice)이란 무엇인가?

03 피보험이익(Insurable Interest)란 무엇인가?

Chapter

10

신 용 장

제 1 절 신용장의 유래

오늘날 무역거래의 대부분은 신용장에 의하여 이루어지고 있는데 이러한 신용장의 거래규칙은 1933년에 국제상업회의소(International Chamber of Commerce: ICC)가 결의하여 채택한 이후 수차례에 걸쳐 개정된 '상업화환신용장에 관한 통일규칙 및 관례'(Uniform Customs and Practice for Commercial Documentary Credits)에 전반적으로 수록되어 있다.

제 2 절 신용장의 정의

무역거래는 언어, 문화, 관습 등이 다르고 정치적 경제적, 사회적 배경이 서로 다른 국가에 속하는 매매당사자들 간에 이루어지므로 국내거래와는 달리 매우 복잡할 뿐만 아니라 거래 상대방의 신용상태의 변화로 커다란 위험에 직면할 가능성이 크다고 할 수 있다. 그러므로 신용장은 은행을 매매당사자들 간에 개입시켜 이러한 신용위험을 해소하여 무역거래가 원활하게 수행되도록 하는 수단이다.

즉, 신용장(Letter of Credit: L/C)이란 무역거래의 대금지불 및 상품수입의 원활을 기하기 위하여 수입업자의 거래은행이 수입업자의 요청으로 발행하는 증서로서 수출업자가 선적서류를 담보로 하여 화환어음을 발행한 후 이 화환어음이 제시될 때에는 지급, 인수 또는 매입할 것을 수출업자 및 선의의 어음소지인(어음매입은행)에 대하여 보증하는 수단이다. 그러므로 신용장이 발행되고 나서 신용장에 의거하여 화환어음이 발행되면 비록 수입업자가 지급불능의 상태가 된다고 할지라도 신용장을 발행한 은행이 책임을 지게 된다.

제 3 절 신용장의 당사자

1. 개설의뢰인(Applicant)

수입업자는 매매계약에 따라 자신의 거래은행에 대하여 수출업자 앞으로 신용장을 개설해줄 것을 의뢰하게 되므로 수입업자를 신용장 개설의뢰인이라고 한다.

2. 개설은행(Issuing Bank, Opening Bank)

수입업자의 거래은행으로서 수출업자가 발행하는 화환어음을 지급 · 인수 또는 매입할 것을 확약하는 신용장을 발행하는 은행이다.

3. 통지은행(Advising Bank, Notifying Bank)

수출국에 있는 은행으로서 신용장이 발행된 것을 수출업자에게 통지해 주는 은행을 말한다.

4. 지급, 인수 또는 매입은행(Paying, Accepting or Negotiating Bank)

수출업자는 신용장의 내용대로 선적을 완료하면 수입업자 또는 신용장 개설은행 앞으로 환어음을 발행하여 선적서류와 함께 자신의 거래은행(일반적으로 통지은행)에 이 어음의 매입을 요청하는데 신용장에 제한조건이 없으면 아무은행이나 어음을 매입하는 은행을 매입은행(Negotiating Bank)이라고 한다. 반면에 수출업자가 제시하는 환어음에 대한 지급을 특정 은행으로 지정하는 지급신용장의 경우에 지급을 행하는 은행을 지급은행(Paying Bank)이라고 부른다. 한편 수출업자가 제시하는 환어음이 일람불어음(Sight Draft)이 아니고 기한부어음(Time Draft)인 경우 이러한 기한부어음을 인수하는 은행을 인수은행(Accepting Bank)이라고 한다. 이들 세 가지 은행의 공통점은 모두가 어음발행자에게 화환어음과 상환으로 수출대금을 지불한다는 것인데 보통 Nego은행으로 불리우며 대개는 통지은행과 동일한 수출업자의 거래은행이 Nego은행이 된다.

5. 확인은행(Confirming Bank)

신용장 개설은행이 국제적으로 잘 알려지지 않은 은행이거나 신용도가 확실하지 않은 경우에 수출업자는 수입업자에게 연락하여 수출국에 있는 권위있는 은행에게 당해 신용장의 보증을 받도록 요청할 수 있다. 이 경우 수입업자가 신용장 개설은행에게 이 사실을 알리면 개설은행은 수출국에 있는 제3의 은행에 신용장의 확인을 의뢰하고 확인은행은 소정의 confirming fee를 받고 확인을 해 준다. 이 확인은행은 신용장 개설은행이 어려움에 처하는 경우 신용장에 의해 발행되는 화환어음을 지급 · 인수 또는 매입해 주어야 한다. 국제신용도가 약한 신용장 개설은행은 처음부터 먼저 확인은행의 확인을 받아 수출업자에게 통지해 주므로 이 경우 확인은행 자체가 통지은행의 역할을 겸하게 된다.

6. 수익자(Beneficiary)

수입업자의 요청에 의해 신용장 개설은행이 신용장을 발행하게 되면 신용장을 받는 수출업자는 비록 수입업자가 지급불능의 상태가 된다고 할지라도 신용장을 발행한 은행이 책임을 지게 되므로 안심을 할 수 있게 된다. 그러므로 신용장 발행의 혜택을 받게 되는 수출업자를 수혜자 또는 수익자라고 한다.

그림 10-1 신용장에 의한 수출대금의 결제

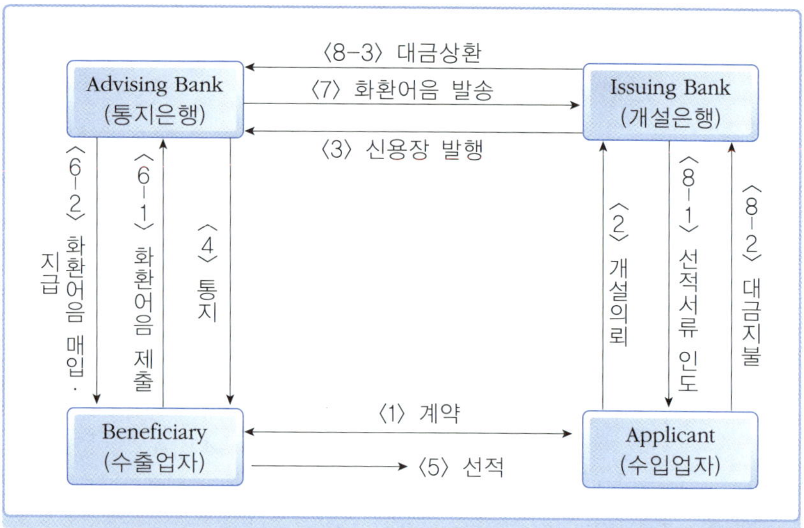

제 4 절 신용장의 종류

1. 취소가능신용장(Revocable Credit)과 취소불능신용장(Irrevocable Credit)

신용장 개설은행이 수익자(수출업자)에게 사전통지 없이 일방적으로 신용장의 내용을 변경하거나 신용장 자체를 취소할 수 있는 신용장을 취소가능신용장이라고 한다. 그러나 취소가능신용장이라고 하더라도 일단 수익자에게 신용장이 통지되고 그 신용장 조항의 변경이나 취소가 통지은행에 접수되기 전에는 원(原)신용장의 조건대로 지급 · 인수 또는 매입한 은행에 대해서 신용장 개설은행은 보상책임을 진다.

한편 취소불능신용장은 수익자와 신용장에 의해서 발행된 환어음과 관계선적서류의 선의의 소지인(Bona-fide holder)에 대하여 신용장 개설은행이 신용장이 확약하는 지급 · 인수 또는 매입을 이행해야 하는 신용장으로 어느 한 당사자에 의해서 임의로 변경이나 취소가 될 수 없다. 신용장통일규칙에서는 명확한 취소가능 또는 불능의 표시가 없을 때는 취소불능신용장으로 규정하고 있다.

2. 확인신용장(Confirmed Credit)과 미확인신용장(Unconfirmed Credit)

신용장 개설은행 이외의 제3의 은행이 개설은행의 요청에 따라 수익자가 발행하는 어음의 지급 · 인수 또는 매입을 확약한 신용장을 확인신용장이라 한다. 이러한 추가책임이 없이 발행된 신용장을 미확인신용장이라 한다.

3. 상환청구가능신용장(With Recourse Credit)과 상환청구불능 신용장(Without Recourse Credit)

신용장의 수익자가 발행하는 화환어음이 신용장의 조건과 불일치하게 발행되었을 때는 어음지불인은 지불을 거절할 수 있게 되는데 이때 선의의 어음소지자가 어음발행인에게 상환청구를 할 수 있느냐 없느냐에 따라 상환청구가능신용장과 상환청구불능신용장으로 구분된다.

4. 매입신용장(Negotiation Credit)과 지급신용장(Straight Credit)

수출업자가 선적을 완료하면 수입업자 또는 신용장 개설은행 앞으로 환어음을 발행하여 선적서류와 함께 통지은행에 이 어음의 매입을 요청하게 되는데 신용장 개설은행이 어음의 발행인(Drawer)인 수익자(수출업자)뿐만 아니라 선의의 소지자에게도 지급을 확약하는 신용장을 매입신용장이라고 한다.

한편 지급신용장은 환어음의 선의의 소지자에 대한 약정은 없고 단순히 신용장개설은행 또는 동은행의 특정 환거래취결은행을 지급은행(Paying Bank)으로 하여 어음이 발행되어 제시되면 지급하겠다는 약정의 신용장이다. 즉, 지급신용장의 경우에는 신용장상에 지급은행이 지정되어 있기 때문에 다른 은행은 환어음을 매입하려고 하지 않는다.

5. 보통신용장(Open Credit)과 특정신용장(Restricted Credit)

매입신용장(Negotiation Credit) 중에서 신용장 개설은행이 그

신용장에 의하여 발행되는 어음의 매입을 특정은행에 제한시키는 경우를 Restricted Credit 이라고 하며 아무 은행에서나 매입할 수 있도록 한 것을 Open Credit 이라 한다.

6. 화물환신용장(Documentary Credit)과 무담보신용장(Clean Credit)

신용장개설은행이 수익자(수출업자)가 발행한 환어음을 선적화물과 관련된 제서류의 첨부를 조건으로 지급 · 인수 또는 매입하는 것을 확약하는 신용장을 Documentary L/C라고 하고 관계선적서류의 첨부없이 수익자가 발행한 어음 하나만으로 그것을 지급 · 인수 또는 매입하는 것을 약정하는 신용장을 Clean L/C 라고 한다. Clean L/C 는 대개가 상품거래 이외의 거래, 즉 운임, 보험료, 수수료 등의 결제에 사용되고 있다.

7. Sight Credit 와 Usance Credit

신용장에 의하여 발행되는 어음이 일람불어음(Sight Draft)인 경우를 Sight Credit이라고 하며 기한부어음(Time Draft)인 경우를 Usance Credit 또는 Acceptance Credit이라고 한다.

신용장개설의뢰인(수입업자)이 자금이 부족하여 화물의 도착과 동시에 대금지불을 하기가 힘들 것으로 생각될 경우 수출업자의 허락을 받아 일람후 30일, 60일과 같은 Usance Credit를 발행하게 되면 화물도착 후 수입품을 매각하여 기한부어음의 어음기한이 도래할 때 지급하면 된다. 수익자는 수출대금을 30일, 60일 늦게 지불받을 수도 있고 이 기한부어음을 할인하여 미리 현금화할 수도 있는데 할인하는 경우 그 어음을 인수해 주는 은행을 인수은행(Accepting Bank)이라 한다.

8. 양도가능신용장(Transferable Credit)과 양도불능신용장(Non-Transferable Credit)

수익자가 신용장금액의 전부 또는 일부를 제2의 수익자에게 양도할 수 있는 권한을 부여한 신용장을 양도가능신용장이라 하고 [Transferable]이란 표시가 없는 신용장은 양도불능신용장이 된다. 양도가능신용장의 경우 최초의 수익자가 제2의 수익자를 결정하여 통지은행에 가서 양도조건을 제시하고 양도를 해주면 통지은행은 일단 제2의 수익자 이름과 주소를 개설은행에게 통지해 준다.

9. 전대신용장(Red Clause Credit or Packing Credit)

수출업자의 원료구입비나 물품수집비용으로 신용장개설의뢰인(수입업자)이 통지은행에게 일정한 조건하에서 수익자(수출업자)에게 수출대금의 전불(advance payment)을 허용하는 신용장을 Packing Credit 이라고 하는데 이 전불을 허용하는 내용이 보통 붉은색으로 표시가 되기 때문에 Red Clause Credit 이라고도 부른다.

연 습 문 제

01 Beneficiary는 누구인가?

02 Confirming Bank란 무엇인가?

03 Accepting Bank란 무엇인가?

04 Negotiation Credit과 Straight Credit의 차이점을 설명하라.

05 Irrevocable Credit이란 무엇인가?

06 With Recourse Credit이란 무엇인가?

제 4 부

글로벌 경영

Chapter

11

The Global Corporation

글로벌경영의 특성

제 1 절 세계경제의 글로벌화

1990년대부터 본격적으로 시작된 글로벌라이제이션(globalization) 물결로 인하여 사람, 물자 및 자본의 국가 간 이동에 대한 제약이 점차 없어지게 되었으며(perfect mobility) 그에 따라 국가라는 개념이 점차 덜 중요해지고 개별 국가들의 통제가 점차 힘을 잃게 되었다(borderless world). 이러한 글로벌라이제이션 환경 하에서 경제주체들은 국내뿐만 아니라 해외 즉, 전 세계 어느 곳에서도 무한경쟁을 하게 되었으며 여기서 살아남기 위해서는 글로벌한 시각을 갖추고 글로벌 경쟁력(global competitiveness)을 갖추는 것이 필수적이 되었다.

이와 같은 세계경제의 글로벌화를 촉진시키는 요인은 첫째, 정부요인으로서 무역장벽의 감소, 둘째, 시장요인으로서 수요의 동질화, 셋째, 비용요인으로서 규모의 경제와 기술의 진보 등을 들 수 있다.[1)]

첫째, 1994년 말 우루과이라운드(Uruguay Round: UR) 협상의

1) George S. Yip, *Total Global Strategy: Managing for Worldwide Competitive Advantage* (Englewood Cliffs, N. J.: Prentice-Hall, 1992),

타결로 세계무역기구(World Trade Organization: WTO)가 출범함에 따라 국가간 무역장벽이 점차 축소되고 있으며 이러한 다자간 무역장벽 해소 노력으로 만족하지 못하는 경우에는 많은 국가들이 무역장벽 해소를 위해 양자간 협상인 FTA(Free Trade Agreements)를 체결하여 무역장벽을 축소시키고 있다.

둘째, 1990년대부터 중국, 러시아 및 과거 공산국가들의 시장체제로의 전환과 빠른 경제성장 그리고 독일을 중심으로 한 유럽연합(European Union: EU)의 확대 등으로 전세계시장은 빠른 속도로 확대되어 왔다. 그에 따라 국가 간 소득의 격차가 좁혀지고 전세계적으로 구매력이 증가함에 따라 전세계 소비자들의 기호가 유사해지고 있다. 특히 인터넷과 방송 등 커뮤니케이션 기술의 획기적 발전은 소비자 수요의 동질화를 더욱 가속화시키고 있다.

셋째, 거의 모든 산업에서 생산방식이 노동집약적 생산방식으로부터 자본집약적 생산방식으로 점차 변화하고 있으며 그에 따라 생산과정에서 규모의 경제(economies of scale)가 더욱 크게 나타나게 되었다.[2] 즉, 제품의 생산을 위해 막대한 자본재가 투자되는 경우 생산규모를 크게 할수록 단위당 생산비가 많이 하락하게 되므로 국내시장보다는 전세계시장을 상대로 생산규모를 확대하는 것이 유리하게 된다. 뿐만 아니라 기술의 진보가 빠른 속도로 나타나는 첨단산업의 경우에는 막대한 연구개발(R & D)비용이 들게 되는데 이를 감당하기 위해서는 전세계시장을 상대로 제품의 개발과 판매를 행해야 한다.

그러므로 이러한 세계경제의 글로벌화로 인하여 이제 기업들은 단지 국내시장이 아닌 전 세계시장에서 글로벌 경쟁을 해야 하며 단일 국적의 기업보다는 다국적기업(Multinational Corporation: MNC)에게 상대적으로 유리한 기업환경이 조성됨에 따라 글로벌

2) Kenichi Ohmae, *Triad Power: The Coming Shape of Global Competition* (New York: Free Press, 1985).

경영과 글로벌경쟁력의 확보는 필수적이 되었다고 할 수 있다.

제 2 절 기업의 국제화 과정

기업은 일반적으로 자국시장을 목표로 기업 활동을 시작하지만 시장 규모나 가격 조건 등의 측면에서 국내시장보다 해외시장이 더 유리하게 되면 이러한 환경변화에 능동적으로 대처하기 위하여 국제화하게 된다.[3)]

기업이 국제화하는 과정을 살펴보면 처음에는 국내생산품을 해외에 판매하는 수출활동을 하게 되는데 수출은 간접수출과 직접수출로 나눌 수 있다. 간접수출은 수출마케팅활동을 비롯한 수출과 관련된 주요 기능을 기업이 직접 수행하지 않고 수출중간상에게 위임하는 방식인 반면 직접수출은 시장조사, 고객접촉, 가격결정, 유통, 수출서류 작성 등 수출과 관련된 제반 활동을 기업이 직접 수행하는 방식이다. 기업은 필요에 따라 대규모시장에는 직접수출방식을 이용하고 소규모시장에는 간접수출방식을 이용하는 등 직접수출과 간접수출을 동시에 활용하기도 한다.

직접수출을 하는 단계에서 기업은 때로는 자신이 보유하고 있는 기술이나 지식을 일정한 대가를 받고 외국기업에게 이전하기로 하는 계약방식에 의한 해외진출을 시도하기도 하는데 라이슨싱(licensing), 프랜차이징(franchising), 경영계약(management contract), 턴키계약(turnkey operations) 등이 여기에 해당한다. 이러한 계약 방식에 의한 해외진출은 상품이 아닌 기술이나 지식을 이전한다는 점에서 수출방식과 구분되며 자본투자가 요구되지 않

3) F. R. Root, *Entry Strategies for International Markets*, (New York: Lexington Books, 1994).

는다는 점에서 나중에 언급하는 직접투자 방식과 다르다고 할 수 있다.

우선 라이선싱은 특정 기업이 자신이 보유하고 있는 특허권(patent), 제품이나 공정에 대한 노하우(know-how), 상표권(trademark), 브랜드네임(brand name), 저작권(copyright) 등 무형자산(intangible assets)의 사용권을 외국기업에게 허가하는 것을 말한다. 반면 프랜차이징은 특정기업이 가지고 있는 저명한 상표의 사용권을 외국기업에게 부여하는 동시에 원료, 부분품 또는 서비스 등 최종제품의 중요한 성분을 계속해서 일괄공급, 판매할 수 있는 권리를 확보하는 방법으로서 상표의 사용권을 부여하는 기업과 사용권을 얻게 되는 기업이 수직적으로 결합된 한 개의 기업과 거의 같다고 볼 수 있다. 그리고 경영계약은 특정 기업이 일정기간 동안 대가를 받고 외국기업의 경영을 도와주거나 또는 이를 대신해 주는 방식을 말하며 턴키계약은 특정기업이 외국기업이 필요로 하는 공장이나 시설물에 대한 설계 및 건설을 하고 시운전이 성공리에 끝난 단계에서 그 외국기업에게 직접 운영하도록 인계해 주는 방식을 말한다.

한편 수출단계의 기업도 여러 가지 여건의 변화로 인하여 어려움에 봉착할 수 있다. 예를 들어, 수입국 정부가 수입제한을 하거나 고율의 관세를 부과하는 경우 제품을 수출하는 것이 불가능하거나 또는 현지국기업과의 경쟁에서 불리한 상황에 처할 수 있다. 또는 국내에서 인건비 등 생산비가 앙등하거나 자국통화의 가치가 상승하여 제품의 수출경쟁력이 약화될 수가 있다. 이러한 어려움을 극복하기 위하여 기업은 수출방법 대신 수입국 내에서 제품을 직접 생산하여 이를 현지에 판매하는 해외직접투자전략을 활용할 수 있다.

해외직접투자(foreign direct investment)를 위해서는 자본이나 인력 등 상당한 기업자원이 해외에 투입되어야 하고 또한 상당한 위험이 따르게 된다. 그러므로 이러한 부담을 안고 기업이 처음으로 해외직접투자를 한다는 것은 그 기업의 국제화과정에서 중요한 계기가 된다고 할 수 있다.

직접투자방식에 의한 해외진출은 우선 완전소유의 자회사(wholly owned subsidiary)의 형태를 취하는 단독투자 그리고 파트너와 함께 공동으로 자회사를 소유하는 합작투자(joint venture)로 구분할 수 있는데 합작투자의 경우에는 위험을 파트너와 분담하고 파트너가 가지고 있는 강점을 활용할 수 있다는 특징이 있다. 한편 해외직접투자는 외국에 기업을 새롭게 설립하는 기업신설(greenfield investment) 방식과 기존에 존재하는 외국기업을 합병하거나 인수하는 M & A(mergers and acquisitions) 방식으로 나눌 수 있는데 M & A 방식은 기업신설과는 달리 기존에 현지에서 활동하는 기업을 인수 또는 합병을 하게 되므로 단시간 내에 해외시장 진입과 국제경영의 확대를 가능케 한다.

한편 특정 국가에 대한 해외직접투자에 성공한 기업은 축적된 경험을 바탕으로 여러 나라에 해외직접투자를 하고 여러 나라에서 기업활동을 하게 되는데 이러한 경우 우리는 그 기업을 다국적기업(multinational corporation)이라고 부른다.

기업의 해외직접투자가 전 세계적으로 많은 나라에 걸쳐서 이루어지면 기업의 경영활동도 전 세계에 걸쳐서 이루어지게 된다. 즉, 기업은 자신의 생산, 마케팅 및 제품개발 등 주요 활동을 전 세계적으로 배치하고 각 국가 간에 분산 배치된 활동을 전 세계적으로 통합/조정하여 경영활동을 수행하게 된다. 이 단계에서는 기업의 경영자가 국가 간의 경계를 뛰어넘어 세계시장을 상대로 한 글로벌경영을 수행하게 되므로 이러한 기업을 글로벌기업(global corporation) 또는 초국가기업(transnational corporation)이라고 부른다.

제 3 절 글로벌경영의 독특한 측면

세계경제의 글로벌화로 인하여 기업들이 국내시장이 아닌 전 세계시장을 상대로 한 글로벌 경영을 하게 되는 경우 과거와는 달리 새로운 어려움을 겪게 될 것이며 새로운 시각을 확보해야 한다. 다음에서는 글로벌 경영을 하게 되는 경우 새롭게 발생하는 위험과 이슈들을 살펴보기로 한다.

1. 글로벌 경영에 수반되는 위험들

기업들이 국내시장을 벗어나서 해외로 진출하여 세계시장을 상대로 글로벌 경영을 하게 되는 경우에는 새로운 위험들에 직면하게 된다. 이러한 위험들은 금융 위험(financial risk), 정치적 위험(political risk), 법적 위험(legal risk), 세금 위험(tax risk) 등으로 나눌 수 있다.

글로벌 경영에 따르는 첫 번째 위험으로 금융 위험을 들 수 있다. 세계 각국은 물가상승률, 이자율 등이 서로 다를 뿐만 아니라 각국 통화의 가치 즉, 환율의 변동은 기업에게 새로운 위험을 안겨 주게 된다. 또한 한 국가가 국제수지 적자가 누적되어 어려움을 겪게 되는 경우에는 그 나라 정부는 국제수지의 어려움을 극복하기 위하여 자본의 유출입에 대한 통제(capital control)를 가하는 경우가 많이 있다. 그러므로 국내경영과는 달리 글로벌 경영을 하게 되는 경우에는 기업은 세계 각국의 물가상승률, 이자율, 환율, 국제수지 등에 관심을 가져야 하고 이러한 금융 변수들의 변화가 자신에게 미칠 수 있는 위험을 잘 관리해야 한다.

글로벌 경영에 따르는 두 번째 위험은 다른 나라에 진출하여 기업 활동을 하게 됨에 따라 발생할 수 있는 정치적 위험이다. 예를 들어 기업이 다른 나라에서 기업 활동을 하는 과정에서 현지국 정부가 외국기업의 자산을 몰수 또는 수용(expropriation)하기도 하고 아니면 여러 가지 다른 형태로 외국기업을 위협할 수 있으므로 기업의 입장에서는 이러한 정치적 위험에 대한 대처 능력을 확보하는 것이 매우 중요하다.

글로벌 경영에 따르는 세 번째 위험으로 법적 위험을 들 수 있다. 세계 각국은 상이한 법체계를 가지고 있으며 각국 정부는 기업의 경영 활동에 대한 다양한 제한 및 규제를 가하고 있으므로 글로벌 경영에 따르는 이러한 법적 위험에 대한 대처를 얼마나 효과적으로 하는가에 따라서 기업의 운명이 좌우되기도 한다. 예를 들어, 각국 정부는 특허권(patent)에 대한 침해 여부 또는 독과점 금지법(Anti-trust Law)에 대한 저촉 여부 등을 근거로 하여 외국 기업의 활동에 제약을 가할 수 있다.

마지막으로 글로벌 경영을 할 때는 세금문제에 따르는 위험에 효과적으로 대처할 수 있어야 한다. 세계 각국의 세법은 상이하며 각국의 세법은 갑자기 변화하기도 한다. 특히 기업이 여러 국가에서 활동을 하고 이익이 발생함에 따라 이중과세의 위험에 노출된다. 따라서 기업은 이러한 세금문제에 따르는 위험에 대처할 수 있는 능력을 확보하는 것이 필요하다.

2. 경영의 글로벌화에 따르는 이해관계의 충돌

세계경제의 글로벌화로 인하여 기업들이 국내시장이 아닌 전 세계시장을 상대로 한 글로벌 경영을 하게 되는 경우 과거와는 달리 새로운 이해관계의 충돌이 발생하게 되며 그에 따른 어려움을 겪게 된다.

기업이 글로벌 경영을 함에 따라 발생하는 첫 번째 이해관계의 충돌은 기업의 소유주, 고용인, 고객, 공급자들이 서로 다른 국적을 가지고 있는 데서 발생하는 이해관계의 충돌이다. 국내 경영을 하는 경우에는 일반적으로 기업의 소유주, 고용인, 고객, 공급자들이 모두 내국인이지만 글로벌 경영의 경우에는 필연적으로 다양한 국적의 이해관계자들이 관련된다. 따라서 이와 같이 서로 다른 국적의 이해관계자들이 관련되어 있는 경우에는 성공적인 글로벌 경영을 위하여 이해관계의 충돌을 조정하기 위하여 더욱 많은 노력이 필요하게 된다.

글로벌 경영에 따르는 두 번째 이해관계의 충돌은 글로벌기업의 기업목표가 관련된 국가들의 이익과 상반되는 경우에 발생하게 된다.

기업의 글로벌 경영활동은 특히 기업이 진출한 현지국에 대하여 경제적, 사회적 측면에서 상당한 영향을 미칠 수가 있다. 그러므로 글로벌 기업의 경영자들은 특정 기업 활동이 자기 기업에게는 상당한 이익을 가져올 수 있더라도 현지국의 경제적, 사회적 측면에서 볼 때는 오히려 부정적일 수도 있다는 사실을 인식하여야 한다.

그러므로 글로벌 기업의 경영자들은 특정 기업 활동을 계획할 때 현지국 정부에 대하여 그 기업 활동이 현지국에게 어떠한 경제적, 사회적 혜택과 손실을 가져올 것이라는 것을 설명할 수 있어야 하고, 나아가서는 현지국 정부에게 사회적 혜택이 사회적 손실보다 더 크다는 것을 설득할 수 있어야 한다.

3. 이질적 기업 환경 하에서의 기업운영

세계 각국은 국가별로 기업 환경이 서로 이질적이기 때문에 글로벌 경영을 하게 되는 경우에는 기업의 경영자가 그러한 이질성을 제대로 인식하고 적절하게 대응할 수 있어야 하며 그렇지 못한 경우에는 기업의 경영실적이 결코 좋게 나타날 수가 없다.

이러한 이질적 기업환경은 첫째, 국가 별로 기업 활동의 범위 또는 기업 형태에 대한 제약이 서로 다르기 때문에 나타나게 된다. 예를 들어, 많은 나라에서 방송, 교통, 채굴, 전기 등의 공공사업(公共事業)은 외국계 기업에게 기회가 주어지지 않으므로 이러한 업종에 속하는 글로벌 기업은 그러한 나라에는 처음부터 진출할 기회를 가지지 못하게 된다. 한편 어떤 국가에서는 외국계기업이 그 나라에 진출하고자 할 때 현지국 기업 또는 현지국 정부와의 합작투자만을 허용하는데 이러한 국가에 진출하고자 할 때는 단독투자 방식으로는 진출할 수가 없게 된다.

글로벌 경영에 따르는 이질적 기업환경은 둘째, 이질적 제도 때문에 나타나기도 한다. 예를 들어, 금융기관 및 자본시장의 발달정도가 나라별로 서로 다르며 노동조합의 경우 나라별로 그 역할이나 설립이념도 다를 수 있다. 따라서 글로벌 경영을 하게 되는 경우 기업의 경영자는 이러한 제도적 측면에서의 기업환경의 이질성을 제대로 인식하고 적절한 대응을 하는 것이 필요하다.

마지막으로 성공적인 글로벌 경영을 위하여는 국가별로 나타나는 문화적 차이를 고려해야 한다. 문화적 차이는 글로벌경영의 모든 면에서 고려되어야 하지만 특히 마케팅 및 인사관리에서 더욱 중요시 되어야 한다. 기업의 경영자가 성공적인 글로벌 경영을 하기 위해서는 자신의 문화적 편견을 버리고 문화적 차이를 객관적으로 평가하여야 하며 나아가서는 현지국에서 장차 나타날 수 있는 문화적 변화도 예측할 수 있어야 한다.

연 습 문 제

01 세계경제의 글로벌화를 촉진시키는 요인을 정부요인, 시장요인, 비용요인으로 나누어 설명하라.

02 국내에서의 경영 활동과는 달리 글로벌경영은 독특한 측면을 지니고 있다. 글로벌경영의 독특한 측면 중의 하나로서 '경영의 글로벌화에 따르는 이해관계의 충돌'에 관하여 설명하라.

03 완전소유 자회사(wholly owned subsidiary)와 합작투자(joint venture)를 비교 설명하라.

04 기업 신설(greenfield investment)과 기업 합병/인수(M & A)를 비교하여 설명하라.

Chapter

12

The Global Corporation

글로벌 경영전략

제 1 절 글로벌 경영전략의 주요 이슈

기업이 글로벌 경영전략을 수립하고자 할 때는 다음과 같은 이슈들을 단계적으로 고려해야 한다.

첫째, 기업은 경영전략을 수립할 때 자신이 가지고 있는 강점과 약점을 정확하게 파악하고 이것을 경쟁기업과 비교해 보아야 한다.[1] 특히 기업이 해외진출을 하고자 할 때는 무엇보다도 자신에게 경쟁우위(competitive advantage)를 가져다주는 독특한 기업자원 즉, 핵심역량(core competence)이 과연 무엇인가를 정확하게 파악할 필요가 있으며 그리고 이러한 기업자원을 해외로 이전하여 활용할 수 있는가에 대하여 냉철하게 판단해 보아야 한다. 과거 많은 기업들이 경쟁우위의 원천이 되는 기업자원을 확보하지 못한 상태에서 성급하게 해외진출을 시도하여 실패를 경험한 바 있다.

글로벌 경영전략 수립의 두 번째 주요 이슈는 진출시장의 선택이라고 할 수 있다. 즉, 기업이 해외시장에 진출하고자 할 때는

---

1) H. Deresky, *International Management: Managing Across Borders and Cultures*, 3rd ed. (Upper Saddle River, N.J.: Prentice-Hall, 2000),

먼저 현지시장의 전략적 중요성을 평가하고 그 다음으로는 자신의 핵심역량을 고려하여 자신이 그 시장에 진출한 후 과연 경쟁력을 가질 수 있는가의 여부를 판단하여 진출시장을 선택해야 한다. 전략적 중요성도 낮고 자신이 경쟁력을 가지지도 못할 해외시장에 진출하여 소중한 기업자원을 낭비하는 결과를 초래해서는 안 될 것이다.

글로벌 경영전략 수립의 세 번째 주요 이슈는 진출방식의 결정이다. 해외시장에 진출하는 데는 수출방식, 라이슨싱 등의 계약을 통한 진출 방식, 단독투자, 합작투자 또는 인수합병 등 다양한 방법이 가능하며 적절한 진출방식을 결정하는 것은 글로벌 경영 전략의 성패를 좌우하는 매우 중요한 이슈이다.[2] 해외시장 진출방식을 결정할 때는 기업 자신이 가지고 있는 기업자원, 핵심역량, 경험 그리고 산업의 구조적 특성과 진출대상국의 투자 환경 등 다양한 면들을 면밀히 고려해야 한다.

글로벌 경영전략 수립의 네 번째 주요 이슈는 투자환경의 분석이다. 여러 가지 해외진출방식들을 검토한 결과 목표시장국에 대한 가장 적절한 진출방식이 해외직접투자라고 판단되면 다음 단계로 투자대상국에 대한 투자환경 분석이 실시되어야 하는데 투자환경 분석은 정치적, 경제적, 사회문화적 환경 분석을 모두 포함해야 한다. 즉, 현지국과 주요 인접국의 시장의 규모 및 성장 가능성 그리고 노동력, 원자재, 부품의 가격수준 및 확보가능성뿐만 아니라 정부의 투자유인정책과 정치적 위험 등 다양한 요인들을 면밀히 분석해야 한다.

한편 복수의 해외 시장국으로 진출하고자 하는 경우에는 생산시설을 어느 국가(또는 지역)에 배치해야 할 것인가 즉, 생산활동의 입지선정이 매우 중요한 이슈로 부각된다. 생산활동의 입지선정과 관련하여 고려해야 할 요인들은 제품요인, 기술요인 및 국가

2) F. R. Root, *Entry Strategies for International Markets*, (New York: Lexington Books, 1994).

요인 등으로 나눌 수 있다. 제품요인으로는 제품에 대한 소비자들의 기호가 유사한 정도를 고려해야 하며 그리고 기술요인으로는 고정비의 절대적 수준, 규모의 경제 및 유연생산체제의 가능성 등을 고려하여 특정 국가에만 생산시설을 배치할 것인지 아니면 여러 국가에 생산시설을 확보하고 지역적 특성을 반영한 제품을 생산할 것이지를 결정해야 한다. 그리고 국가요인으로는 위의 투자환경분석에서 이미 언급한 다양한 요인들을 신중하게 고려하여 최적의 입지에 생산시설을 확보해야 한다

글로벌 경영전략 수립의 다섯 번째 주요 이슈는 투자안에 대한 수익성 분석이다. 투자대상국에 대한 투자환경 분석 결과 투자환경이 양호하다고 판단되면 그 해외직접투자안에 대한 철저한 수익성 분석이 요구된다. 그리고 수익성 분석 결과 그 투자안이 타당한 것으로 판단될 때에만 실행에 옮겨야 한다.[3]

글로벌 경영전략의 마지막 주요 이슈는 다양한 국가에 진출해 있는 해외자회사들을 본사가 어떻게 통제하고 조정할 것인가이다. 글로벌경영을 하는 기업은 비용측면에서 경쟁우위를 가지기 위하여 한 곳에 생산시설을 집중시키고 대량생산을 함으로써 규모의 경제를 달성하여 낮은 비용으로 전세계시장으로 수출하는 방식의 전략을 채택할 필요성을 느끼게 된다. 그러나 다른 한편으로는 각국의 서로 다른 지역적, 문화적 특성에 맞추어 차별화된 제품을 생산하여 각국별로 다양한 소비자의 수요를 만족시켜야 될 필요성도 느끼게 된다. 그러므로 글로벌 경영을 하는 기업은 글로벌화와 현지화라는 서로 상반된 전략적 목표를 동시에 달성해야하는 근본적인 딜레마를 안고 있으며 이러한 전략적 목표를 달성하는 과정에서 본사의 해외자회사에 대한 통제와 조정은 핵심적으로 중요한 과제가 된다고 할 수 있다.

---

3) *Ibid.*

제 2 절 글로벌시장 포트폴리오

기업이 해외시장에 진출을 검토할 때는 두 가지 측면을 고려해야 한다. 즉, 우선 기업은 현지시장이 자신의 글로벌전략을 수행함에 있어서 얼마만큼 중요한 시장인지를 파악해야 하며 그리고 현지시장에서 자신이 가지고 있는 경쟁력을 객관적으로 평가해야 한다.[4)]

현지시장의 전략적 중요성은 다음과 같은 의미를 가진다. 첫째, 시장규모가 크거나 시장의 성장률이 높아 이익을 얻을 수 있는 가능성이 큰 시장이 전략적으로 중요한 시장이라고 할 수 있다. 왜냐하면, 시장규모가 큰 시장을 확보하게 되는 경우에는 규모의 경제 효과를 누리게 될 가능성이 커지므로 비용 면에서 유리한 위치에 서게 될 수 있을 뿐만 아니라 신규시장 진출을 위한 재원도 마련할 수도 있기 때문이다. 둘째, 경쟁기업의 내수시장이나 주력시장도 전략적으로 중요한 시장이다. 많은 기업들에게 내수시장은 해외시장개척에 필요한 재원을 확보해주는 시장이므로 경쟁기업을 가장 효과적으로 견제할 수 있는 방법은 그 기업의 가장 중요한 시장을 공략하는 것이기 때문이다. 셋째, 기술혁신이 많이 일어나는 시장 또한 전략적으로 중요한 시장이다. 이러한 시장에서 활동을 하게 되면 가장 최근의 기술혁신에 쉽게 접할 수 있고 기술과 관련된 경쟁기업의 동향을 파악하는 데 도움이 된다.

이와 같이 현지시장의 전략적 중요성을 파악한 후에는 각 시장에서 자신이 가지고 있는 경쟁력을 평가해야 한다. 아래의 그림은 Boston Consulting Group이 개발한 전략기법을 활용하여 개별

---

4) George S. Yip, *Total Global Strategy: Managing for Worldwide Competitive Advantage* (Englewood Cliffs, N. J.: Prentice-Hall, 1992),

시장의 전략적 중요성 또는 시장성장률을 수평축에 나타내고 현지시장에서 자신의 경쟁력 또는 자신의 시장점유율을 수직축에 보여주고 있다.

첫째, 전략적 중요성이 높고 자신의 경쟁력도 높은 시장(A)의 경우에는 경쟁기업이 진출하기 전에 선점할 필요가 있으며 최우선적으로 지원되어야 하는 전략시장이므로 집중적인 투자를 하여 지속적으로 경쟁력을 유지하는 데 초점을 맞추어야 한다. 둘째 전략적으로 중요한 시장임에 불구하고 자신의 경쟁력이 낮은 시장(B)의 경우에는 긴급한 보수가 필요한 상황이므로 철저한 분석을 바탕으로 자신의 경쟁력을 높일 수 있는 방안을 강구하여 향후 (A)시장으로 성장할 수 있도록 전략적으로 지원되어야 할 것이다. 셋째, 전략적 중요성은 낮으나 자신의 경쟁력이 높은 시장(C)의 경우 방어하는 전략이 필요하며 이미 가지고 있는 제품을 활용하여 수익을 증대시켜 자금창출을 극대화하는 데 초점을 맞추는 것이 바람직하다고 할 수 있다. 마지막으로 전략적 중요성도 낮고

그림 12-1 글로벌시장 포트폴리오

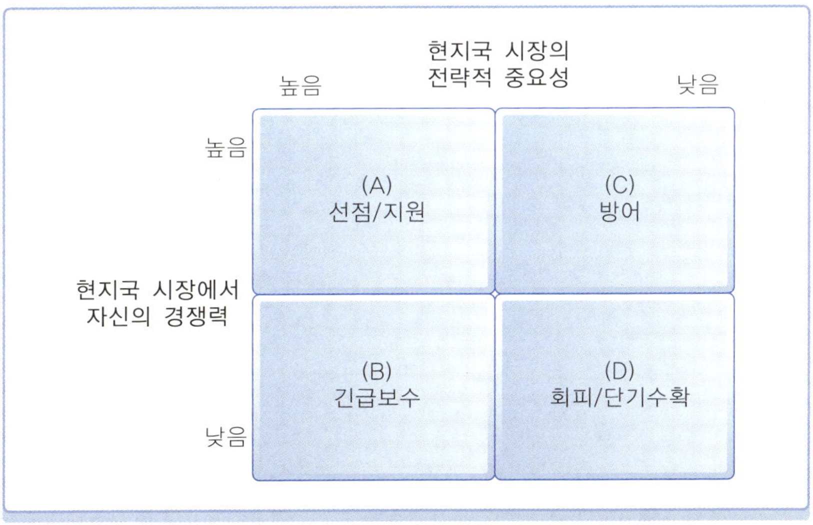

자신의 경쟁력도 낮은 시장(D)의 경우에는 그 시장으로의 진출을 피하거나 이미 진출해 있는 경우에는 단기 이익을 위해 수확하는 전략이 필요하다.

이와 같이 각 현지시장의 전략적 중요성(시장성장률)과 그 시장에서의 자신의 경쟁력(시장점유율)을 면밀히 검토하여 기업은 자신이 가지고 있는 제한된 경영자원을 효율적으로 배분하는 것이 글로벌전략을 수행함에 있어서 무엇보다도 중요하다고 할 수 있다.

제 3 절 해외시장 진출방식의 결정요인

앞에서 이미 살펴 본 바와 같이 기업이 해외시장에 진출할 때 처음에는 국내생산품을 해외에 판매하는 수출활동을 하게 되는데 수출은 수출마케팅활동을 비롯한 수출과 관련된 주요 기능을 기업이 직접 수행하지 않고 수출중간상에게 위임하는 간접수출 방식과 수출과 관련된 제반 활동을 기업이 직접 수행하는 직접수출 방식으로 나눌 수 있다.

직접수출을 하는 단계에서 기업은 때로는 자신이 보유하고 있는 기술이나 지식을 일정한 대가를 받고 외국기업에게 이전하기로 하는 계약방식에 의한 해외진출을 시도하기도 하는데 라이슨싱, 프랜차이징, 경영계약, 턴키계약 등이 여기에 해당하며 이러한 계약 방식에 의한 해외진출은 상품이 아닌 기술이나 지식을 이전한다는 점에서 수출방식과 구분되고 자본투자가 요구되지 않는다는 점에서 직접투자 방식과는 다르다고 할 수 있다.

수출단계의 기업이 운송비가 높거나 관세 등 수입국의 무역장벽이 높은 경우에는 제품을 수출하는 방식으로는 현지국기업과의 경쟁에서 불리한 상황에 처할 수 있으며 국내에서 인건비 등 생산비가 높아지거나 자국통화의 가치가 상승하는 경우에도 제품의 수출경쟁력이 약화될 수 있다. 이러한 경우 수출방법 대신 수입국 내에서 제품을 직접 생산하여 이를 현지에 판매하는 해외직접투자전략을 활용하게 된다.

그러나 기업의 해외진출방식이 수출로부터 해외직접투자로 변화함에 따라 자본이나 인력 등 상당한 기업자원이 해외에 투입되어야 하고 또한 상당한 위험이 따르게 된다.

직접투자방식에 의한 해외진출은 완전소유의 자회사(wholly owned subsidiary)의 형태를 취하는 단독투자 그리고 파트너와 함께 공동으로 자회사를 소유하는 합작투자(joint venture)로 구분할 수 있는데 합작투자의 경우에는 위험을 파트너와 분담하고 파트너가 가지고 있는 능력을 활용할 수 있다는 장점이 있다. 한편 해외직접투자는 외국에 기업을 새롭게 설립하는 기업신설(greenfield investment) 방식과 기존에 존재하는 외국기업을 합병하거나 인수하는 M & A (mergers and acquisitions) 방식으로 나눌 수 있는데 M & A 방식은 기업신설과는 달리 기존에 현지에서 활동하는 기업을 인수 또는 합병을 하게 되므로 단시간 내에 해외시장 진입과 국제경영의 확대를 가능케 한다.

일반적으로 기업이 해외시장으로 진출하고자 할 때 그 진출방식을 결정하는 데 있어서는 크게 두 가지 면을 고려해야 할 필요가 있다. 첫째, 기업 내부의 측면에서 자신이 가지고 있는 기업자원과 핵심역량 그리고 경험 등을 고려해야 하며, 둘째, 기업 외부의 환경 측면에서 산업의 구조적 특성과 진출대상국의 투자 환경 등을 고려해야 한다. 해외시장 진출방식의 결정요인들을 구체적으로 살펴보면 다음과 같다.[5)]

5) John D. Daniels and Lee H. Radebaugh, *International Business: Environments and Operations*, 8th Ed. (Reading, M.A.: Addison Wesley Longman, Inc., 1998).

1. 기업자원 및 경험

대부분의 기업들은 해외기업활동을 시작하는 초기단계에 있어서는 많은 기업자원을 해외기업활동에 투입하기를 주저할 것이고 또한 해외기업활동을 신속히 확대할 만한 충분한 기업자원을 가지고 있지도 못한 경우가 많이 있다. 그러므로 대부분의 경우 해외시장에 진출, 개입하기 시작한 기업들은 점증적으로 여러 단계를 거쳐 해외기업활동을 확대하게 된다. 즉, 초기단계에 있어서는 국내에 보유하고 있는 기업자원을 최대한 활용하며, 해외시장에 개입하게 될 때 따르는 여러 가지 부담을 타기업에게 전가시키는 기업활동 형태를 택하게 된다. 그 후 효율적인 해외기업활동을 하는 데 필수적인 인력, 자본, 경험 등을 축적하게 됨에 따라 점차적으로 더 많은 해외기업활동을 기업체 자체의 힘으로 하게 된다.

2. 비용문제

해외시장국에서 상품을 생산 혹은 판매하는 데는 어느 정도의 고정비용이 드는 것이 사실이다. 그러므로 판매량이 아직 적은 경우에는 해외시장국 기업활동을 직접 하는 것보다는 다른 기업이 대신 행해주도록 하는 것이 비용 면에서 더 유리한 경우가 많다. 나중에 판매량이 충분히 증가하면 해외시장국에서의 기업활동을 직접 하는 편이 더 유리하게 될 것이다. 다시 말하면, 다국적기업들은 그들의 해외시장국 기업활동을 기업 자체가 행할 것인가 아니면 다른 기업이 대신 행하도록 할 것인가에 대해서 비용 측면을 고려하여 주기적으로 재평가를 해야 할 것이다.

3. 자산의 성격

어느 특정 기업이 다른 기업에 비하여 독특한 자산 또는 핵심 역량(core competence)을 가지고 있고 그 자산이 국제간에 이동이 가능할 때에 비로소 해외기업활동의 가능성이 있다고 할 수 있다. 이러한 그 기업 특유의 자산을 해외기업활동에 활용할 때, 그 기업은 그 자산의 성격에 따라서 적절한 해외시장 진출방식을 선택해야 한다.

첫째, 특정 기업이 어떤 독특한 기술이나 생산공정을 개발, 확보하고 있는 경우에 제품을 직접 수출하거나 해외직접투자를 통한 현지생산 및 판매 방법보다는 보유하고 있는 기술이나 생산공정을 외국기업에게 라이슨싱 해주는 방법을 택하는 경우가 있다. 이렇게 라이슨싱 방식을 택하는 경우에는 그 기업은 꾸준히 로얄티 수입을 올릴 수 있을 뿐만 아니라 해외시장에서 자신의 기술을 빠르게 확산시킴으로써 자신의 기술이 해당 산업에서 기술표준이 되도록 할 수 있다. 과거 Matsushita사가 전세계 VCR산업에서 VHS방식을 빨리 확산시켜 VHS방식이 표준방식이 된 것이 좋은 예라고 할 수 있다.[6)]

둘째, 특정 기업이 잘 알려진 상표를 보유하고 있는 경우에 제품을 직접 수출하는 방법보다는 상표사용권을 외국기업에게 파는 경우가 있다. 전세계적으로 잘 알려진 상표를 보유하고 있는 McDonald' s의 경우 프랜차이징 방식으로 전세계시장을 공략하고 있다.

---

6) Charles W.L. Hill, *International Business: Competing in the Global Marketplace*, 6th Ed. (New York: McGraw–Hill Irwin, 2007).

4. 통제 가능성

한 기업이 해외기업활동을 점차 확대함에 따라 그 기업 전체 이익에 영향을 미치는 여러 가지 의사결정에 대한 통제력을 잃어버릴 가능성이 점점 더 커진다. 즉, 그 기업은 어느 곳에서 생산량이 증대되어야 하며, 어떠한 새로운 상품이 개발되어야 하고, 품질관리는 어떻게 해야 하는가 등의 매우 중요한 의사결정에 대한 통제력이 점차 약해질 수 있다. 예를 들어 전세계시장을 상대로 글로벌 경영활동을 구사하는 기업은 합작투자의 파트너들의 요구를 따르는 것이 자신의 글로벌 경영전략 수행에 방해가 될 수 있으므로 단독투자 방식의 해외진출을 선호하게 된다.

또한 해외기업과의 협력관계가 이루어짐에 따라 그 기업은 수익(revenue)을 공유해야 할 뿐만 아니라 자신이 가지고 있는 중요한 기술 또는 정보가 경쟁업체로 흘러나갈 위험도 더욱 커진다. 예를 들어 독특한 첨단기술을 보유하고 있는 기업은 라이슨싱이나 합작투자 방식으로 해외진출을 하는 경우 기술이 유출될 가능성이 커지므로 단독투자 방식의 해외진출을 선호하게 된다. 그러므로 이러한 의사결정, 수익, 기술 및 정보 등에 대한 통제 가능성을 해외시장 진출방식의 선택에 있어서 심각하게 고려해야 한다.

5. 경쟁상태

한 기업이 다른 경쟁기업이 쉽게 모방할 수 없는 독특한 기업자원을 가지고 있을 경우에는 그 기업자원을 가장 잘 활용할 수 있는 해외시장 진출방식을 선택하면 된다. 그러나 경쟁 가능성이 심각하게 대두되는 경우에는 경쟁기업들이 시장을 선취하는 것을 막기 위하여 그 기업의 입장에서는 차선의 해외시장 진출방식이라 할지라도 택하게 되는 경우가 있다. 특히 소수의 기업체가 특정 산업을 지배하고 있는 과점적 산업(oligopolistic industry)에서는 기업체수가 소수이기 때문에 상호 의존성이 높으며, 경쟁기업의 움직임에 직접적인 영향을 받게 된다. 이러한 경우에는 한 기업이 먼저 해외직접투자를 하면 다른 기업들도 방어적인 전략으로 해외직접투자를 하게 된다.

6. 법적 제약

현지국 정부가 외국기업의 자국시장 진출방식과 관련하여 특정 기업 활동 형태를 분명하게 법적으로 금지하는 경우가 있는데 외국기업의 100% 단독투자 방식을 금지하는 경우가 여기에 해당한다. 그러나 보다 간접적인 방법으로 외국기업의 자국시장 진출방식의 선택에 영향을 주는 경우도 많이 있다. 예를 들면, 현지국 정부는 여러 가지 기업 활동 형태 간에 서로 다른 세율을 적용하거나, 본국으로 송금할 수 있는 자금의 한도를 서로 다르게 책정하기도 하며, 독과점금지(Anti-trust)법 적용의 차이를 둠으로써 외국기업의 자국시장 진출 방식의 선택에 중대한 영향을 미친다.

7. 위 험

해외기업활동에 따르는 많은 위험들 중에서 가장 중요한 것으로 들 수 있는 것이 해외자산과 해외이익의 안전성을 위협하는 정치적, 경제적 여건의 변화이다. 한 기업이 현지국 정부의 강제수용(expropriation) 등에 의한 손실을 최소한으로 줄이기를 원하는 경우에 그 기업이 현지국에 보유하고 있는 자산을 다른 기업들과 공동소유로 하는 경우가 많다. 이와 같이 해외자산을 공동소유하게 되면 현지국 정부의 강제수용이 있을 경우 한 기업이 잃게 되는 자산은 단독소유의 경우보다 훨씬 적게 될 것이다. 또한 그 자산을 강제수용하려는 현지국 정부의 입장에서도 단독소유의 경우보다는 공동소유의 경우가 수용을 집행하기가 훨씬 어려울 것이다. 더구나 해외자산의 공동소유가 현지국 기업들과의 공동소유인 경우에는 현지국 정부는 강제수용의 의사마저 상실할 수도 있을 것이다.

해외기업활동에 따르는 위험을 피하는 또 한 가지의 방법은 해외에서 한 국가에서만 기업활동을 하는 것이 아니라, 여러 국가에서 기업활동을 하는 것이다. 이렇게 여러 개의 국가에서 해외기업활동을 하는 경우에는 그 중 하나의 현지국에서 강제수용, 외환통제, 경제침체 등의 불리한 조건이 그 현지국에서의 기업활동을 위협한다 할지라도 모든 현지국들이 일시에 그러한 불리한 조건에 처하게 될 수 있는 확률은 무척 작으므로 위험을 분산시킬 수 있게 된다.

제 4 절 해외시장 투자환경 분석

1. 단일 목표시장국의 경우 투자환경 분석

기업이 자신이 가지고 있는 기업자원, 핵심역량 및 경험 그리고 산업의 구조적 특성과 진출대상국의 투자 환경 등을 고려하여 다양한 해외진출방식들을 검토한 결과 목표시장국에 대한 가장 적절한 진출방식이 해외직접투자라고 판단되면 다음 단계로 투자대상국에 대한 투자환경 분석이 실시되어야 하는데 투자환경 분석은 정치적, 경제적, 사회문화적 환경 분석을 모두 포함해야 한다.

첫째, 정치적 환경 분석의 경우에는 현시점에서의 투자대상국

현정부의 정치적 안정성과 외국인투자에 대한 정책뿐만 아니라 앞으로 정치적 환경의 급격한 변화가 외국기업의 수익성이나 다른 기업목표에 상당한 영향을 미칠 수 있는 가능성에 초점을 맞추어야 한다. 그리고 투자대상국의 정치적 위험을 평가함에 있어서 외국기업은 자신이 그동안 지니고 있던 선입관을 버리고 객관적으로 접근하는 것이 중요하다. 특히 정치적 위험이 큰 경우에는 그 해외투자는 실패로 돌아갈 가능성이 크므로 상당히 보수적인 시각으로 접근해야 할 것이다.

둘째, 사회문화적 환경 분석의 경우에도 외국기업의 경영자는 자신의 문화적 편견을 버리고 본사국과 투자대상국의 문화적 차이를 객관적으로 평가하여야 하며 나아가서는 투자대상국에서 장차 나타날 수 있는 문화적 변화도 예측할 수 있어야 한다. 이러한 사회문화적 환경 분석은 특히 투자대상국에서 마케팅 활동과 인사관리가 성공하기 위하여 매우 중요하다고 할 수 있다.

셋째, 경제적 환경 분석의 경우에는 다음과 같은 사항들을 면밀하게 분석해야 한다.

(1) 시장규모 및 성장 가능성

진출대상국을 평가함에 있어서 그 나라의 총인구, GNP, 소비행태 등을 파악하여 내수시장 규모 및 성장 가능성에 대하여 정확한 분석을 하는 것이 필요하다. 또한 향후 인접국가 시장으로의 판매확대 가능성 등까지 고려한 정확한 수요예측이 필요하다. 왜냐하면 수요예측이 정확하지 못한 경우에는 수요예측에 따라 결정되는 판매량, 생산량 그리고 변동비 등의 예측도 부정확해지고 그에 따라 최종적인 평가도 잘못될 수 있기 때문이다.

(2) 임금수준 및 노동력의 확보 가능성

진출대상국 내에서 생산 활동을 계획하는 경우에는 양질의 저임의 노동력을 풍부하게 확보할 수 있는지의 여부가 매우 중요하다. 또한 임금수준뿐만 아니라 노동의 생산성이나 노동조합을 포함한 노동자집단의 이미지를 정확하게 파악해야 한다. 그리고 숙련된 노동력이나 관리경영자 및 기술자가 필요한 경우에는 이들의 확보가능성도 진출대상국의 평가에 있어서 매우 중요한 요인이 된다.

(3) 원료 및 부품 확보 가능성

진출대상국 내에서 생산 활동을 계획하는 경우 생산 활동에 필요한 원료 및 부품의 확보 가능성 또한 진출대상국가의 평가에 있어서 매우 중요한 요인이라고 할 수 있다. 즉, 원료산지 및 부품 공급처에의 접근 가능성과 운송비 등을 정확하게 파악하는 것이 필요하다.

(4) 사회 인프라의 구축정도

진출대상국 내에서 생산 활동을 계획하는 경우 그 나라의 사회 인프라 구축정도를 정확하게 파악하는 것이 중요하다. 즉, 도로, 철도, 공항, 항만 등이 제대로 갖추어져 있는지 그리고 접근이 용이한지 등을 사전에 제대로 파악할 필요가 있다. 또한 전력, 용수 등을 쉽게 이용할 수 있는지 여부도 평가에 있어서 매우 중요하다.

(5) 환율, 금리 및 인플레율

외국기업이 진출대상국에 자회사를 설립하여 자회사가 생산하는 제품을 해외로 수출하는 경우에 현지국 통화의 평가절하는 수출되는 제품의 가격경쟁력을 강화시켜주게 된다. 반면에 현지국 통화의 평가절하는 현지국 자회사로부터 본사로의 이익송금액의 가치를 떨어뜨리고 투자사업의 자산가치도 감소시키므로 환율변화에 대한 예측은 매우 중요하다고 할 수 있다.

또한 외국기업이 진출대상국 내에서 자금조달을 계획하는 경우에는 금리의 수준과 향후 변동가능성을 염두에 두어야 하며 진출대상국의 물가상승률이 높아지는 경우에는 인건비와 부품비용이 급격하게 상승할 가능성이 있으므로 유의해야 할 필요가 있다.

(6) 경쟁상태

진출대상국 시장에서의 현재 및 미래 경쟁상태에 대한 철저한 분석이 필요하다. 특히 후발 경쟁자의 출현 가능성에 유의해야 한다. 경쟁기업이 진출대상국 시장을 선점하는 것을 막기 위하여 급하게 진출을 결정하는 경우가 있는 반면, 경쟁이 너무 심한 경우에는 오히려 수익성이 악화되어 철수를 고려하는 경우도 있다. 특히 진출대상국에 처음 진입할 당시에는 경쟁이 심하지 않았으나 나중에 많은 후발경쟁자들이 출현하여 어려움을 겪는 경우가 많이 있다.

(7) 파트너의 확보 가능성

훌륭한 사업파트너의 확보는 진출대상국과 관련된 많은 불확실성을 감소시켜 준다. 능력있고 신뢰할 수 있는 사업파트너를 확보하게 되면 외국 기업은 원자재, 노동력, 현지경영자, 마케팅 능력, 유통구조, 원만한 대현지국 정부관계 등을 제공 받을 수 있어서 시장기반을 빠른 시일 내에 확보할 수 있다. 그러나 이러한 사업파트너를 선정할 때에는 신중을 기해야 한다. 왜냐하면 사업파트너와 사업의 기본방향, 목표, 전략 면에서 충분한 공감대가 형성되지 못하면 파트너와의 불협화음으로 혼란과 좌절을 겪을 수 있다.

(8) 정부의 투자유인정책

진출대상국 정부가 외국기업에게 어떠한 투자유인정책(investment incentives)을 제공하는가를 정확하게 파악하는 것이 중요하다. 각국 정부는 외국기업의 투자를 유치하기 위하여 각종 조세감면혜택을 제공하기도 하고 특정 지역에 공단을 설립하여 외국기업의 공장설립을 장려하는 경우도 많이 있다.

2. 복수 목표시장국의 경우 해외생산 입지선정

복수의 해외시장국을 대상으로 해외진출을 고려하는 경우에는 해외에서의 생산활동을 어느 국가(또는 지역)에서 실시해야 할 것인가 즉, 생산활동의 입지선정이 매우 중요한 이슈로 부각된다. 생산활동의 입지선정에 있어서 기업의 목표는 비용을 최소화하고 품질수준을 극대화하면서 소비자들의 수요를 제대로 충족시키는 것이라고 할 수 있다. 생산활동의 입지선정과 관련하여 고려해야 할 요인들은 크게 제품요인, 기술요인, 국가요인 등으로 구분할 수 있는데 이와 같이 다양한 요인들을 신중하게 고려하여 최적의 입지에 생산시설을 확보해야 한다.[7)]

첫째, 제품요인은 우선 제품에 대한 소비자들의 기호가 유사한 정도를 들 수 있다. 만약 제품 수요자들의 기호가 전세계적으로 상당히 유사하다면 소수의 장소에서 제품을 생산하여 전세계 소비자들에게 공급해도 되지만 수요자들의 기호가 지역별 국가별로 차이가 심한 경우에는 그러한 상이한 수요를 충족시키기 위하여 여러 국가에 생산시설을 확보하고 지역적 특성을 반영한 제품을 생산하는 것이 유리할 것이다. 또한 운송비도 중요한 요인이 될 수 있다. 여기서 중요한 것은 가격/무게 비율(value-to-weight

7) *Ibid.*

ratio)인데 제품의 가격에 비하여 무게가 많이 나가는 경우에는 운송비의 부담이 크게 되므로 주요시장별로 가까운 장소에서 생산을 하여 소비자에게 공급하는 것이 유리할 것이다. 그러나 가격에 비하여 무게가 별로 나가지 않는 제품의 경우에는 운송비의 부담이 적으므로 생산여건이 유리한 소수의 장소에서 대량 생산을 한 후 전세계시장으로 공급할 수 있을 것이다.

둘째, 기술요인에는 고정비의 절대적 수준, 규모의 경제 및 유연생산체제의 가능성 등이 포함된다. 즉, 생산시설의 설치를 위한 고정비의 절대적 수준이 매우 높은 경우에는 많은 곳에 생산시설을 확보하기가 어렵기 때문에 소수의 국가에만 생산시설을 배치하게 될 것이다. 또한 제품생산과정에서 생산규모가 커짐에 따라 평균비용이 감소하는 즉, 규모의 경제가 크게 나타나는 경우에도 소수 국가의 생산시설에서 대규모로 생산하는 것이 생산원가를 낮추는 데 유리하게 된다. 이 경우 규모의 경제를 활용하기 위하여 표준화된 소품종의 제품을 대량생산하는 방식을 택하게 되지만 만약 기업이 유연생산체제(flexible manufacturing system)를 확보하고 있는 경우에는 다품종의 제품을 생산하면서도 낮은 생산원가를 유지할 수가 있게 된다. 예를 들어, 자동차 산업은 제품생산에 있어서 규모의 경제가 매우 크게 나타나는 산업이므로 소수의 국가에 생산시설을 집중하고 대량생산을 하게 된다. 이 경우 소품종의 표준화된 제품을 대량생산을 하게 되므로 생산원가를 낮춘다는 면에서는 유리하지만 소비자들의 다양한 수요를 충족시키기는 어렵게 된다. 그러나 Toyota의 경우에는 유연생산체제를 확보함으로써 소비자들의 다양한 수요를 충족시키기 위한 다품종의 자동차를 생산하면서도 동시에 규모의 경제효과를 누릴 수가 있게 되었다.

셋째, 국가요인에는 단일 목표시장국의 경우 투자환경 분석에서 이미 살펴 본 바와 같이 현지국과 주요 인접국의 시장의 규모 및 성장가능성, 현지국에서의 생산요소의 부존상태와 가격 즉, 노동력, 원료, 부품의 확보가능성 및 임금수준과 금리, 그리고 인플레율, 환율, 현지국정부의 투자유인정책과 정치적 위험 등이 포함된다.

제 5 절 해외투자안에 대한 수익성 분석

1. 국제자본예산편성(international capital budgeting)

해외투자안에 대한 수익성 분석을 위하여 국제자본예산편성 기법을 활용하는데 기본적으로 국내자본예산편성의 경우와 동일한 틀을 적용할 수 있다. 그러나 국제자본예산편성은 국내자본예산편성에 비하여 훨씬 복잡한 작업이 되는데 그 이유는 현지국의 물가상승률, 환율의 변동, 송금의 시기 및 국제조세 등의 문제를 고려해야 하기 때문이다. 국제자본예산편성을 수행하고자 할 때는 다음과 같이 3단계로 나누어 수행한다.

첫 번째 단계에서는 투자안을 실천에 옮겼을 때 발생할 것으로 예상되는 현금흐름을 현지자회사의 입장에서 추정해야 한다. 이 때 고려해야 하는 중요한 사항은 현지국의 물가상승률과 환율 등이다.

우선 현지국의 물가상승률을 반영하여 현지자회사의 제품 판매가격이 인상될 경우 그에 따른 판매량의 변화를 적절히 예측해야 한다. 예를 들어 현지국의 물가상승률이 높은 경우 현지자회사가 제품 판매가격을 물가상승률과 같은 폭으로 인상한다면 현지국 내에서의 판매량은 크게 변하지 않을 것이다. 그러나 이러한 물가상승률을 반영한 제품 판매가격의 인상이 현지자회사제품의 해외수출량에는 큰 변화를 초래할 수 있는데 이때 환율변동 및 수요의 가격탄력성이 문제가 된다. 즉, 현지자회사 제품의 현지국 통화로 표시되는 판매가격이 인상될 때 환율이 가격상승폭을 상쇄시킬 수 있을 만큼 충분히 변화할 것인가를 고려해야 한다. 현지국 통화로 표시된 판매가격의 인상은 현지자회사 제품의 가격경쟁력을 약화시키는데 만약 현지국 통화의 가치하락에 따른 가격경쟁력 회복의 정도가 충분하지 못하다면 결과적으로 현지자회사 제품의 가격경쟁력은 약화되어 해외수출량은 감소하게 될 것이다. 이 경우 해외시장에서의 현지자회사 제품에 대한 수요의 가격탄력성이 클수록 현지자회사 제품의 해외수출량이 감소하는 정도가 더 크게 나타날 것이다.

또한 현지국 통화의 가치변동은 자회사가 필요로 하는 수입원자재 가격의 변화도 초래하므로 미래의 환율변화에 대한 정확한 예측은 수입원자재 비용을 추정하는 데 있어서도 매우 중요하다고 할 수 있다.

두 번째 단계에서는 첫 단계에서 추정된 현지자회사 입장에서의 현금흐름으로부터 본사 입장에서의 현금흐름을 추정해야 한다.

이 때 고려해야 할 사항들로는 우선 현지자회사의 배당정책(dividend policy)을 들 수 있는데 이에 따라 현지자회사 입장에서의 현금흐름 중 실제로 본사에 송금되는 부분이 정해지게 된다. 그리고 일정기간 동안 송금규제(blocked funds)를 하고 있는 현지국에 위치한 경우에는 현지자회사 입장에서의 현금흐름 발생시기와 본사로의 송금시기가 서로 달라지게 된다.

또한 현지국들은 일반적으로 외국인투자기업이 본사로 송금하는 이익에 대하여 원천세(withholding tax)를 부과하고 있으므로 본사의 입장에서 본 현금흐름을 추정할 때는 현지자회사가 송금하는 이익에서 원천세액만큼 차감해 주어야 한다.

마지막으로 현지자회사에서는 비용으로 처리되나 본사에서는 수익으로 처리되는 항목들 즉, 현지 자회사가 본사에 지급하는 라이슨싱 로얄티, 기술제공료(fee) 및 이자 등 부수적 소득(supplementary income)을 본사 입장에서의 현금흐름에 포함시켜야 한다.

그리고 현지자회사 입장에서의 현금흐름을 본사 입장에서의 현금흐름으로 전환시키는 과정에서 환율이 문제가 되므로 여기서도 역시 환율의 변동이 고려되어야 한다.

마지막 단계에서는 위에서 추정된 본사 입장에서의 현금흐름에 대하여 회수기간법(payback period method), 내부수익률법(internal rate of return method) 및 순현가법(net present value method) 등의 방법들을 사용하여 그 투자안에 대한 의사결정을 하게 된다.

이 중에서 다국적기업들이 많이 사용하고 있는 순현가법은 해외투자안으로부터 예상되는 순현금흐름(현금유입액에서 현금유출액을 공제한)을 적정한 할인율로 할인하여 현재가치를 구하는 방법을 말한다. 이 때 사용되는 할인율은 그 해외투자안의 특성에 따른 각종 위험에 대한 보상을 해줄 수 있도록 국내투자안에 대한 요구수익률보다 상향조정되어야 한다. 이와 같은 방식으로 산출한 순현재가치가 영(0)보다 크면 그 해외투자안은 채택되어야 할 것이다.

2. 해외투자안에 대한 타당성 검토시 주의 사항

첫째, 해외투자안에 대한 타당성 검토를 수행함에 있어 투자여부에 대한 방향을 미리 정해놓고 유리한 면을 확대 해석하거나 불리한 면을 축소 해석하는 등 의도적이고 자의적인 결론을 유도하지 않도록 노력해야 한다.

둘째, 해외투자안에 대한 타당성 검토 및 관리를 담당하는 부서와 실제로 해외투자 사업을 담당하는 부서간의 긴밀한 협조체제가 구축되어야 한다. 해외투자안에 대한 형식적인 타당성 검토는 실제로 해외투자 사업을 수행하는 부서에게 별로 도움을 주지 못하게 된다. 뿐만 아니라 실제로 해외투자 사업을 수행하는 과정에서 확보하게 되는 중요한 정보가 해외투자를 관리하는 부서에게 적절하게 피드백 되지 못한다면 해외투자로부터 경험을 축적하지 못하고 향후 보다 개선된 해외투자전략을 세우기 어렵게 된다.

셋째, 해외투자안에 대한 타당성 검토를 제대로 하고 해외투자사업을 성공적으로 수행할 수 있기 위해서는 국제감각, 유연한 사고방식, 적응능력이 뛰어난 전문인력을 확보하는 것이 매우 중요하다.

넷째, 해외투자에 관한 경험이 부족한 기업의 경우에는 기업내부 자원에만 의존하지 말고 기업외부의 전문기관 및 용역 등을 활용하여 충분한 정보 및 노하우를 확보해야 한다.

다섯째, 해외투자진출을 중장기적이고 종합적인 시각으로 평가하고 결정해야 한다. 예를 들어, 인건비 등 비용절감에만 초점을 맞춘 해외투자진출은 기업내부의 기술개발을 지연시켜 경쟁력 확보에 걸림돌이 될 수 있다.

연 습 문 제

01 국제경영전략의 결정에 고려해야 하는 주요 요소로서 '위험'을 들 수 있다. 다국적기업이 해외영업활동을 위협하는 정치적 · 경제적 위험을 피하기 위하여 취할 수 있는 조치들을 설명하라.

02 기업이 해외시장 진출방식을 결정하는데 있어서 고려해야 할 점들을 기업 내부 측면과 기업 외부 측면에서 설명하라.

03 기업은 자신이 확보하고 있는 자산의 성격에 따라서 적절한 국제경영전략을 결정해야 한다. 예를 들어 설명하라.

04 기업이 투자대상국에 대한 투자환경 분석을 실시할 때 요구되는 정치적, 경제적, 사회문화적 환경 분석을 설명하라.

05 해외투자를 고려할 때는 투자대상국 내수시장의 성장가능성에 대한 정확한 분석이 필요하다. 그 이유를 설명하라.

06 기업의 해외생산 입지선정과 관련하여 고려해야 할 요인들을 제품요인, 기술요인 및 국가요인 등으로 구분하여 설명하라.

Chapter

13

The Global Corporation

정치적 위험분석[1]

제 1 절 정치적 위험의 특성

정치적 위험(political risk)이란 특정기업의 수익성이나 기타의 기업목표에 영향을 미치는 한 국가의 기업 환경의 급격한 변화가 정치적인 역학관계의 변동에 의하여 초래될 가능성을 말한다. 정치적 위험의 정의에 있어서 중요한 요건은 첫째, 불연속성으로서 기업 환경의 갑작스러운 변화가 있어야 하며, 둘째, 불확실성으로서 그 변화가 예측하기 어려운 변화이어야 하며, 셋째, 정치적 역학관계 즉, 사회전반에 걸친 권력관계와 관련된 문제에 의하여 초래되어야 하며, 마지막으로 기업에 대한 영향이 중요한데 즉, 특정기업의 수익성이나 다른 기업목표에 상당한 영향을 미칠 수 있는 가능성이 있어야 한다는 점 등이다.

정치적 위험은 저개발국이나 개발도상국뿐만 아니라 개발국에서도 존재한다. 예를 들어, 1980년도의 선거에서 프랑스의 미테랑이 대통령에 당선된 후 많은 주요산업들이 국유화되었는데 이때 외국인 투자업체들도 포함되었으며, 또한 1980년도에 캐나다

1) Stefan H. Robock, Kenneth Simmonds, and Jack Zwick, *International Business and Multinational Enterprises*, Revised Edition, (Homewood, Illinois: Richard D. Irwin, 1977).

에서는 석유산업부문의 외국인 참여율에 대한 제한선을 75%로부터 50%로 낮추는 새로운 에너지정책을 채택하였다.

또한 정치적 위험은 현지국에서뿐만 아니라 본사국으로부터 초래될 수도 있다. 예를 들어, 스웨덴과 미국의 경우 흑인들에게 가혹한 인종차별정책을 취하고 있던 남아프리카 공화국에 대하여는 자기 나라 기업체들이 투자를 하거나 남아프리카 공화국내에서 기업 활동을 하지 못하도록 규정하였다.

한편, 정치적인 변화가 있다고 해서 반드시 그것이 정치적 위험이 되는 것은 아닌데, 정치적 변화는 불리한 영향뿐만 아니라 유리한 영향도 미칠 수 있기 때문이다. 예를 들어, 1970년대 중국에서는 모택동 사후에 신정권이 들어오면서 외국기업에게는 유리한 기업 환경을 제공하게 되었으며, 1973년도에 칠레의 아옌데 정권이 몰락한 후 강제수용되었던 외국인 소유자산이 반환되었다.

그리고 정치적 위험은 주기적으로 재평가하여야 한다. 즉, 외국에 직접투자할 것을 결정하기 전에 마케팅, 생산, 재무관리 등의 측면에서 타당성 검토를 할 당시에도 정치적 위험분석을 행해야 하겠지만 현지 자회사를 설립한 후에도 주기적으로 재평가를 하여야 한다.

마지막으로, 정치적 위험은 특정국의 외채상환능력을 평가하는 국가별 위험과는 구분되어야 한다. 국가별 위험(country risk)이란 외국에 자금대여를 하는 금융기관들의 관심의 대상이 되는 것으로서 각 국가가 외채를 갚을 수 있는 충분한 능력 즉, 충분한 외환보유고가 있는가를 말하는 것인데 반하여, 정치적 위험이란 보다 포괄적인 개념으로서 한 국가 내에서 외국기업의 활동에 영향을 미치는 기업환경의 변화를 의미한다.

제 2 절 정치적 위험의 종류

정치적 위험은 거시적 위험과 미시적 위험으로 나눌 수 있다. 거시적 위험(macro political risk)은 외국인 기업체 전체에 영향을 미치는 기업 환경의 변화가 정치적 역학관계의 변동에 의해서 초래되는 것을 말하며, 미시적 위험(micro political risk)은 특정산업 또는 특정기업에만 영향을 미치는 정치적 위험을 말한다.

우선 거시적 위험의 예로는 1959~60년도에 쿠바의 카스트로가 모든 사유재산을 국유화한 것을 들 수 있다. 이와 같이 정치적 이념의 전환으로 인해서 외국인 투자자산이 수용된 예는 알제리, 버마(현 미얀마), 칠레, 이집트, 가나, 인도네시아, 우간다, 리비아 등의 나라에서도 있었다. 또한 중동의 아랍국가들은 이스라엘과 무역 이외의 어떠한 형태로든지 거래관계가 있는 외국기업과는 거래를 하지 않겠다고 1955년에 선언을 하였는데 이러한 외교관계에 있어서의 boycott도 거시적 위험의 예라고 할 수 있다.

한편 미시적 위험은 현지국 정부가 정치적인 이유로 특정산업 또는 특정기업에 대해 선별적으로 제한적인 조치를 취할 때 발생하게 된다. 어느 산업분야가 특히 정치적 위험에 많이 노출되어 있는가는 국가별로 다르고 또한 시간이 경과함에 따라서 변한다고 할 수 있다. 일반적으로는 기술상의 변혁이 심하여 외국으로부터 새로운 기술을 계속해서 도입해야 하는 산업은 정치적 위험이 낮다고 볼 수 있는 반면, 천연자원 개발분야와 금융산업은 정치적 위험이 높다고 볼 수 있다.

한 산업의 정치적 위험은 시간이 경과함에 따라서 그 위험도가 변할 수 있는데 이러한 변화를 초래하는 요인으로서 두 가지를 들 수 있다. 첫째, 특정 주요 산업분야에서 외국인 기업체의 점유

표 13-1 정치적 위험의 원천과 영향

원 천	원천이 되는 집단	국제기업활동에 미치는 영향
상반되는 정치이념 사회적 불안과 무질서 현지 기업인들의 이해관계 정치적 독립과 주권선언 전쟁 또는 내란 새로운 외교관계 형성	정부 및 산하기관 의회 내의 반대세력집단 반정부집단 일반대중집단 외국정부 또는 국가간의 연합기관	몰수, 수용 기업활동에 대한 규제 이전의 제한 계약의 일방적 파기 차별정책(조세 등) 재산 또는 인명피해

율이 높아지면 정치적 공격의 목표가 될 가능성이 크게 되는데 1980년도에 캐나다 석유산업에서 외국인 참여율에 대한 제한선을 75%로부터 50%로 낮춘 것이 그 예가 될 수 있다. 둘째, 기술이나 경영면에서 현지국 사람들의 능력으로 운영이 가능하게 된 산업분야는 될 수 있으면 외국인 기업체들을 배제하려고 정치적 압력을 가하려 할 것이므로 정치적 위험이 커지게 된다.

기업에 영향을 미치는 정치적 위험의 원천과 그러한 원천이 행동화하는 데 원동력이 되거나 수단이 되는 집단, 그리고 그러한 정치적 변화의 결과로 기업이 받게되는 영향이 〈표 13-1〉에 요약되어 있다. 이러한 정치적 위험의 원천, 그리고 원천이 되는 집단을 정확하게 파악하는 것은 정치적 위험에 적절한 대응책을 수립하는 데 있어서 매우 중요하다고 할 수 있다.

제 3 절 정치적 위험 분석방법

현재 알려진 대부분의 정치적 위험 예측기법들은 주로 혁명, 쿠데타, 내란 등 특정국가 내의 불연속적인 정치적 변화의 예측을 목적으로 하고 있으며, 따라서 이러한 정치적 위험 예측기법들은 특정기업에 특유한 정치적 위험(즉, 미시적 위험)을 예측한다기보다는 특정국 정치제도의 안정성 정도 또는 정치체제의 변혁 가능성(즉, 거시적 위험)에 치중하는 모형들이라고 할 수 있다.

지금까지 널리 알려진 정치적 위험 예측기법들은 크게 두 종류로 나누어 볼 수 있다. 즉, 첫째, 기업 스스로 현지국에 조사단을 파견하여 정치적 위험의 정도를 조사 · 평가하는 그랜드 투어(Grand Tour)방법, 기업 외부의 정치인이나 외교관 등 특정지역 전문가들의 의견을 수렴하는 올드핸드(Old Hands)방법, 기업 내외의 지역 전문가들의 의견을 반복적으로 수렴하여 종합하는 델파이(Delphi)방법 등 전문가들의 주관적 판단에 의존하는 분석기법과 둘째, 정치적 변화에 원인을 주는 여러 가지 변수들을 측정하여 다변량 분석 등의 통계기법을 적용함으로써 정치적 위험의 가능성을 예측하려는 계량적 분석기법으로 나눌 수 있다.

델파이방법에 의존하여 정치적 위험을 예측하는 기법 중 대표적인 예로서 BERI(Business Environmental Risk Index)는 매년 약 45개 국가를 대상으로 하여 구성원이 100명이 넘는 전문가 심사회를 구성하여 각 심사위원으로 하여금 미리 준비된 특정국가의 정치적 변수들에 대하여 주관적 평점을 내리도록 하고 있다. 1차 평가가 종료된 후 각 심사위원은 다른 심사위원들의 평가결과를 통보받게 되며, 이때 자기의 평가점수를 다시 수정할 수 있다. 이와 같이 몇 차례의 반복적인 평가과정을 거친 후 특정국가의 정치적 위험정도에 관한 최종평점이 결정된다.

전문가들의 주관적 평가에 의존한 정치적 위험의 예측기법은 특히 정치체제가 인물 중심이며 비헌정적인 특징을 보이는 일부 국가의 경우에는 매우 유용한 예측방법이 될 수 있다. 그러나 이러한 주관적 기법들은 예측과정에서 전문가들의 의식적 또는 무의식적 편견이 개입될 여지가 크고 매우 주관적일 수밖에 없다는 한계를 지니고 있다.

한편 정치적 위험을 계량적으로 분석하는 기법 중의 대표적인 예로서 PSSI(Political System Stability Index)를 들 수 있다. PSSI는 사회경제적(socioeconomic)지수, 사회적 갈등(societal conflict)지수 및 정치과정(governmental process)지수 등의 동일 가중치를 갖는 3개의 소지수군으로 구성되어 있다. 한편 이들 각각의 소지수군은 여러 개의 독립변수들에 대한 계량적 평가에 의하여 측정되며 시계열 분석을 통하여 최종적으로 해당국가에 대한 종합적인 정치적 위험지수가 산정된다.

그러나 계량적 분석기법도 역시 많은 방법론상의 문제점을 안고 있다. 우선 이러한 계량적 예측기법은 독립변수의 선정, 변수들 상호간의 관계설정 및 가중치 선정과정 등에 있어 다분히 주관적인 판단에 의존하고 있다는 한계점을 지니고 있다. 또한 계량적 예측기법은 계량화된 통계치에 지나치게 의존함으로써 특정국가 내의 독특한 특징이나 혹은 정서상의 미묘한 변화 등을 예측하기가 매우 곤란하다. 뿐만 아니라 많은 후진국의 경우 분석에 요구되는 신빙성 있는 자료의 확보가 매우 어렵고, 과거의 현상 및 실적만을 기초로 미래의 현상을 예측한다는 논리도 상당한 무리가 있다고 할 수 있다. 따라서 보다 정확한 정치적 위험의 예측을 위해서는 각각 적용상의 한계를 갖는 주관적 분석기법이나 계량적 분석기법 중의 어느 하나에 의존하지 않고 양자를 종합적으로 활용하는 것이 가장 바람직하다고 할 수 있다.

한편, 정치적 위험분석에 있어서 일반적으로 따라야 할 절차를 살펴보면 다음과 같다. 첫째, 현정권의 형태와 안정성을 분석한다. 즉, 거시적 위험에 대한 분석을 행한다. 둘째, 기업자체의 제품 및 기업 운영상의 특성 분석을 통하여 정치적 위험의 종류를 파악한다. 즉, 어떤 정치적 변화가 특정기업에게 영향을 많이 미치는가 또는 별로 미치지 않는가의 여부는 그 기업의 사업성격에 따라 크게 달라질 수 있으므로 다음과 같은 이슈들을 충분히 고려하여 기업 활동에 어떠한 영향이 올 수 있을지를 파악해야 한다.

① 현지인들이 자기들만의 힘으로 그 사업을 성공적으로 수행할 수가 있는가?
② 외국기업체와 외국인 경영자들의 위치가 현지국에서 두드러지게 나타나는가?
③ 새로운 기술이 계속 제공되어야 하는가?
④ 현지 기업인들과 경합이 되는 사업인가?
⑤ 기업체의 운영에 있어서 천연자원에의 의존도가 높은가?
⑥ 현지시장에서의 독점적 위치가 얼마나 강한가?
⑦ 사업이 현지국의 국제수지에 어떠한 영향을 미치는가?
⑧ 제품이 사회적으로 바람직하며 필수품인가?
⑨ 사회적 비용/편익분석(social cost/benefit analysis) 결과 현지국에 유익한 사업인가?

셋째, 이러한 정치적 위험의 원천을 파악한다. 예를 들어, 파악된 정치적 위험의 종류가 수용(收用)인 경우 그 위험의 원천은 정치이념의 변화 또는 현지 기업인들의 이해관계가 될 수 있을 것이다. 마지막으로, 위험의 가능성과 발생시기를 예측한다.

위에서 말한 제반단계를 거치는 과정에서 중요한 것은 기업의 환경에 갑작스러운 변화를 초래하는 정치적 변화에 역점을 두어야 한다는 것이다. 즉, 기업체들이 궁극적으로 파악해야 하는 것은 현지국이 정치적으로 얼마나 안정되어 있느냐 하는 것이 아니고 현지국에서 발생하는 정치적 변화가 기업의 이익에 어떠한 영향을 미치는가 하는 것이다.

연 습 문 제

01 정치적 위험이란 무엇인가?

02 정치적 위험 중 거시적 위험과 미시적 위험으로 구분하여 설명하라.

03 "정치적 위험은 시간이 경과함에 따라서 그 위험도가 변할 수 있으므로 주기적으로 재평가하여야 한다." 이 말의 뜻을 설명하라.

04 "정치적 위험을 분석함에 있어서 정치적 위험의 '원천'과 '원천이 되는 집단'을 정확하게 파악하는 것이 왜 중요한지를 밝히라.

05 정치적 위험의 일반적인 단계를 설명하라.

Chapter

14 수출전략

제 1 절 수출활동의 동기

수출활동의 동기를 살펴보면 다음과 같다.

첫째, 국내수요의 한계로 인하여 발생하는 과잉생산품을 판매처분하거나 유휴생산시설을 활용하기 위하여 수출을 활용한다.

둘째, 생산시설을 하는 데는 상당한 고정투자를 해야 하므로 총생산원가 중에서 고정비가 차지하는 비중이 비교적 높은 산업에 속하는 기업들은 생산시설의 가동률을 높임으로써 제품의 평균생산원가의 절감이 가능하다. 즉, 규모의 경제(economies of scale)가 큰 산업에 있어서 더욱 그러하다. 그러므로 기업이 수출활동을 함으로써 생산시설의 가동률을 높이게 되면 낮아진 평균생산원가를 바탕으로 국내시장과 해외시장에서 모두 유리한 조건에서 경쟁을 할 수 있는 능력을 확보하게 된다.

셋째, 기업들은 해외에 자본을 투자하고 인력을 진출시킴으로써 초래될 수 있는 위험을 부담 하지 않으면서 해외시장이 제공하는 이익의 기회를 얻기 위하여 수출을 활용한다.

넷째, 특정 시장국의 시장잠재성(market potential)을 탐사하는 수단으로 수출을 활용한다.

제 2 절 수출활동의 종류

1. 간접수출

간접수출이란 자신의 계정으로 매매하여 이익을 추구하는 국내의 수출중간상인(export merchant middleman), commission이나 fee를 받는 국내의 수출대리상(export agent middleman), 국내주재 외국인 바이어(resident foreign buyers) 등을 개입시켜 상품을 수출하는 방식으로 수출과 직접적으로 관련되는 주요기능을 제조업체 스스로 수행하지 않고 국내 수출중간상들에게 위임하여 제품을 수출하는 간편하고 소극적인 수출방법이다.

간접수출의 장점은 다음과 같다.

첫째, 수출업무에 대한 전문성을 갖추고 있고 경험이 풍부한 수출중간상들을 활용하기 때문에 안전하다고 할 수 있다.

둘째, 수출중간상인(export merchant middleman)의 경우에는 제조업체로부터 제품을 매입할 때 소유권을 이전해 가고 자신의 계정으로 수출하기 때문에 문제가 발생하면 수출중간상인이 위험을 부담한다.

셋째, 큰 규모의 수출부서나 해외지사 등을 운영하지 않아도 되므로 제조업체는 수출활동을 직접 수행하는 데 소요되는 인적, 물적 자원을 절약할 수 있다.

넷째, 제조업체가 수입도 하여야 할 경우에 수출중간상에게 수입 또한 의뢰할 수 있다.

한편, 간접수출의 단점은 다음과 같다.

첫째, 수출이 간접적이기 때문에 일단 제조업체가 수출중간상에게 제품을 판매한 후에는 그 제품의 해외마케팅에 대한 통제권을 상실하고 해외고객과 직접 접촉할 수 있는 기회가 적어 해외시장기반을 구축하기가 어렵다.

둘째, 수출중간상과 제조업체의 이해가 서로 상충될 경우가 있고, 제조업체는 가격이나 수요 등에 대한 해외시장정보가 어둡기 때문에 수출중간상이 이를 이용하여 제조업체에게 불리하게 일을 처리할 수 있다.

셋째, 수출중간상들이 제품수출에 따르는 사전 및 사후 서비스(pre- and after- service)를 철저하게 제공하지 않음으로써 해외고객의 그 제품에 대한 이미지가 손상될 가능성이 있다.

넷째, 간접수출방법은 기업체가 국제업무에 대한 전문 인력을 육성하는 것을 막기 때문에 미래에 그 기업체가 국제적으로 기업활동을 확대하려 할 때 전문 인력이 부족하게 된다.

2. 직접수출

직접수출은 해외시장조사, 해외고객접촉, 수출가격책정, 유통경로의 선정, 수출관계서류 작성 등의 업무를 제조업체 스스로 수행하는 것을 뜻한다. 직접수출을 하게 되면 제조업체 내에서 수출을 전담하는 인원이나 부서가 필요하게 되며 자연히 수출활동과 관련된 비용 및 자금의 부담도 늘어나게 된다. 그러나 수출활동을 직접 담당함으로써 위에서 언급한 바와 같은 간접수출의 단점을 피할 수 있으며, 일반적으로 수출 매출액도 늘어난다고 볼 수 있다.

직접수출의 장점은 다음과 같다.

첫째, 제조업체는 정확한 해외시장정보를 충분히 얻을 수 있다. 즉, 제조업체는 해외마케팅 기능을 직접 수행할 수 있으므로 해외고객으로부터의 feedback을 쉽게 얻어서 제품개발과 마케팅을 적절히 적응시킬 수 있다.

둘째, 제품의 판매와 관련하여 사전 및 사후 서비스를 효과적으로 제공할 수 있으므로 제조업체의 신용도를 유지하고 이미지를 높일 수 있다.

셋째, 제조업체내에 수출 및 국제 마케팅에 대한 전문인력을 육성할 수 있다.

넷째, 간접수출의 경우 국내 수출중간상에게 지불하던 비용을 절약할 수 있다.

반면에 직접수출의 단점은 다음과 같다.

첫째, 직접수출을 처음 시작할 때는 경험 및 전문성 등이 부족하여 수출거래에 실패할 가능성이 높다.

둘째, 수출거래에 따른 손실과 클레임 때문에 위험부담이 늘어날 수 있다.

셋째, 초기에는 수출매출액보다 수출비용이 상대적으로 빨리 증가해서 제조업체 입장에서 손실이 발생할 수 있다. 특히, 소규모의 기업체에게는 이 문제가 심각한 영향을 끼칠 수 있다.

직접수출방법은 수출활동을 수행하기 위한 제조업체 자체의 조직체계와 해외시장에 있는 현지 수입상 및 판매업자의 활동 여하에 따라 여러 가지 방법이 있을 수 있다. 수출을 위하여 제조업체는 수출의 상대적 중요성에 따라 수출부서를 설립하거나 별도의 수출전담기업을 설립할 수도 있으며, 더 나아가서는 해외에 현지지사, 현지 마케팅 자회사를 설립할 수도 있다. 또한 현지에 있는 수입중간상 또는 판매업자를 통할 수도 있지만 직접 최종소비자에게 판매할 수도 있다.

여기서 강조해 둘 것은 제조업체는 개별시장국에 따라서 간접수출전략과 직접수출전략을 동시에 활용할 수 있다는 사실이다. 예를 들어, 대규모의 시장국에 대해서는 직접수출전략을 활용하고 소규모의 시장국이나 처음으로 진출하려는 시장국에 대해서는 간접수출전략을 활용할 수도 있다.

Chapter

15

The Global Corporation

계약형태의 해외시장 진출전략[1)]

제 1 절 국제 라이선싱(Licensing)

1. 국제 Licensing의 특징

국제 Licensing은 어떤 형태의 대가를 받기 위해 licensor(라이선싱을 해주는 기업체)가 외국에 있는 licensee(라이선싱을 해가는 외국기업)에게 경제적 가치가 있는 산업소유권(industrial property rights) 등의 무형자산(intangible assets)의 사용권을 허가하는 것을 말한다.

국제 라이선싱의 대상에는 특허권(patent), 제품이나 공정에 대한 노하우(know-how), 상표권(trademark), 브랜드네임(brand name), 저작권(copyright) 등이 포함된다.

일반적으로 라이선싱 계약에 있어서 licensor는 위와 같은 산업소유권을 licensee가 특정지역 내에서 일정한 조건하에 활용할 수 있도록 필요한 기술 및 정보를 제공하고 그 반대급부로 로얄티(royalty) 등을 받는다.

1) 반병길, 강호상, 「국제경영(제6판)」, 박영사, 2007.

2. 국제 라이슨싱에 개입하는 동기

국제 라이슨싱에 개입하는 동기는 다음과 같다.

첫째, 특정국에서의 판매량이 아직 적은 경우에는 해외 직접투자를 통한 현지생산 및 판매의 방법은 아직 이르다고 할 수 있다. 더구나 현지 생산시설을 확보하는 데는 상당한 시간이 걸리므로 그 기간중에 경쟁업체가 새로운 기술을 개발한다면 기업체가 현재 보유하고 있는 기술이나 정보는 낙후된 것이 될 위험이 따른다. 이러한 경우 해외시장국의 기업체에게 licesing을 해주게 되면 그 시장국 기업체는 빠른 시일내에 비교적 적은 비용으로 생산을 시작할 수 있을 것이다. 또한 시장국 기업체는 시장국에서 발생되는 여러 가지 문제를 비교적 더 효과적으로 처리할 수 있을 것이다.

둘째, 모든 시장국에 전부 생산시설을 보유하기 어려운 기업체는 대규모 시장국에 대해서는 해외직접투자전략을 택하고 소규모 시장국에 대하여는 국제 라이슨싱전략을 택할 수 있다. 즉, 기업자원의 효율적인 배분을 하기 위하여 국제 라이슨싱방법을 택한다.

셋째, 구체적인 국제경영전략을 결정하기에 앞서 특정 시장국의 시장잠재성을 테스트하는 방법으로 국제 라이슨싱을 이용한다.

넷째, 국제 마케팅의 도구로서 국제 라이슨싱을 이용한다. 예를 들어, 해외시장국의 라이슨시에게 라이슨서의 상표를 부착한 규격제품을 팔 수 있도록 라이슨싱을 해주게 되면, 그 해외시장국에서 라이슨서는 명성을 쌓아 올릴 수 있다. 더구나 시장잠재성이 충분히 크다는 것이 입증되면 라이슨서는 라이슨싱의 계약이 끝남과 동시에 직접투자를 통한 현지생산 및 판매활동을 개시할 수도 있다.

다섯째, 해외시장국의 라이슨시가 현지에서의 제품생산과정에서 부딪친 문제점을 해결하기 위하여 개발한 관련기술도 흡수할 수 있다.

여섯째, 해외시장국 기업에게 라이슨싱을 해줌으로써 그 시장국에서 라이슨서의 산업소유권을 효과적으로 보호할 수 있다. 그 이유는 그 시장국 라이슨시가 자신의 이익을 위해서라도 라이슨서의 산업소유권을 적극 보호하려고 하기 때문이다.

일곱째, 한 기업체가 여러 가지 새로운 제품이나 기술을 보유하고 있는 경우, 그중 가장 전망이 좋은 몇 가지에 기업의 생산 및 판매활동을 집중시키고 나머지는 다른 기업체에게 라이슨싱 해줌으로써 로얄티를 받아 소득을 증대시키는 방법을 택할 수 있다.

3. 국제 라이슨싱의 문제점

국제 라이슨싱의 문제점은 다음과 같다.

첫째, 국제 라이슨싱은 해외시장국 기업에게 현지에서의 생산 및 마케팅활동을 대신 수행하도록 하기 때문에 매우 제한적인 해외시장 진출전략이라고 할 수 있다.

둘째, 라이슨시가 제품의 현지생산 및 마케팅을 부실하게 수행하거나 품질관리를 제대로 하지 못하면 라이슨서의 기업체 이미지 및 제품 이미지가 손상될 수 있다. 특히, 그러한 제품에 라이슨서의 상표가 부착되어 있는 경우는 라이슨서의 이미지가 손상될 위험이 더욱 크다.

셋째, 라이슨시가 계약을 위반하는 경우, 이를 시정하기 위하여 많은 비용, 시간, 노력 등이 투입되어야 한다.

넷째, 국제 라이슨싱을 통하여 라이슨서와 라이슨시는 서로 미래의 경쟁자를 육성하는 결과를 초래할 수 있다. 즉, 국제 라이슨싱의 대상이 상표권 혹은 브랜드네임인 경우는 라이슨싱 기간 동안 라이슨시가 마케팅을 통하여 제품을 소비자들에게 인식시키기 위하여 많은 노력을 하고 나서 라이슨싱계약이 만료되면 결국 라이슨서에게 그 소비자들을 빼앗기는 결과가 올 수 있다. 반면에 국제 라이슨싱의 대상이 특허권 또는 제품이나 공정에 대한 노하우인 경우에는 라이슨시는 라이슨서로부터 취득한 제품생산기술과 축적한 경험 등을 바탕으로 시장기반을 구축하여 라이슨서의 유력한 경쟁자로 등장할 수 있다. 더구나 라이슨시가 라이슨싱계약 기간동안 필요한 기술을 완전히 흡수하고 더욱 개량함으로써 라이슨서가 보유하고 있던 원래의 기술을 낙후된 기술로 만들 가능성마저도 있다. 그렇게 되면 라이슨서가 계약 만료후에 그 현지시장에 직접투자 등의 방법으로 진출하려고 할 때, 그 진출이 매우 어렵게 된다.

제 2 절 프랜차이징(Franchising)

프랜차이징(Franchising)이란 특정기업이 가지고 있는 저명한 상표의 사용권을 타기업에게 부여하는 동시에 원료, 부분품 또는 서비스 등 최종제품의 중요한 성분을 계속해서 일괄공급, 판매할 수 있는 권리를 확보하는 방법이다. 상표의 사용권을 부여하는 franchisor와 사용권을 얻게 되는 franchisee는 수직적으로 결합된 한 개의 기업과 거의 같다고 볼 수 있다. 즉, 양측이 서로 의존하는 관계에 있고 양측 모두 궁극적으로 소비자에게 도달하는 상품의 일부분을 생산한다고 볼 수 있다.

국제 프랜차이징에 있어서의 문제점은 크게 두 가지를 생각할 수 있다.

첫째, franchisor가 외국에 잘 알려져 있지 않은 경우가 많으므로 franchisee를 발견하기가 어려울 수 있다.

둘째, 국제 프랜차이징의 경우 franchisor는 다음과 같은 딜레마에 빠지기 쉽다.

일반적으로 프랜차이징의 자국에서의 성공요인은 상품의 표준화(standardization), 광고를 통한 소비자들로부터의 인식 및 효과적인 비용통제라고 할 수 있다. 여기서 상품의 표준화는 자국에서는 성공의 요인이지만, 국제 프랜차이징의 경우에는 표준화된 상품이 해외시장국에서 소비자들에게는 선호되지 못하는 경우가 많이 있다. 즉, 해외시장국별로 전통과 풍습이 다르므로 표준화된 상품보다는 그 해외시장국 실정에 맞게 변화, 조정시킨 상품이 소비자들에게 더 호소력이 강한 경우가 많이 있다. 그러나, 다른 한편으로는 상품을 많이 변화, 조정시키게 되면 franchisor는 자기 상품의 특성을 많이 잃어버리게 되므로 결국, 프랜차이징해 줄 것이 없게 되는 결과가 초래될 수가 있다. 예를 들어, 한때 McDonald's는 Italy시장을 2년간 조사한 후 시장진출을 포기한 적이 있었다. Italy 사람들에게 외국음식을 사먹도록 하기는 무척 어렵고, Italy 사람들이 좋아하게끔 McDonald's의 menu를 바꾸게 되면 결국 프랜차이징해 줄 것이 없게 된다는 것을 시장조사를 통해 결론짓게 된 때문이었다. 그러나 일반적으로는 어느 정도의 변화와 조정은 국제 프랜차이징에 있어서 필요하다고 인정된다.

제 3 절 경영계약(Management Contract)

기업은 일정기간 동안 대가(fee)를 받고 외국기업의 경영을 도와 주거나 또는 이를 대신해 주는 경영계약을 통해서 해외시장국에 진출할 수 있다. 이러한 국제 경영계약은 다음과 같은 경우에 주로 활용된다.

첫째, 현지국 정부가 외국인 투자기업체를 강제수용(expropriation)한 다음에 현지국 정부는 그 기업체의 경영을 담당할 현지인 경영자들을 훈련시킬 때까지 그 기업체의 관리를 맡아달라고 전 소유주에게 의뢰하는 경우가 있다. 이런 경우 강제수용된 기업체의 이사회 구성인원은 달라지더라도 경영구조는 그대로 존속되는 것이 일반적이다. 이러한 상황하에서 경영계약을 체결하고 그 기업체의 관리를 맡는 것이 전 소유자로서는 유리한데 그 이유는 강제수용될 때 받기로 한 보상(compensation)에 추가하여 다른 기업자산을 유출시킬 수 있고, 현지국 정부와 좋은 관계를 유지함으로써 현지국 내에서 새로운 사업기회를 포착할 수도 있고, 그 현지국으로부터 원자재나 기타 자원을 계속 공급받을 수 있는 보장을 받아낼 수도 있기 때문이다. 과거 Saudi Arabia 정부가 외국계 정유회사인 Aramco를 국유화하였음에도 불구하고 전 소유주인 외국기업은 경영계약을 체결하고 석유를 계속해서 공급받기로 하였던 것이 좋은 예라고 할 수 있다.

둘째, 외국으로부터 신규투자사업을 맡아서 운영해 달라고 의뢰해 왔을 때 경영계약을 체결함으로써 신규투자사업에 필요한 기계, 시설 등을 판매할 수 있다.

셋째, 운영상의 어려움을 겪고 있는 외국 기업체의 소유자가, 그 기업체를 정상상태로 회복시켜 달라고 의뢰해 왔을 때 경영계약을 체결할 수 있다.

넷째, 현지국 정부가 외국인의 투자지분율을 제한하는 경우, 소유권만으로는 합작기업체에 대한 경영통제권을 확보하기가 불가능한 경우에 경영계약을 체결하여 그 합작기업체의 경영통제권을 장악할 수 있다.

경영계약은 경영계약을 받아들이는 나라의 입장에서 볼 때 경영상의 지원(management assistance)을 받기 위해서 외국인의 직접투자를 받아들이지 않고 경영계약만으로 해결이 된다는 장점이 있다. 그리고 경영계약을 제공하는 기업체의 입장에서는 투자수익률이 너무 낮거나 자본지출이 너무 많은 경우 해외직접투자를 할 때 발생할 수 있는 자본손실의 위험을 피하면서 국제경영에 개입할 수 있는 하나의 수단이 된다.

그러나 국제 경영계약이 가지고 있는 잠재적인 문제점은 다음과 같다.

첫째, 책임을 맡고 경영해 온 외국기업체가 강력한 경쟁자로 부상하여 결과적으로 경쟁자를 길러낸 것이 될 수도 있다.

둘째, 책임을 맡고 경영해 온 외국기업체의 경영실적이 좋지 않거나 현지인 경영자들을 빨리 교육, 훈련시키지 않아 경영권을 양도해 주지 못할 경우, 경영계약 당사자간에 감정적인 문제가 발생할 수 있다.

제4절 Turnkey Operations(Plant 수출)

특정기업체가 외국고객으로부터 발주받아 공장이나 시설물에 대한 설계 및 건설을 하고 시운전이 성공리에 끝난 단계에서 발주자에게 직접 운영하도록 인계해 주는 것을 턴키계약(Turnkey Operations) 혹은 plant 수출이라고 한다. 턴키계약은 다음과 같은 경우에 주로 활용된다.

우선 턴키계약은 새로운 수출기회를 제공할 수 있다. 턴키프로젝트에 포함시키지 않고는 불리한 가격조건 등으로 인하여 수출하기 어려운 산업시설과 제품을 생산하는 기업체의 경우에는 특히 그러하다. 뿐만 아니라 턴키프로젝트는 대체부품이나 수선 및 유지에 쓰이는 소모품 등에 대한 장래의 시장을 제공할 수 있다. 또한 현지국 정부가 외국인의 투자를 규제하는 정도가 심한 경우에 기업체는 대규모의 자본투자가 따르는 해외직접투자를 피하고 턴키계약을 체결함으로써 해외프로젝트에 개입할 수 있다.

턴키시공업체에게 턴키 fee를 결제해 주는 방법으로는 주로 프로젝트의 시공단계에 따라 몇 단계로 나누어서 지불하는 방법이 주로 사용된다. 프로젝트의 시작단계에서 보통 전체 fee의 10~25%가 지급되고 프로젝트의 진행과정에서 50~65%, 그리고 프로젝트가 완성된 후 그 시설이 계약조건에 만족되게 가동이 될 때 그 나머지가 지급되는 것이 통례로 되어 있다.

따라서 대부분의 턴키계약에 있어서 프로젝트를 시작하여 완성시키는 데까지는 오랜 시간이 걸리므로 그동안 환율의 변동이 가져올 수 있는 환리스크를 피하기 위한 조치를 강구하는 것이 필요한 경우가 많다. 즉, 턴키 fee를 지불하는 데 있어서(총비용 + 총비용의 일정비율: cost plus a percentage of cost) 등의 지불형태를 택하는 것이 곧 그것이다. 그리고 그 시설물이 완공되어 만족스럽게 가동될 때 지불이 완료되는 것이므로 만족스러운 가동이라는 것이 구체적으로 무엇을 뜻하는지 명백히 정해두어야 할 필요가 있다. 그러므로 많은 기업체들은 너무 대규모의 프로젝트나 비효율적인 프로젝트를 피하기 위하여 턴키계약의 일환으로서 가능성 탐사(feasibility study)를 포함하도록 주장하는 경우가 많다.

연 습 문 제

01 "국제라이슨싱의 문제점으로서 라이슨서와 라이슨시는 서로 미래의 경쟁자를 육성하는 결과를 초래할 수 있다." 이 말의 뜻을 설명하라.

02 Licensing과 Franchising을 비교하여 설명하라.

03 Franchising이란 무엇인지 설명하고 국제 Franchising의 경우 겪게 될 수 있는 딜레마에 대하여 기술하라.

Chapter

16

The Global Corporation

해외직접투자

제 1 절 해외직접투자 이론

1. 독점적 우위이론(Monopolistic Advantage Theory)[1)]

해외직접투자를 통하여 현지국에 진출하는 외국기업은 현지국 기업과 비교하여 여러 가지 면에서 불리한 점이 많다고 할 수 있다. 즉, 외국기업은 현지국의 관습, 법적제도, 현지국 소비자의 기호 등에 대하여 익숙하지 못할 뿐 아니라, 본사와 현지 자회사가 서로 다른 나라에 위치하므로 원거리 경영에 따르는 의사전달(communication) 및 통제(control) 상의 추가적인 비용을 부담하게 된다. 이와 같이 외국에서 기업활동을 하는 데 따르는 추가적인 부담을 외국비용(cost of foreignness)이라고 하는데 현지국에 진출하는 외국기업은 이러한 불리한 점을 상쇄할 수 있기 위해서 현지국 기업이 가지고 있지 않은 우위 즉, 기업 특유의 경쟁우위(firm-specific competitive advantage)를 확보해야 하는데 이러한 경쟁우위의 원천이 될 수 있는 것들은 다음과 같다.

1) S. H. Hymer, *The International Operations of National Firms: A Study of Direct Foreign Investment* (Cambridge, Mass.: MIT Press, 1976).

첫째, 규모의 경제 (economies of scale)를 들 수 있다. 즉, 해외직접투자 등을 통하여 여러 나라로 기업활동을 확대하여 다국적기업으로 부상한 기업들은 일반적으로 대기업이므로 이들 다국적기업들은 생산, 마케팅, 재무관리, 연구개발 등 기업활동의 여러 분야에서 규모의 경제로부터 오는 이점을 누릴 수 있다.

둘째, 탁월한 지적자산을 들 수 있다. 즉, 다국적기업들은 기술, 경영, 마케팅 등의 측면에서 기업특유의 탁월한 지적자산을 확보하고 있으며 이를 발판으로 하여 현지국 기업들과의 경쟁에서 유리한 위치에 설 수 있다.

셋째, 재무적인 우위를 들 수 있다. 다국적기업들은 현지국 기업에 비하여 자금조달원천이 전세계적으로 다양할 뿐만 아니라, 여러 국가에서 기업활동을 하기 때문에 위험을 분산 시킬 수 있으므로 보다 저렴한 비용으로 자금을 조달할 수 있다.

넷째, 제품차별화(product differentiation)를 들 수 있다. 다국적기업들은 연구개발비와 마케팅비용 등에 막대한 투자를 하여 자신이 생산하는 제품의 차별화를 달성하여 기업 특유의 경쟁우위를 확보할 수 있다.

이러한 경쟁우위의 원천들 중에서 특히, 기업 특유의 지적자산은 이미 과거의 투자를 통해서 형성되었기 때문에 추가적으로 그 지적자산을 활용하는 데 드는 한계비용이 매우 적은 데 반하여, 이를 갖지 못한 현지국 기업이 그러한 지적자산을 자체적으로 확보하려면 많은 비용이 들게 된다. 그러므로 다국적기업은 이러한 지적자산을 효과적으로 활용하고 제품의 차별화를 달성하여 현지국 기업보다 더 높은 가격을 받거나 더 많은 매출을 올릴 수가 있게 된다.

2. 제품수명주기 이론(Product Life Cycle Model)[2)]

제품수명주기이론은 신제품이 출현하고 나서 시간이 경과함에 따라 이 제품의 수명이 여러 단계를 거치는 과정에서 생산과 소비 및 산업조직면에 나타나는 주요 변동내용을 무역유형(trade pattern)의 동태적(dynamic) 변화 설명에 적용하려는 시도를 하였다.

전통적 무역이론과는 근본적으로 상이한 가정에서 출발하는 제품수명주기이론은 첫째, 신제품 생산기술 등에 관한 정보(information)의 국제적 이동은 제약되고 있으며, 둘째, 제품의 생산방법은 시간이 경과함에 따라 숙련노동 및 기술집약적 생산방법으로부터 단순노동 및 자본집약적 생산방법으로 변하는 등 예측가능한 방향으로 변동하게 되며, 셋째, 생산공정에는 규모의 경제(economies of scale)현상이 지배적으로 나타난다는 등의 가정을 하고 있다.

제품수명주기이론은 새로 개발된 재화가 도입기 → 성장기 → 성숙기 등의 각 단계를 거치는 과정에서 생산지(production location)의 국제적 분포가 변동하는 것을 설명하고 있는데 다음에서는 각 단계별로 나타나는 특징적인 현상들을 살펴보기로 한다.

(1) 도입기

제품수명주기이론에 의하면 연구개발(R & D) 인력과 기술력을 충분히 확보하고 있어야 신제품을 개발할 능력이 있을 것이며 소득수준이 높아야 신제품에 대한 수요가 있을 것이므로 이러한 조건을 갖추었다고 할 수 있는 최고 선진국에서 신제품이 최초로

---

2) Raymond Vernon, "International Investment and International Trade in the Product Cycle," *The Quarterly Journal of Economics* (May, 1966), pp.190-207. Louis T. Wells, Jr., "A Product Life Cycle for International Trade?" *Journal of Marketing* (July, 1968), pp. 1–6.

개발된다는 것이다. 그러면 신제품의 생산은 어디에서 이루어질 것인가? 제품수명주기이론은 생산도 역시 최고 선진국에서 행해진다고 주장하는데 그 이유는 다음과 같다.

첫째, 신제품이 시장에 출시된 초기 단계인 도입기에 있어서는 제품을 생산하는 기업이 제품의 수요자들과의 긴밀한 접촉을 통하여 제품의 내용, 성능, 디자인 및 포장 등에 관한 피드백(feedback)을 얻는 것이 중요하므로 제품의 생산지는 시장으로부터 가까운 것이 바람직하다고 할 수 있다. 둘째, 신제품이 시장에 출시된 초기 단계에 있어서는 제품이 갖는 독점적 성격 때문에 수요의 가격탄력성이 비교적 작다. 즉, 신제품의 경우에는 가격을 비교할 만한 경쟁제품이 확실하지 않으며 신제품의 수요자들도 가격에 민감한 반응을 보이지 않는 경향이 있으므로 제품의 생산비가 비싸도 큰 문제가 되지 않는다. 따라서 제품을 생산하는 기업이 생산비를 낮추기 위하여 외국에서 생산을 할 필요성을 별로 느끼지 않게 된다. 셋째, 신제품이 시장에 출시된 초기단계에 있어서는 생산공정이 아직 확정되어 있지 않으므로 외국에 생산시설을 확보하기 위한 투자를 하기에는 이르다고 할 수 있다.

그러므로 도입기에는 신제품 개발기업이 최고 선진국 국내시장 수요자를 상대로 한 국내생산을 하게 된다. 그러나 도입기 후반부에 이르러 신제품 개발기업이 국내시장 수요를 충분히 충족시키고 난 후 기타 선진국에도 신제품에 대한 수요가 발생하게 되면 그 제품을 기타 선진국에 수출하게 된다.

(2) 성장기

도입기의 경우에는 신제품 개발기업이 제품의 생산기술을 독점적으로 확보하고 있지만 시간이 지남에 따라 생산기술에 관한 정보가 점차 국제적으로 확산되어 기타 선진국 기업들도 생산기술을 확보하게 된다. 제품수명주기이론은 생산공정에 규모의 경제(economies of scale)현상이 지배적으로 나타난다고 가정하므로 기타 선진국에서 그 제품에 대한 수요가 충분히 증가하게 되면 기타 선진국 기업들이 그 제품을 생산할 경우 단위당 생산비가 저렴해짐에 따라 가격경쟁력을 확보할 수 있을 것으로 판단하게 된다. 따라서 기타 선진국 기업들이 그 제품의 생산을 개시하게 되고 최고 선진국으로부터의 수입품과 경쟁을 하게 된다.

일단 기타 선진국 기업들이 그 제품의 생산을 개시하고 나면 신제품 개발기업은 최고 선진국으로부터 기타 선진국으로의 제품 수출이 운송비 및 관세/비관세 장벽 때문에 불리하다는 것을 깨닫게 된다. 이에 대한 타개책으로 최고 선진국 기업은 기타 선진국 내에서의 현지생산을 위한 해외투자를 단행하게 되고 기타 선진국 내에서 생산활동을 시작하게 되므로 최고 선진국의 수출은 감소하게 된다.

(3) 성숙기

성숙기의 경우 우선 제품에 대한 수요 측면을 살펴보면, 대량생산을 위한 자본집약적 대규모 설비투자를 합리화할 수 있을 정도로 그 제품에 대한 세계 전체적인 수요가 증대되고 또한 소비자들은 그 제품에 친숙해지므로 수요의 가격탄력성이 매우 커진다. 따라서 이 단계에서는 생산비를 낮추는 것이 매우 중요해지며 임금이 저렴한 후진국이 생산지로서의 우위를 갖게 된다.

또한 제품의 공급 측면을 살펴보면, 성숙기에 이르러는 제반 불확실성의 정도가 감소하므로 생산공정이 확정되고 표준화가 이루어진다. 이것은 특정제품을 개발한 특정국(특정기업)의 기술상의 우위가 소멸되는 것을 의미한다. 이 표준화 단계에서는 생산에 투입되는 노동력 중에서 미숙련 단순노동이 차지하는 비중이 상당히 크기 때문에 저렴한 미숙련 노동력을 풍부하게 가지고 있는 후진국이 생산지로서의 우위를 가지게 된다. 따라서 성숙기에는 후진국에서 생산된 제품이 최고 선진국 또는 기타 선진국으로 역수출된다.

3. 내부화이론 (The Internalization Theory)[3)]

기술, 경영, 마케팅상의 지적자산 등은 기업 외부의 시장기구를 통하여 거래하기가 어려운 경우가 많다. 즉, 지적자산의 국제간 거래에 있어서는 거래 상대방을 발견하기가 어려울 뿐만 아니라 거래가격에 관한 쌍방의 합의를 도출하기도 어렵게 된다. 만약, 기업 외부의 시장기구보다 기업 내부에서 이러한 거래가 더 효율적으로 수행될 수 있다면, 기업은 이를 내부화(internalization)하는 것이 더 유리하게 되므로 이러한 경우 기업은 외부시장을 통하는 라이슨싱 등의 방법보다는 내부적으로 해외직접투자방식을 택하여 확보하고 있는 지적자산을 외국에서 활용하고자 할 것이다. 그렇게 함으로써 기업은 그 지적자산을 자신이 원하는 모든 시장에서 활용할 수 있고 또한 그 지적자산이 타기업에 의하여 사용되는 것을 배제할 수 있게 된다.

4. 절충이론(The Eclectic Theory)[4)]

수출, 라이슨싱 및 해외직접투자를 기업 특유의 우위요소(firm-specific advantage)와 내부화 우위요소(internalization advantage) 그리고 생산입지 특유의 우위요소(location-specific

3) P. J. Buckley and M. Casson, *The Future of the Multinational Enterprise* (London and Basingstoke: The Macmillan Press, 1976).

4) J. H. Dunning, "Towards an Eclectic Theory of International Production," *Journal of International Business Studies*, Vol. 11, No. 1, Spring/Summer 1980, pp. 10–12.

advantage)로서 설명하려는 이론이다. 여기서 기업 특유의 우위요소는 기업이 장기간의 투자를 통하여 기업 내부에 축적해 놓은 자신만의 독특한 지적자산을 말한다. 한편 기업이 자신이 보유하고 있는 기업 특유의 지적자산을 기업 외부의 시장기구를 통하여 다른 외국기업에게 판매하거나 임대해주는 것보다 자신이 직접 내부화하여 해외직접투자방식으로 해외시장에서 활용하는 것이 더 유리할 경우 내부화 우위가 있다고 정의한다. 그리고 생산입지 특유의 우위요소는 진출대상국이 생산지로서 보유하고 있는 풍부한 천연자원이나 숙련된 저임의 노동력과 같은 요인을 말한다.

우선, 기업 특유의 우위가 있고 내부화의 이점은 있으나 진출대상국이 생산입지 특유의 우위가 없다면 국내에서 생산하여 수출하는 것이 해외직접투자보다 유리하게 된다. 반면에 기업 특유의 우위가 있고 내부화 우위도 있으며 생산입지 특유의 우위가 있는 경우에는 해외직접투자가 바람직하다. 마지막으로 기업 특유의 우위는 있으나 내부화의 이점도 없고 진출대상국이 생산지로서 입지 특유의 우위를 가지고 있지 못한 경우에는 라이슨싱이 가장 바람직한 해외진출방식이 된다.

5. 과점적 경쟁이론(Oligopolistic Reaction Theory)[5)]

과점적 산업(oligopolistic industry)에서는 기업체수가 소수이기 때문에 상호 의존성이 높으며, 경쟁기업의 움직임에 직접적인 영향을 받게 된다. 따라서, 한 기업이 먼저 해외직접투자를 하면 다른 기업들도 방어적인 전략으로 해외직접투자를 한다. 이 결과 특정국에 대한 해외직접투자가 한 데 몰리는 현상(bunching 또는 bandwagon effect)이 나타나기도 하고, 새로운 경쟁자의 출현을

5) F. T. Knickerbocker, *Oligopolistic Reaction and Multinational Enterprise* (Boston, Mass.: Harvard University Press, 1973).

막기 위하여 원료원을 선점하여 진입장벽(entry barriers)을 구축하기 위하여 해외직접투자를 하는 경우도 많다.

제 2 절 해외직접투자의 의의와 동기

국제투자(international investment)는 해외직접투자(foreign direct investment)와 해외간접투자(foreign indirect investment)로 나눌 수 있는데, 해외직접투자는 투자대상기업에 대한 어느 정도의 경영참여와 통제권(control)이 수반되는 국제투자임에 반하여 해외간접투자는 경영참여와 통제권이 수반되지 않는 국제투자로서 자산운용을 목적으로 한 국제증권투자(international portfolio investment)가 여기에 해당한다.

해외직접투자는 복잡하면서도 포괄적인 동기에 의하여 이루어지게 되는데 다음에서는 해외직접투자의 동기를 편의상 전략적, 경제적, 방어적 동기 등으로 나누어 살펴보기로 한다.

1. 전략적 동기

다국적기업에 관한 실증적 연구들에 의하면 다국적기업의 해외직접투자는 대체로 다음과 같은 5가지의 전략적 동기에 의하여 행해진다고 결론을 짓고 있다.

① 시장의 추구 : 해외에서 생산을 하여 그 현지국 시장의 수요를 만족시키고 나아가서는 다른 해외시장으로 수출하는 등 시장을 확보하기 위하여 해외직접투자를 한다.

② 해외자원의 추구 : 원자재를 많이 사용하는 기업체들은 해외

직접투자를 통하여 원자재를 확보하여 자기 기업체가 사용하거나 혹은, 타 기업체에게 판매하기 위하여 해외 직접투자를 한다. 석유, 채굴, 임업분야의 해외직접투자가 이 유형에 속한다.

③ 생산의 효율성 추구 : 어느 특정국에서 생산요소(자본, 노동 등)의 가격이 그 생산요소의 생산성에 비하여 상대적으로 저렴한 경우에 기업체는 해외직접투자를 통하여 그러한 유리한 조건을 이용할 수 있다. 노동집약적인 전자부품 생산이 아시아 각국에서 성행하는 것이 그 예가 될 수 있다.

④ 기술, 경영상의 노우하우의 추구 : 기술이나 경영상의 노하우를 얻기 위하여 해외 기업체를 인수하는 경우가 있다. 예를 들어, 일본기업들은 특정한 기술상의 노하우를 얻기 위하여 그러한 기술을 가지고 있는 미국기업을 인수하는 방법을 많이 사용하였다.

⑤ 정치적인 안정성의 추구 : 자국정부의 정책 등이 자기 기업체에게 불리하게 전개될 위험이 있는 경우, 정치적으로 안정되고 기업에 대한 간섭이 적은 나라에 진출하기 위하여 해외직접투자를 한다. 예를 들어, 과거 홍콩의 기업들은 홍콩이 중국에 반환될 것을 염려하여 미국, 캐나다, 오스트레일리아 등의 지역으로 해외직접투자를 활발히 하였다.

2. 방어적 동기

해외직접투자는 적극적인 전략적 동기에 의해서 행하기도 하지만 방어적인 동기에 의해서도 행한다고 볼 수 있는데 해외직접투자의 방어적인 동기로는 다음과 같은 것들을 들 수 있다.

(1) Follow the Leader

과점적 산업(oligopolistic industry)에서는 기업체수가 소수이기 때문에 상호 의존성이 높으며, 경쟁기업의 움직임에 직접적인 영향을 받게 된다. 따라서, 한 기업이 먼저 해외직접투자를 하면 다른 기업들도 방어적인 전략으로 해외직접투자를 한다. 이 결과 특정국에 대한 해외직접투자가 한 데 몰리는 현상(bunching 또는 bandwagon effect)이 나타나기도 하고, 새로운 경쟁자의 출현을 막기 위하여 원료원을 선점하여 진입장벽(entry barriers)을 구축하기 위하여 해외직접투자를 하는 경우도 많다.

(2) Follow the Customer

금융, 광고, 법률, 회계 등의 서비스산업 분야에서 볼 수 있는 현상으로 고객의 해외기업활동에 필요한 서비스를 제공하기 위하여 고객을 따라서 해외에 직접투자를 하여 진출하는 경우이다.

(3) 성장의 한계 탈피

국내시장에서 성장의 한계점에 도달하여 더 이상 기업활동이 팽창될 경우 다른 기업들과의 마찰을 초래하게 되고, 정부로부터 독점규제법 등의 적용을 받을 가능성이 있는 경우 해외직접투자를 행함으로써 성장을 추구하게 된다.

제 3 절 국제합작투자의 특성 및 장단점[6)]

1. 국제합작투자의 특성

기업이 해외직접투자를 통하여 해외에 진출하는 경우 많은 어려움에 봉착하게 되는데 첫 번째 문제점으로 위험부담이 매우 높다는 점을 들 수 있다. 특히, 정치적으로 불안정한 나라에 직접투자를 하는 경우에는 커다란 위험부담을 하게 된다. 두 번째 문제점으로는 언어와 관습의 차이 때문에 해외에서 직접 생산 및 판매활동을 하는 데 따르는 여러 가지 어려움이 있게 되고 경영관리도 복잡해진다는 점을 들 수 있다. 그러므로 실제로는 해외투자기업체의 주식을 100% 소유하는 단독투자방식뿐만 아니라 파트너와 공동 소유하는 합작투자방식도 많이 택하게 된다.

국제합작투자(international joint venture)란 공동으로 기업을 운영하기 위하여 서로 다른 나라의 투자자들(기업체, 개인, 정부 등)간에 자본은 물론 기술, 경영, 마케팅, 인력 및 자금조달, 원료, 부품 및 기계설비 공급원의 확보 등 여러 면에서 자원과 능력을 결합하는 것을 의미한다.

국제합작투자가 세계적으로 증가하는 이유는 첫째로, 민족주의의식 고취 등으로 인하여 외국인 투자를 합작투자에 한하여 허용하는 국가들이 많이 있고, 둘째로 투자수입국이 외국인의 단독투자를 허용한다 할지라도 그 나라의 현지기업들과 협력관계를 유지함으로써 이익증대, 위험의 분산 등 경영상의 혜택을 최대화하기 위해 자발적으로 국제합작투자를 선택하는 경우가 늘어나고 있기 때문이다.

---

6) 반병길, 강호상, 「국제경영(제6판)」, 박영사, 2007.

2. 해외투자기업체의 소유권과 경영통제권의 관계

어떤 다국적기업이 비록 해외투자기업체의 주식을 100% 소유하고 있다 할지라도 실제로 완전통제를 할 수 없는 경우가 많이 있다. 그 이유는 현지국 정부가 그 지위를 활용하여 다국적기업의 현지 자회사의 운영에 대해 직접적인 권력을 행사하는 경우가 있고(예 : 자회사가 모회사로 배당이익을 보내려 할 때 현지국 정부의 사전인가를 받아야 하는 경우), 또한, 현지국 정부는 가격통제, 노사관계에 대한 영향력 행사 등의 방법으로 다국적기업의 현지 자회사의 운영에 영향을 줄 수 있다.

반면, 해외투자기업체의 전체 주식의 49% 이하를 소유한다고 해서 반드시 해외투자기업체를 효과적으로 통제할 수 없는 것은 아니다. 주식지분이 49% 이하인 경우에도 해외자회사와 경영계약, 라이슨싱, 기술제공계약 등을 체결하여 경영통제권을 효과적으로 확보할 수 있는 경우가 많다. 즉, 경영통제권을 장악하기 위하여 반드시 해외 투자기업체를 단독소유할 필요는 없다.

3. 소유권전략 결정요인

기업이 해외직접투자를 통하여 외국에 진출할 때 단독투자방식을 택할 것인가 아니면 합작투자방식을 택할 것인가, 또는 합작투자방식을 택하는 경우 51% 이상을 소유하는 다수소유권을 가질 것인가 아니면 49% 이하를 소유하는 소수소유권을 가질 것인가를 결정하는 요인들은 대체로 다음과 같다.

(1) 제품과 기술의 특성

제품의 기술적 복잡성(technical complexity)이 높을수록 완전소유 또는 다수소유권을 장악하는 방법을 택하는 것이 일반적이다. 또한, 기술적 우위의 정도가 높을수록, 강력한 협상력을 발휘하여 통제권을 장악하려는 전략을 택할 것이다. 제품과 그 생산기술이 단순하거나 널리 알려진 경우 소수소유권을 감수하는 경우가 많다.

(2) 현지국의 투자환경

일반적으로, 투자환경이 안정되어 있는 경우 단독투자를 하여 완전소유 및 통제하는 전략을 택하고, 경제가 저개발단계에 있고 투자환경이 불안정한 현지국에 대해서는 투자위험을 낮추기 위하여 합작투자의 형태를 취하는 경우가 많다. 또한, 현지국이 민족주의적 경향이 강한 개발도상국인 경우에도 합작투자형태를 취하는 경우가 많다.

(3) 기업자원의 보유정도

규모가 작거나, 기업자원 및 국제경쟁력이 취약한 기업일수록 합작투자형태를 취하는 경우가 많고, 대규모 다국적기업일수록 가급적 단독투자형태를 취하거나 다수소유권을 택하는 경향이 많다.

(4) 현지 파트너의 역할

현지국 파트너가 보유하고 있는 자본력, 현지국 경영상의 노하우, 현지국 정부와의 밀접한 관계 등이 필요한 정도가 클수록 다국적기업들은 합작투자를 택하는 경향이 높다.

4. 국제합작투자의 장단점

국제합작투자의 장점은 다음과 같다.

첫째, 시너지(synergy)효과를 볼 수 있다. 즉, 합작투자의 파트너들이 결합하여 투입한 자원의 가치보다 더 큰 가치의 회수를 실현시킬 수 있다. 왜냐하면, 합작투자를 함으로써 대규모 저비용 운용 등 여러 가지 이점을 활용할 수 있기 때문이다. 둘째, 능력있는 현지 파트너를 맞이하게 되면 외국인 기업체는 필요로 하는 원자재, 노동력, 현지경영자, 마케팅 능력, 유통기구, 원만한 대현지국 정부관계 등을 제공받을 수 있어서 시장기반을 빠른 시일 내에 확보할 수 있다. 셋째, 합작투자를 하여 현지법인을 설립하게 되면 정치적 위험을 감소시키고, 자금조달, 세금, 이익회수 등의 면에서 현지국 정부로부터 여러 가지 혜택을 받을 수 있다.

반면, 국제합작투자는 다음과 같은 단점을 가지고 있다.

첫째, 합작 파트너들 사이에 관점, 가치기준, 이해관계 등의 차이로 경영상의 문제점과 관련하여 의사결정에 충돌이 일어날 가능성이 높다. 둘째, 합작투자를 하는 경우에는 발생한 이익을 파트너와 분할해야 하므로 배당받는 이익이 제한된다. 또한 발생한 이익을 어떻게 처분하고 활용할 것인가에 대해서 충돌이 일어나기 쉬우므로 처음부터 이것을 명확히 해둘 필요가 있다. 셋째, 범세계적 운영을 하는 다국적기업이 합작투자에 참여하게 되면 현지 합작기업체를 완전통제하지 못함으로써 범세계적 경영전략을 수행하는 데 여러 가지 제약을 받을 수 있다.

제 4 절 국제기업합병 · 인수

1. 국제기업합병 · 인수의 특성

전세계적으로 기업의 경영환경이 급변함에 따라 주로 개발국

기업들 및 신흥공업국의 일부 기업들이 국내외 경쟁력을 강화하고 지속적인 성장을 도모할 목적으로 기업구조조정(corporate restructuring)을 추진하고 있다. 이와 같은 기업구조조정의 전략적 수단 그리고 해외직접투자의 전략적 수단으로서 최근 들어 많이 활용되고 있는 것이 국제기업합병 · 인수(international corporate mergers and acquisitions)이다.

기업의 합병 · 인수(mergers and acquisitions; M&A)는 M&A라는 용어로 학계 및 업계에서는 널리 사용되고 있는 편이지만 명확히 정의된 개념은 아니다. 따라서 사용하는 사람에 따라 그 뜻에 다소 차이가 있을 수 있다. 여기에서는 피인수기업의 경영에 대한 직접적인 참여가 목적이고 투자비율이 10% 이상에 달하는 경우만을 해외기업인수로 간주하기로 한다. 또한, 기업의 합병 · 인수(M&A)는 둘 이상의 기업이 하나로 통합되어 단일기업이 되는 합병과 한 기업이 다른 기업의 주식 또는 자산을 취득하여 경영권을 획득하는 인수가 결합된 개념으로서, 외부경영자원을 활용하여 기업의 성장을 도모하는 가장 적극적인 경영전략의 하나라고 볼 수 있다.

2. 국제기업합병 · 인수의 장단점

1920년대 후반부터 유럽기업들을 대상으로 기업인수전략을 활용하기 시작한 미국기업들은 이 전략을 해외와 미국 내에서 계속해서 활용해 왔다. 특히 1980년대에 미국기업들이 국내에서 일으킨 M&A 선풍은 서유럽과 일본뿐만 아니라 아시아 · 오세아니아 지역으로까지 파급되었다. 국제기업합병 · 인수가 범세계적 기업경영을 위한 전략적 수단으로 널리 활용되고 있는 이유는 다음과 같다.

특정기업체가 단독 해외직접투자로 해외자회사를 설립할 경우, 이에는 막대한 자금과 상당히 긴 시간 등이 소요될 수 있을 뿐만 아니라, 설립 후 운영상의 불안정성과 투자회수의 불확실성이 커진다. 또한, 합작투자로 해외합작기업체를 설립하고자 하는 경우에도 적합한 현지파트너 선정의 어려움, 모든 합작선이 다 같이 만족할 수 있는 계약체결의 어려움, 경영권 행사 및 책임분담에 관한 이해관계 대립의 가능성 등 많은 어려움이 있게 된다. 반면에 국제 M&A는 현존하는 해외기업과 합병하거나 해외기업을 인수함으로써 단시간 내에 해외시장 진입과 국제경영의 확대를 가능케 한다. 그리고 자체적으로는 개발하기 어려운 기술이나 경영상의 노하우 등을 획득하기 위하여 그러한 기술이나 경영상의 노하우를 가지고 있는 외국의 기업체를 인수함으로써 비교적 값싸고 쉽게 그러한 목적을 달성할 수가 있다.

국제기업합병 · 인수는 다음과 같은 단점을 지니고 있다.

첫째, 인수기업과 인수대상기업은 상이한 기업문화, 관리시스템, 조직구조, 임금체계 등 을 가지고 있기 때문에, 완전한 통합과 시너지 효과를 가져오지 못할 수 있다. 둘째. 인수대상기업의 경영력, 기술력, 경영실적, 자산 등 기업내용 및 기타 무형자산의 가치를 정확히 평가하기 어렵기 때문에 인수 시 과다한 가격을 지불할 가능성이 크다. 셋째, 통합과정에서 인수대상기업의 주요경영자 · 기술자들을 잃을 가능성이 있으며, 그에 따라 경영력 · 기술력 등의 취득에 목적을 두었을 경우 그 목적을 달성하지 못할 수 있다.

연 습 문 제

01 해외직접투자의 경제적 동기를 설명하는 이론으로서 '독점적 우위이론'을 설명하라.

02 다국적기업의 경우 경쟁우위의 원천이 될 수 있는 것들은 무엇인가?

03 해외직접투자이론으로서 내부화이론(The Internalization Theory)을 설명하라.

04 해외직접투자 이론으로서 과점적 경쟁이론(Oligopolistic Reaction Theory)에 대하여 설명하라.

05 해외직접투자의 방어적 동기로서 'Follow the Leader'형의 행태를 설명하라.

06 국제단독투자와 비교하여 국제합작투자는 어떠한 장점을 가지는지 설명하고 기업이 해외투자를 단행할 때 소유권전략을 결정하는 요인들에 대하여 기술하라.

07 해외투자기업체에 대한 '소유권'과 '경영통제권'의 관계에 대하여 설명하라.

08 국제 기업합병 · 인수(M&A)의 단점에 대하여 설명하라.

Chapter

17 글로벌 통합/조정과 현지화

The Global Corporation

제 1 절 글로벌화와 현지화

기업이 해외 진출을 확대하여 전세계시장을 무대로 글로벌경영을 하게 되는 경우에는 기본적으로 두 가지의 서로 상반된 목표를 가지게 된다.

우선 20세기 말부터 정보 및 통신기술이 급속하게 발달하고, 사람과 물자 및 자본의 국가 간 이동이 활발해지는 소위 글로벌라이제이션 현상이 전세계적으로 확산됨에 따라 산업과 경쟁에서도 글로벌화의 추세가 나타나고 있다. 즉, WTO 체제하에서 국가 간 무역장벽이 무너지고 있으며 전세계적으로 소비자의 수요가 점차 동질화되어가고 있고 생산과 연구개발 등의 측면에서 규모의 경제가 매우 중요해지고 있다.

그러므로 글로벌경영을 하는 기업은 비용측면에서 경쟁우위를 가지기 위하여 한 곳에 생산시설을 집중시키고 대량생산을 함으로써 규모의 경제를 달성하여 낮은 비용으로 전세계시장으로 수출하는 방식의 전략을 채택할 필요성을 느끼게 된다. 특히 전세계적으로 소비자들의 기호가 동질화되어 감에 따라 표준화된 제품을 대량으로 생산하는 산업(예를 들면, 전자제품 산업)의 경우 이러한 글로벌화의 필요성이 더욱 크다고 할 수 있다. 그리고 생산과 연구개발에서 규모의 경제가 크게 나타나는 산업(예를 들면, 자동차 산업)의 경우에도 많은 국가에 생산시설을 가지는 것 보다 소수의 국가에 생산시설을 집중함으로써 보다 높은 효율을 얻을 수 있으므로 글로벌화의 필요성이 크게 제기된다고 할 수 있다.

그러나 다른 한편으로는 글로벌경영을 하는 기업은 각국의 서로 다른 지역적, 문화적 특성에 맞추어 차별화된 제품을 생산하여 각국별로 다양한 소비자의 수요를 만족시켜야 될 필요성을 느낀다. 즉, 각국간의 지역적, 문화적 환경의 차이는 기업에게 현지국 소비자들의 요구에 민감하게 대응하기 위하여 현지국에 생산시설 및 연구개발조직을 배치하는 적극적인 현지화 전략을 취하도록 요구한다.

또한 생산시설을 한 지역에 집중시키고 다른 지역으로 수출하는 방식은 환율이 불리하게 변동할 경우에는 상당한 어려움에 처하게 되는 약점을 지니게 된다. 그리고 최근 들어 국가간 무역장벽이 낮아지는 추세가 나타나고 있지만 아직도 많은 나라들이 보호무역장벽을 유지하고 있으며 각국간에 무역분쟁이 발생할 가능성이 상당히 높은 것이 사실이다. 따라서 이러한 환율변동위험과 보호무역주의에 대한 근본적인 대책은 세계 각국에 생산시설을 확보하여 적극적인 현지화를 하는 방법이다.

이와 같이 글로벌경영을 하는 기업은 한편으로는 글로벌화 그리고 다른 한편으로는 현지화라는 서로 상반된 전략적 목표를 동시에 달성해야 하는 근본적인 딜레마를 안고 있다고 할 수 있다.

제 2 절 다국적기업의 유형

Perlmutter(1969)는 다국적기업의 본사와 해외자회사의 관계에 따라 다국적기업을 다음의 세 가지 유형으로 구분하였다.[1)]

첫째, 본국중심주의는 다국적기업의 본사가 주요 의사결정권을 장악하고 본사의 경영방침과 경영시스템을 획일적으로 해외자회사에 적용하는 유형이다. 본사의 인사정책과 성과평가기준이 획일적으로 해외자회사에 적용되며 본사에서 파견 나온 직원이 의사결정을 주도하고 이들이 주로 승진하게 된다. 이 유형의 단점은 자회사의 자율성을 박탈함으로써 현지 실정에 맞는 자회사 운영이 어렵고 자회사 직원들의 창의력을 기대하기 어렵다는 점이다.

둘째, 현지중심주의는 다국적기업의 본사가 대부분의 의사결정을 현지 사정에 밝은 현지경영자에게 위임하고 현지경영자가 현지실정에 맞는 방법으로 자회사를 운영하도록 하는 유형이다. 이 유형의 가장 커다란 단점은 본사와 자회사 또는 자회사끼리의 정보교환과 의사소통이 별로 일어나지 않고 각 자회사가 거의 독립적으로 운영되므로 전세계적인 전략의 수립과 실행이 어렵다는 점이다.

셋째, 세계중심주의는 다국적기업의 본사가 세계를 하나의 단위로 파악하고 전략을 수립하지만 이 전략을 각 국가에 수행하기 위해서 현지자회사는 현지의 환경에 알맞는 현지화 전략을 수립하는 유형이다. 본사와 해외자회사는 쌍방향의 정보교환과 의사소통을 자주 하고 상호의존적인 구조를 가지며 해외자회사가 일부 사업 분야에서 주도적인 입장을 취할 수 있다.

---

1) H. V. Perlmutter, "The Tortuous Evolution of the Multinational Corporations," *Columbia Journal of World Business*, January-February 1969, p 12.

한편, Porter는 기업활동을 어떻게 전세계에 배치(Configuration)할 것인가와 전세계에 배치된 활동을 어떻게 조정(Coordination)할 것인가의 문제로 기업의 글로벌전략의 유형을 제시하였다.[2)]

첫 번째 유형은 기업활동의 배치가 지역적으로 집중화되어 있고 기업의 전세계적인 활동을 본사에서 통제하는 단순한 형태의 글로벌 전략(Simple Global Strategy)이다. 이 유형은 본사 중심의 시각과 전략을 중시하는 즉, 글로벌 통합(Global Integration)과 조정(Coordination)을 강조하는 방식이다. 이 방식의 장점은 세계 전체 시장을 동일한 성격의 시장으로 인식하면서 일관된 글로벌 전략을 수행할 수 있고 기업 활동의 여러 분야에서 규모의 경제 효과를 누릴 수 있게 됨에 따라 비용을 절감할 수 있다. 이러한 전략을 수행해 온 기업의 대표적인 예로는 일본의 Matsushita를 들 수 있다. 주로 일본 또는 한국의 기업들이 주요지역에 소수의 자회사를 설치해 두고 이러한 소수의 자회사를 본사가 강력하게 통제하는 전략을 구사해온 것으로 알려져 있다.

두 번째 유형은 각국에 자회사를 설립해두고 자회사의 운영은 자회사가 책임지고 알아서 하는 방식으로 본사와 자회사간에 긴밀한 협조관계가 없는 국가별전략(Multidomestic Strategy)이다. 즉, 기업활동의 배치가 전세계적으로 분산되어 있고 본사가 통제와 조정을 별로 하지 않는 방식을 말한다. 이 유형은 해외 현지자회사가 필요에 따라 현지국 실정에 맞는 전략을 수행하는 방식으로서 현지국 여건에 따른 적절한 대응(Local Responsiveness)을 강조함으로써 기업활동의 현지화를 달성할 수 있도록 한다. 전통적으로 Philips, Nestle 등과 같은 유럽계 기업들과 GM과 같은 일부 미국 기업들이 이러한 전략을 구사해왔다.

세 번째 유형은 세계 여러 지역에 자회사를 설립하여 기업활

2) M. E. Porter, *Competition in the Global Industries* (Boston, M.A.: Harvard Business School Press, 1986).

동의 배치는 지역적으로 분산되어 있지만 본사가 강력한 통제와 조정을 함으로써 이들을 하나의 기업으로 묶는 형태이다. 최근 들어 여러 산업에서 공통적으로 나타나는 현상은 많은 기업들이 이러한 초국적기업(Transnational Corporation)을 지향하여 발전하고 있다는 점이다.

예를 들어, 자동차산업에서 일본의 Toyota, Honda는 과거 일본에서 생산하여 수출하는 형태로 세계시장에 진입하면서 단순한 글로벌 전략(Simple Global Strategy)을 추구하였지만 환율의 변화에 따른 가격경쟁력의 약화 및 보호무역장벽을 뛰어넘기 위하여 해외직접투자를 활발히 전개하여 전세계에 생산시설을 늘려가고 있다. 반면에 GM, Ford 등 미국의 자동차 기업들은 과거에는 세계 여러 나라에 설치해 놓은 자회사들 간에 긴밀한 조정과 협조가 없이 국가별전략(Multidomestic Strategy)을 추구했지만 경쟁력이 없는 해외 공장의 수를 축소하고 각국의 생산공장들을 통합적으로 운영할 수 있도록 조정능력을 강조하고 있다.

한편, 가전산업에 있어서도 일본의 Matsushita는 과거에는 일본에서 생산하여 수출하면서 전세계적인 활동을 본사가 강력하게 통제하는 단순한 글로벌전략(Simple Global Strategy)을 구사했지만 점차 세계 여러 나라에 생산시설을 늘려가고 있다. 반면에 네델란드의 Philips는 과거에는 해외자회사가 책임지고 자신의 실정에 알맞게 현지운영을 하는 국가별전략(Multidomestic Strategy)를 추구했지만 점차 본사의 주도하에 자회사간의 조정기능을 확대하고 있다.

기업이 글로벌 경영활동을 확대해 갈 때 자신의 기업문화, 사업 및 제품 특성 등을 고려하여 위에서 언급한 두 가지 측면, Global Integration과 Local Responsiveness 중 어느 것을 더 강조할 것인가 아니면 이 두 가지 측면을 어떻게 조화를 이루어 Transnational Corporation으로 발전해 갈 것인가를 결정해야 할

그림 17-1 글로벌경쟁전략의 유형

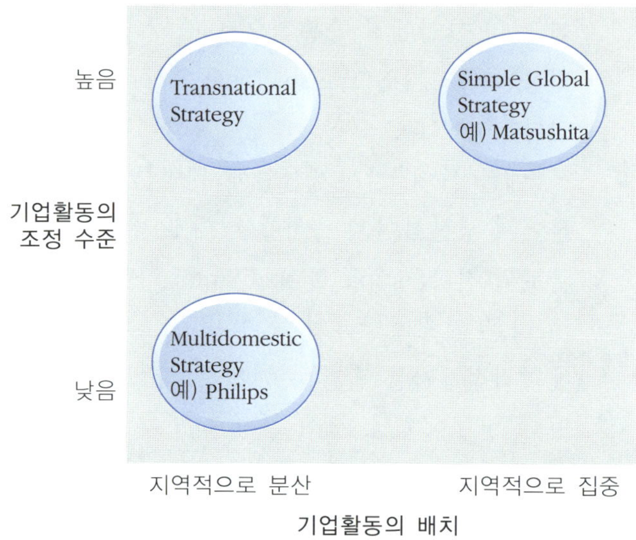

것이다.

제 3 절 글로벌 통합/조정 메커니즘

글로벌 기업은 여러 가지 다각화된 제품별 사업부를 가지고 있으며 또한 세계 각국에 많은 자회사를 두고 있다. 따라서 글로벌 기업은 본사와 자회사 간의 원활한 의사소통과 정보교환을 바탕으로 본사가 해외자회사들을 효과적으로 통합(integration)할 수 있어야 하며 또한 자회사들 간의 조정(coordination)이 제대로 이루어질 수 있도록 해야 한다.

1. 자회사의 역할과 통제메커니즘

일반적으로 본사와 해외자회사간의 통합은 본사가 인적 자원, 기술력, 자금 등의 기업자원을 활용하여 자회사에 대한 통제(control)를 가하는 방식으로 행해진다. 그러나 개별 자회사들은 글로벌기업에게 서로 다른 역할을 하고 있으므로 본사는 개별 자회사의 역할을 고려하여 적절한 통제 메커니즘을 적용해야 할 것이다.

Bartlett과 Ghoshal은 다국적기업의 자회사의 역할을 현지국시장의 전략적 중요성과 현지국 자회사의 핵심역량에 따라 [그림 17-2]에서 보는 바와 같이 전략적 리더(strategic leader), 공헌자(contributor), 실천자(implementer), 블랙홀(black hole)의 네 가지로 분류하였다.[3)]

첫째, 전략적 리더는 전략적으로 중요한 시장에 위치하고 있으면서 높은 수준의 핵심역량을 가지고 있는 자회사를 의미한다. 이 경우 자회사는 본사에 종속되어 있다고 하기보다는 본사의 파트너로서 시장상황의 변화를 빨리 포착하고 그에 따른 기회와 위험을 분석함으로써 글로벌기업의 전반적인 전략의 수립과 실행에 중요한 역할을 한다. 전략적 리더에게는 현지시장의 중요성과 높은 수준의 핵심역량에 걸맞은 권한을 부여하고 경영자원에 대한 지원을 아끼지 말아야 한다.

둘째, 공헌자는 시장규모가 작거나 전략적으로 중요하지 않은 시장에 위치하고 있지만 상당히 높은 수준의 핵심역량을 보유하고 있는 경우를 말한다. 이러한 자회사는 자신이 보유하고 있는 핵심역량을 활용하여 새로운 기술, 부품, 제품 등을 개발함으로써 글로벌기업 전체에게 많은 공헌을 할 수 있으므로 이 경우 본사의

---

3) Christopher Bartlett and Sumantra Ghoshal, "Tap Your Subsidiaries for Global Reach", *Harvard Business Review*, November-December, 1986.

역할은 공헌자가 보유하고 있는 핵심역량을 기업 전체의 입장에서 활용할 수 있도록 하는 것이다. 단순히 전략적으로 중요하지 않은 시장에 위치하고 있다는 이유만으로 본사가 공헌자에게 경영자원을 적게 투입한다면 그 자회사가 가지고 있는 역량을 충분히 발휘하지 못하게 될 것이므로 본사는 공헌자에게 충분한 경영자원을 지원하고 그에 따른 책임과 권한을 부여해야 한다. 과거 스웨덴 기업인 Ericsson사가 디지털형 원거리 통신교환시스템을 개발할 당시 탁월한 기술적 능력을 확보한 오스트레일리아 자회사가 매우 중요한 역할을 수행하였다.

셋째, 실천자는 전략적으로 중요하지 않은 시장에 위치하고 있고 보유하고 있는 핵심역량의 수준도 낮은 경우를 의미한다. 이 경우 자회사는 자신의 핵심역량이 낮으므로 시장의 중요한 정보를 접하지 못하기 때문에 글로벌기업의 전략을 수립하는 데 별로 기여를 하지 못하며 시장의 잠재력도 제한되어 있으므로 주로 판매기능을 중심으로 현지시장에서 매출과 수익을 증가시키는 것을

그림 17-2 다국적기업 자회사의 역할

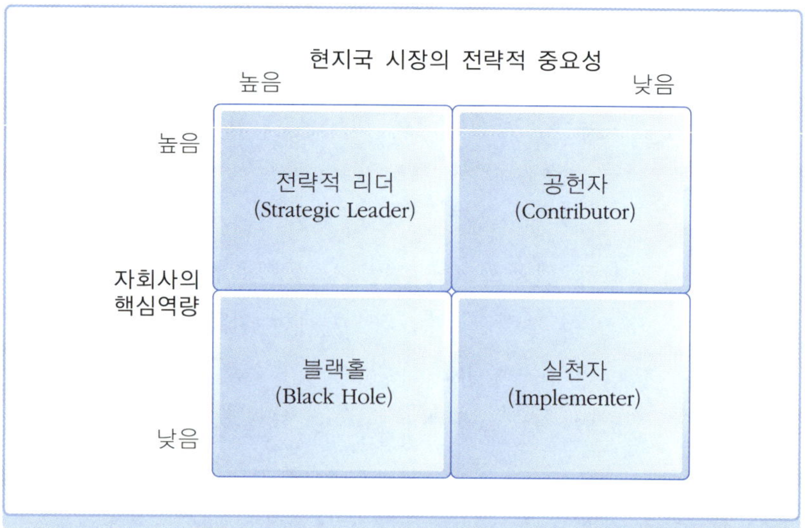

목표로 한다. 그러나 실천자의 역할을 과소평가해서는 안 된다. 일반적으로 글로벌기업의 주요 매출은 실천자 역할을 하는 자회사로부터 발생하므로 실천자는 글로벌기업이 운영되고 확장되는데 필요한 자금을 만들어내는 중요한 임무를 띠고 있다. 실천자는 글로벌기업이 범세계적 전략에 매우 중요한 규모의 경제(economies of scale)와 범위의 경제(economies of scope)를 얻을 수 있도록 도와준다. 따라서 본사는 강력한 통제력을 발휘하여 실천자에게 그 제품들의 판매에 있어서 경제성과 효율성을 강조함으로써 규모와 범위의 경제성을 충분히 활용할 수 있도록 해야 한다.

마지막으로 블랙홀은 현지시장의 중요성은 높지만 끊임없이 경영자원을 투입해도 핵심역량을 개발하지 못하는 자회사를 말한다. 과거 일본에서의 Philips사, 미국에서의 Ericsson사 그리고 독일에서의 Matsushita사의 경우가 여기에 해당한다고 할 수 있다. 이러한 블랙홀에서 탈출하기 위한 한 가지 방법으로 강력한 현지국 기업과의 전략적 제휴를 고려할 수 있다. 즉, 높은 수준의 핵심역량을 보유하고 있는 현지국 기업과의 전략적 제휴를 통하여 그 기업의 핵심역량을 전수받음으로써 블랙홀에서 탈피하여 전략적 리더의 역할을 할 수 있는 자회사로의 변신을 도모하는 것이다. 미국에서 Ericsson사와 Honeywell사의 합작투자가 바로 그러한 시도였다고 할 수 있다.

2. 글로벌기업의 조직구조

산업혁명 이후 대량생산시스템이 발달함에 따라 기업들은 생산부, 영업부, 구매부 등 각 기능별로 분화를 하게 되었고 이에 따라 각 기능을 책임지는 책임자들이 나타나게 되었으며 이러한 기능부서들을 최고경영자가 총괄하는 기능별 조직구조가 자리를 잡게 되었다. 그러나 1930년대부부터 기업들이 제품별 다각화와 지역별 다각화를 추구함에 따라 대규모 기업들은 점차 과거의 기능별 조직구조를 탈피하고 사업부제 조직구조를 채택하기 시작하였다.[4)]

미국의 경우 자동차 생산업체인 GM은 Pontiac, Oldsmobile, Cadillac 등 제품별로 독립적인 사업부를 만들어 이들 개별 사업부가 자신이 담당하는 제품의 생산, 영업, 연구개발, 인사관리와 같은 기능을 독립적으로 수행할 수 있도록 하였다. 한편 백화점 업체인 Sears는 지역별로 점차 다각화를 하면서 각 지역 내의 모든 활동은 그 지역을 담당하고 있는 사업부에서 모두 담당하도록 하는 지역별로 조직화된 구조를 갖추었다. 이와 같은 사업부제 조직구조에서는 하나의 사업부가 기능별 조직구조를 가지는 하나의 작은 회사의 형태를 가진다고 볼 수 있다.[5)] 그리고 최고경영자는 개별 사업부서장에게 개별 사업부의 일상적 의사결정을 위임하고 최고경영자 자신은 보다 중요하고 큰 전략적 의사결정에만 전념할 수 있게 된다.

기업들이 수출을 확대하고 해외 진출을 시도하는 등 국제화를 추구함에 따라 기존의 사업부제 조직구조에 국제사업부를 추가한 형태의 조직구조가 나타나게 되었다. 국제사업부는 해외영업활동 전반을 관장하게 되며 조직상으로는 국내사업부와 동등한 위치에 놓인다. 또한 국제사업부는 다시 지역별로 북미지역, 유럽지역 등 더 세분화된 부서를 두고 각 지역을 담당하는 관리자가 그 특정 지역의 경영활동에 대하여 책임을 지게 된다. 그러나 이러한 국제사업부제 조직구조는 기업의 주요 의사결정이 국제사업부보다는 국내사업부 위주로 이루어지기 때문에 국제적인 판매와 이익의 비중이 높지 않은 기업에게 적합한 조직구조라고 할 수 있다.

---

4) A. D. Chandler, *Strategy and Structure* (Cambridge: MIT Press, 1962).

5) J. M. Stopford and L. T. Wells, *Managing the Multinational Enterprise* (New York: Basic Books, 1972).

그러나 국제화가 상당한 수준으로 진척되어 기업이 전세계시장을 상대로 글로벌경영을 하게 되면 국제사업부제 조직으로는 감당하기가 어려워지며 글로벌 조직구조가 필요하게 된다. [그림 17-3]은 글로벌기업의 경우 제품별 사업부와 지역별 사업부가 어떻게 구성되어 있는가를 보여주고 있다.

글로벌기업의 경우 제품별 사업부제 조직은 제품그룹별로 구성된 각 제품사업부가 전세계를 대상으로 해당 제품에 대한 모든 활동을 계획, 통제, 관리하는 조직구조로서 제품별 다각화전략을 추구하는 기업들이 주로 채택한다. 따라서 제품별 사업부제 조직은 각 제품에 대한 기술과 생산시설을 가장 효과적으로 활용할 수 있는 조직형태라고 할 수 있다. 즉, 각 제품과 관련된 기술의 특성을 효율적으로 활용하고 표준화된 제품을 대량생산함으로써 규모의 경제를 활용하고자 하는 조직형태라고 할 수 있다.[6] 그러므로 제품별 사업부제 조직은 앞에서 이미 언급한 Global Integration을 강조하는 기업의 조직구조로 적합하다고 할 수 있다.

반면 글로벌기업의 경우 지역별 사업부제 조직은 지역별로 편성된 각 지역사업부의 담당자가 담당 지역 내의 모든 활동에 대한 책임과 권한을 가지는 조직구조로서 각 지역 소비자들의 서로 다른 수요 특성을 반영하기 위하여 각 지역마다 생산시설을 갖추고 개별 제품을 변형하여 소비자의 수요에 최대한으로 적응하기 위한 조직형태라고 할 수 있다.[7] 그러므로 지역별 사업부제 조직은 Local Responsiveness를 강조하고자 하는 기업의 경우에 적합한 조직구조라고 할 수 있다.

---

6) W. H. Davidson and P. Haspeslagh, "Shaping a Global Product Organization," *Harvard Business Review*, March-April 1982.

7) S. M. Davis, *Managing and Organizing Multinational Corporations* (New York: Pergamon Press, 1979).

그림 17-3 제품별 사업부제 조직구조와 지역별 사업부제 조직구조(글로벌기업의 경우)

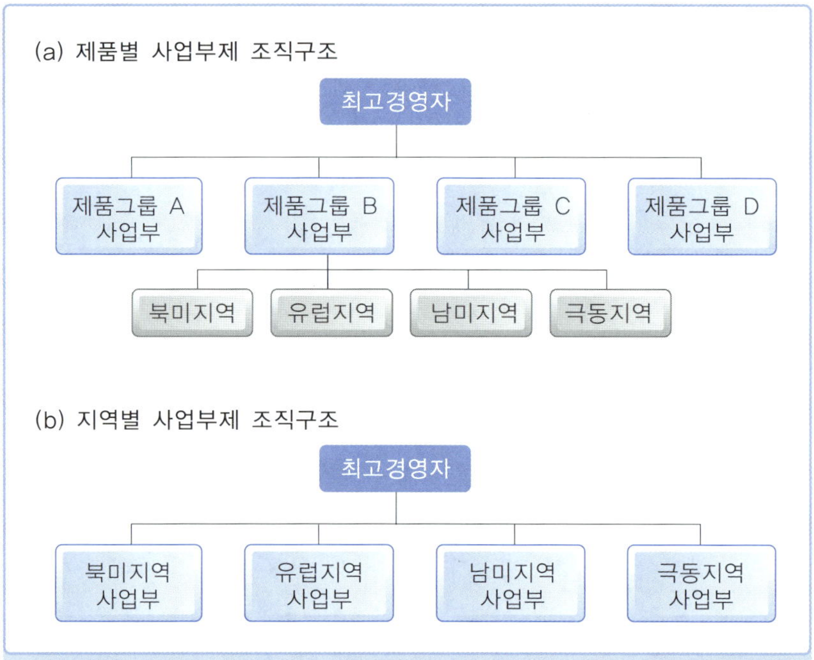

만약 글로벌기업이 한편으로는 세계 여러 지역에 자회사를 설립하여 기업활동의 배치가 지역적으로 분산되어 있지만 다른 한편으로는 본사의 통합과 조정의 필요성이 높은 경우에는 매트릭스조직과 같은 공식적인 조직구조를 활용하여 통합과 조정이 조직적으로 이루어지도록 할 수 있다.

[그림 17-4]는 매트릭스조직이 어떻게 구성되어 있는지를 보여주고 있다. 매트릭스조직은 기업을 크게 두 개의 차원 즉, 제품차원과 지역차원으로 나누어서 조직의 구성원들이 제품과 지역 양쪽에 모두 속하도록 만들고 제품적 측면과 지역적 측면에 모두 관심을 가지도록 하고자 탄생된 조직구조라고 할 수 있다. 다시 말하자면 매트릭스조직은 제품별 사업부제 조직이 추구하는 제품과 기술을 효과적으로 활용하고자 하는 노력과 지역별 사업부제

그림 17-4 매트릭스조직

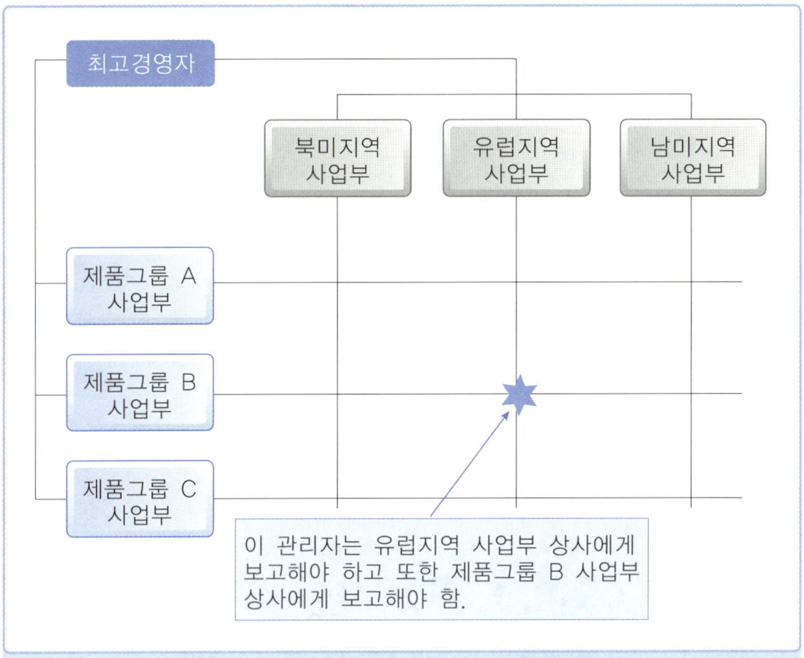

조직이 추구하는 각국 소비자의 수요 특성에 적극적으로 대응하고자 하는 노력을 모두 포함하는 조직형태라고 할 수 있다. 그러므로 매트릭스조직은 조직의 구성원들이 제품별 사업부제 조직이 추구하는 Global Integration과 지역별 사업부제 조직이 추구하는 Local Responsiveness에 모두 관심을 가질 수 있도록 조직을 체계화 한 노력의 결과 탄생한 조직구조라고 할 수 있다. 매트릭스조직을 성공적으로 정착시킨 대표적인 예로는 ABB(Asea Brown Boveri)사를 들 수 있다

그러나 매트릭스조직은 커다란 단점을 가지고 있는데 그것은 혼란스러운 구조라는 점이다.[8] 위에서 언급한 바와 같이 매트릭

8) Christopher Bartlett and Sumantra Ghoshal, "Matrix, Not a Structure But a Frame of Mind," *Harvard Business Review*, July-August, 1990.

스조직은 기업을 크게 제품차원과 지역차원으로 나누어서 조직의 구성원들이 제품과 지역 양쪽에 모두 속하도록 만든 조직이다. 따라서 조직의 중간관리자는 제품별 상급관리자와 지역별 상급관리자에게 보고를 해야 하고 또한 이 두 상급관리자로부터 지시를 받아야 하므로 이 두 상급관리자 사이에서 갈등을 겪게 될 가능성이 매우 크다고 할 수 있다. 이러한 혼란스러움 때문에 실제로 매트릭스조직을 시도했던 기업들 중 일부 기업들은 매트릭스조직을 포기하고 앞에서 이미 언급한 글로벌 제품별 사업부제 조직을 채택하였다.

연 습 문 제

01 글로벌전략의 유형을 첫째, Simple Global Strategy, 둘째, Multidomestic Strategy, 셋째, Transnational Strategy로 나누어 설명하라.

02 다국적기업의 자회사의 역할을 전략적 리더(strategic leader), 공헌자(contributor), 실천자(implementer), 블랙홀(black hole)의 네 가지로 나누어 설명하라.

03 글로벌기업의 경우 제품별 사업부제 조직구조와 지역별 사업부제 조직구조를 비교하여 설명하라.

04 매트릭스조직의 장점과 단점은 각각 무엇인가?

제 5 부

글로벌 경영 사례

Chapter

18

The Global Corporation

경영문제 해결과정과 사례분석 방법

1. 경영문제 해결과정

기업경영과 관련된 문제를 해결하고자 함에 있어서 한 가지 우리가 유의해야 할 사실은 의사결정 또는 선택 행위는 다음과 같은 일반적인 문제 해결과정의 일부분이라는 점이다. Simon은 다음과 같이 3 단계로 구성된 경영문제 해결과정을 제시하였다.[1)]

경영문제 해결의 첫째 단계는 정보수집(Intelligence) 단계로서 기업의 환경과 상황에 대한 정보를 수집함으로써 의사결정이 요구되는 문제가 무엇인지를 파악하는 단계이므로 문제 확인(Problem Identification) 단계라고도 부른다. 경영문제 해결의 둘째 단계는 설계(Design) 단계로서 문제 해결방안들을 도출하고 평가하는 단계이다. 그리고 경영문제 해결의 마지막 단계는 의사결정 또는 선택(Choice) 단계로서 도출된 문제 해결방안들 중에서 특정 방안(들)을 선택하는 단계이다.

Simon이 이와 같은 3 단계 경영문제 해결과정을 제시한 이유는 경제학 이론에 근거한 기존의 경영문제 해결모형들이 세 가지 비현실적인 가정들에 기초하고 있다고 믿었기 때문이다. 즉, 기존의 경영문제 해결방안들은 첫째, 의사결정이 요구되는 문제와 문

1) H. A. Simon, *The New Science of Management Decision*, Harper and Bros., New York, 1960.

제 해결방안들이 완전히 알려져 있으며, 둘째, 문제 해결방안들을 실행에 옮길 경우의 결과도 완전히 알려져 있고, 셋째, 의사결정 주체의 효용함수(Utility System)가 알려져 있기 때문에 문제 해결 방안들과 그 결과에 대하여 효용함수를 적용함으로써 최선의 선택이 가능하다고 가정하고 있는데 Simon은 그러한 가정들이 상당히 비현실적이라고 판단하였다.

사실상 현실세계에서는 문제가 무엇인지 주어지지 않거나 분명하지 않은 경우가 대부분이고, 문제 해결방안들도 항상 분명한 것은 아니며, 문제 해결방안들을 실행에 옮길 경우의 결과도 거의 대부분 확실하게 알려져 있지 않다고 할 수 있다. 또한 현실세계에서는 문제 해결방안들 중에서 특정 방안을 선택하는 작업도 한 가지 판단 기준에 의해서만 행해지기는 불가능한 경우가 많다고 할 수 있다.

또한, 의사결정이 체계적인(structured) 경우와 비체계적인(unstructured) 경우를 구분할 필요가 있다고 할 수 있다. 의사결정이 체계적인 경우에는 결론에 도달하는 과정이 이미 정립되어 있지만 비체계적인 경우에는 과거에 선례가 없는 새로운 의사결정이기 때문에 비체계적 의사결정을 위해서는 특정 문제의 구체적 내용을 많이 아는 것보다 일반적인 문제 해결 경험이 훨씬 더 중요하다고 할 수 있다.

그리고 체계적인 의사결정의 경우에는 일반적으로 위에서 언급한 Simon의 경영문제 해결의 3 단계 중 마지막 단계인 의사결정 또는 선택 단계에 초점이 모아지는 반면 첫째 단계인 정보수집 단계와 둘째 단계인 설계 단계는 관심을 받지 못하게 된다. 반면에 비체계적인 의사결정의 경우에는 의사결정 단계뿐만 아니라 정보수집 단계(즉, 문제 확인 단계)와 설계 단계(즉, 문제 해결방안 도출 및 평가 단계)도 매우 중요해진다고 할 수 있다.

어느 조직을 막론하고 최고경영층에 속하는 사람들은 다른 사람들에 비하여 당면한 문제가 무엇인지를 파악하는 능력(문제 확인 능력)과 문제에 대한 해결방안들을 도출하는 능력이 탁월하다고 할 수 있다. 반면에 도출된 문제 해결방안들 중에서 특정 방안(들)을 선택하는 작업은 일반적으로 실무진에 의해 행해지는데 이들은 예를 들어, 자본예산편성(capital budgeting)과 같은 잘 알려진 기법을 활용하여 그러한 작업을 수행한다.

그러므로 기업경영과 관련된 문제를 해결하기 위해서는 문제가 무엇인지 분명하지 않으며, 문제 해결방안들도 분명하지 않고, 문제 해결방안들을 실행에 옮길 경우의 결과도 확실하지 않은 상황에서 문제를 해결할 수 있는 능력을 확보하는 것이 매우 중요하다고 할 수 있다. 또한 과거에 선례가 없는 새로운 의사결정 즉, 비체계적 의사결정을 제대로 할 수 있어야 하므로 특정 문제의 구체적 내용을 많이 아는 것보다 일반적인 문제 해결 경험을 충분히 가지는 것이 더 중요하다고 할 수 있다.

이제 다음에서는 Simon이 제시한 경영문제 해결의 3단계 과정을 보다 구체적으로 살펴보기로 한다. 즉, 경영문제 해결의 첫째 단계인 정보수집(Intelligence) 단계와 둘째 단계인 설계(Design) 단계 그리고 마지막 단계인 선택(Choice) 단계를 보다 세부적으로 살펴보기로 한다.

우선 정보수집(Intelligence) 단계는 첫째, 조직의 목표(Organizational Objectives)를 확인하는 작업에서 출발해야 한다. 기업의 경영과 관련하여 문제가 발생한다는 것은 현재의 상황이 불만족스럽다는 것을 의미하므로 조직 또는 조직의 구성원들이 원하는 바가 무엇인가를 확실히 파악하는 것이 중요하다고 할 수 있다. 이렇게 파악된 조직의 목표는 현재의 상황이 목표에서 이탈되었을 때 다시금 돌아가야 하는 지표의 역할을 함으로써 일종의 통제(control) 기능을 한다고 할 수 있다.

둘째, 조직의 목표를 파악하였다고 하더라도 발생한 문제를 확인하기 위해서는 정보와 자료를 수집하는 절차(Search and Scanning Procedures)가 수행되어야 할 것이다. 예를 들어, MIS(Management Information System)을 활용하거나 계량적 지표를 사용하여 현재의 상황을 정확히 파악하고 이를 조직의 목표와 비교함으로써 발생한 문제점을 확인할 수 있을 것이다.

셋째, 의사결정이 요구되는 문제가 무엇인지를 파악하는 문제 확인(Problem Identification)이야말로 경영진의 주요 책무라고 할 수 있다. 문제 확인이 제대로 이루어져야 그 부분에 조직의 자원이 투입될 것이므로 최고경영층의 문제 확인 능력이 조직의 성패를 좌우하게 되는 경우가 많이 있다.

넷째, 문제 확인이 제대로 이루어졌다고 하더라도 확인된 문제를 정확히 말로써 정의(Problem Statement)하는 것이 중요하다. 문제를 말로써 정의하는 과정을 통해 복잡하게 여겨지는 문제를 몇 가지 부분 또는 이슈로 나누어서 분석할 수 있음을 발견하게 되는 경우가 많이 있다. 이와 같이 문제를 정확하게 정의하게 되면 그 해결방안을 찾는데도 상당한 도움을 줄 뿐 아니라 조직 구성원 간의 의사소통에도 커다란 도움을 주게 된다.

경영문제 해결의 둘째 단계인 설계(Design) 단계는 다시 문제 해결방안들을 도출(Definition of Alternative Solutions)하는 작업과 도출된 해결방안들을 평가(Evaluation of Alternatives)하는 작업으로 나눌 수 있다.

첫째, 문제 해결방안들을 도출하는 작업은 정형화된 틀을 따라서 진행한다기보다는 일종의 예술적 작업이라고 할 수 있다. 그 어느 조직에 있어서도 이 작업을 제대로 수행할 있는 능력은 매우 중요한데 이 문제 해결방안 도출 능력은 경험에 의해서 향상될 수 있다고 할 수 있다.

둘째, 도출된 문제 해결방안들을 평가하는 작업이야말로 문제 해결을 위한 의사결정의 출발점이라고 보는 견해도 많이 있다. 문제 해결방안들을 평가하는 작업에 도움을 주는 많은 이론들이 개발되어 있으며 사실 경영학 교육의 많은 부분이 문제 해결방안들의 평가를 위한 이론과 방법의 개발에 할애되고 있다고 해도 과언이 아니다.

경영문제 해결의 마지막 단계인 선택(Choice) 단계는 다시 도출된 문제 해결방안들 중에서 특정 방안을 선택하는(Selection of Alternative) 일과 구체적인 집행계획(Plan of Action)을 마련하는 일 그리고 통제 시스템(Control System)을 확보하는 일로 나눌 수 있다.

첫째, 도출된 여러 가지 문제 해결방안들 중에서 특정 방안을 선택한다는 것은 둘째 단계에서 행하는 평가 작업의 당연한 결과라고 할 수 있다. 그러나 특정 방안을 선택하는 과정에서 특히 중요한 점은 선택된 문제 해결방안의 문제해결 잠재력도 높아야 하지만 과연 그 조직이 선택된 문제 해결방안을 제대로 집행할 수 있는 능력을 확보하고 있는지도 역시 고려해야 한다. 아무리 훌륭한 문제 해결방안이라고 하더라도 만약 그 조직이 그 방안을 제대로 집행할 수 있는 능력을 확보하고 있지 못하다면 문제 해결에 도움을 주지 못할 것이기 때문이다.[2)]

둘째, 특정 방안이 선택되면 그 방안에 대한 구체적인 집행계획(Plan of Action)이 마련되어야 한다. 즉, 구체적인 집행계획은 조직 구성원들이 분명히 이해할 수 있도록 글로써 표현되는 것이 바람직하며 누가, 무엇을, 언제, 어떻게 해야 할 것인가를 구체적으로 나열해야 하고 거기에 따르는 비용은 얼마나 될 것인가도 언급되어야 한다.

셋째, 선택된 특정 방안이 집행됨에 따라 문제가 과연 해결되었는가를 확인할 수 있는 기업의 목표와 관련된 분명한 기준 또는

2) N. L. Enrick and B. L. Myers, "A Structured Approach for Case Methodology in the Business Policy Course," *Decision Sciences*, Vol. 2, 1971, pp. 111-122.

표 18-1 경영문제 해결과정 (Problem Solving Sequence)

I. 정보수집단계 (Intelligence Phase)
  1. 조직 목표(Organizational Objectives)의 확인
  2. 정보 및 자료 수집(Search and Scanning Procedures)
  3. 문제의 확인(Problem Identification)
  4. 문제의 정의(Problem Statement)

II. 설계단계 (Design Phase)
  5. 문제해결방안들의 도출(Definition of Alternative Solutions)
  6. 문제해결방안들의 평가(Evaluation of Alternatives)

III. 선택단계 (Choice Phase)
  7. 특정 문제해결방안의 선택(Selection of Alternative)
  8. 구체적인 집행계획(Plan of Action)의 마련
  9. 통제 시스템(Control System)의 확보

지표가 필요하다. 기업의 경영자는 특정 시점에서의 자료 또는 정보를 이러한 기준 또는 지표와 대조함으로써 문제 해결 여부를 판단할 수가 있게 된다. 만약 문제가 해결되지 않았다면 경영문제 해결과정의 첫 단계로 다시 돌아가야 할 것이다. 이와 같이 경영문제 해결과정이 제대로 작동하고 있는지의 여부를 판단하고 필요하다면 추가적인 조치를 취할 수 있는 통제 시스템(Control System)을 확보하는 것이 매우 중요하다.

2. 사례분석 방법(The Case Method)

사례분석 방법은 법학, 의학 및 경영학 등의 분야에서 채택되어 광범위하게 사용되는 교육방식 중의 하나라고 할 수 있다. 법학 및 의학 분야에서는 사례의 사실적, 역사적 측면이 강조되며 기억되어야 할 하나의 선례로서 지침의 역할을 하게 된다. 경영학 교육에서도 사례가 특정 상황에서 기억되어야 할 사실의 역할을 하기도 하지만 그 보다는 기업경영의 중요한 분야와 관련된 문제

해결 능력을 개발하기 위하여 활용되는 경우가 더 많다고 할 수 있다.

경영학 교육에서 사례분석을 활용하는 목적은 학생들로 하여금 문제해결자(problem-solver) 또는 의사결정자(decision-maker)의 역할을 하도록 만드는 것이며 사례에 제시된 사실들을 활용하여 문제해결자가 문제를 정확하게 확인(Problem Identification)하고 올바른 해결방안을 선택(Choice)하도록 하는 데 있다. 경영학 교육에서 강의(lecture) 방식이 이론을 전파하고 바람직한 경영 실무를 소개하는 데 적합하다고 한다면 사례분석 방법(case method)은 학생들을 현실세계에서의 경영자의 역할을 해보도록 유도한다는 측면에서 크게 차이가 난다고 할 수 있다.

사례분석 방법이 교육 목적을 제대로 달성하기 위해서는 사례가 기업경영과 관련된 복잡한 상황을 제시함으로써 현실세계의 의사결정자가 처하는 상황과 유사한 상황 하에서 학생들이 문제해결에 관하여 배울 수 있는 기회를 가질 수 있도록 해야 한다.

사례분석이 제대로 이루어지면 사례분석 결과를 보고서 형태(written presentation)로 제출하거나 또는 구두 발표(oral presentation)를 하게 될 것이다. 앞 절에서는 경영문제 해결의 인식적 과정(cognitive process)을 강조하였지만 여기서는 보다 구체적인 사례분석 결과의 전달(communication) 또는 보고(reporting)에 관하여 살펴보기로 한다. 즉, 일반적으로 경영학에서 많이 활용되는 사례분석 결과 전달의 틀을 소개하면 [표 18-2]와 같다.

사례분석 결과의 전달에 있어서 첫째 단계는 정보 및 자료 수집 (Search and Scanning) 단계이다. 이 단계에서는 사례의 내용을 면밀히 검토하고 필요하다면 추가적인 정보 및 자료를 수집하여 사례에 등장하는 기업이 생산하는 제품 및 시장(The Product or The Market), 그 기업이 속한 산업(The Industry) 그리고 그 기업 자체(The Company)와 관련하여 중요한 사실들을 정리하고 나열

표 18-2 사례분석결과의 전달 (Communication of Analysis)

1. 정보 및 자료 수집 (Search and Scanning)
   (1) 제품 및 시장 (The Product or The Market)
   (2) 산업 (The Industry)
   (3) 회사 (The Company)
2. 문제의 정의 (Problem Statement)
3. 문제해결방안들의 도출 및 평가 (Alternatives)
4. 문제해결방안의 선택 (Recommendation)
5. 집행계획 (Plan of Action)

해본다. 이러한 작업이 잘 이루어지면 다음 단계에서 행하는 문제를 정의하는 작업이 수월해 진다.

둘째 단계는 문제를 정의(Problem Statement)하는 단계로서 여기서는 첫째 단계에서 정리하고 나열된 중요한 사실들을 잘 검토하여 그 기업이 당면한 문제가 무엇인지를 정확하게 확인하고 말로써 정의하는 작업을 한다. 문제를 말로써 정의하기 전에 왜 그것이 문제인지를 납득할 수 있도록 설명하는 것이 중요하며 때로는 장기적인 문제점과 단기적인 문제점을 분리하여 정의하는 것이 필요할 수도 있다. 또한 필요하다면 이 단계에서 문제를 구성하는 세부 이슈들을 나열할 수도 있다.

셋째 단계는 문제해결방안들(Alternatives)을 도출하고 평가하는 단계이다. 도출된 문제해결방안들은 합리적이어야 하며 그 수가 너무 많지 않아야 한다. 중요한 점은 도출된 문제해결방안들이 둘째 단계에서 얻어진 문제의 정의와 직결되어야 한다는 것이다. 문제해결방안들을 평가할 때 각각의 문제해결방안에 대하여 장점과 단점이 분명하게 언급되어야 한다.

넷째 단계는 특정 문제해결방안을 선택하여 추천(Recommendation)하는 단계인데 이때 간결한 문구로 추천하는 것이 좋다.

다섯째 단계는 추천된 특정 문제해결방안에 대한 구체적인 집행계획(Plan of Action)을 나열하는 단계이다. 구체적인 집행계획은 누가, 무엇을, 언제, 어떻게 해야 할 것인가를 구체적으로 나열해야 하고 거기에 따르는 비용이 얼마나 될 것인가도 언급되어야 한다. 특히 기업이 당면한 문제가 과연 해결되었는가를 알 수 있는 기업의 목표와 관련된 분명한 기준 또는 지표가 무엇인지를 밝혀주어야 한다.

3. 글로벌경영 사례

다음에서는 기업의 글로벌경영과 관련된 주요 이슈별로 사례를 소개하고자 한다. 이들 사례들은 수업시간 중에 활용하기 위한 교육용 사례로서 글로벌경영의 주요 이슈에 대한 강의와 병행하여 사용하면 학생들의 학습효과를 더욱 진작시킬 수 있을 것으로 기대된다.

첫 번째 사례인 **〈프레이저 제조회사〉**는 기업의 해외시장 진출방식의 결정에 관한 사례이다. 해외시장에 진출하는 데는 수출방식, 라이슨싱, 단독투자, 합작투자 등 다양한 방법이 가능하며 적절한 진출방식을 결정하는 것은 글로벌 경영전략의 성패를 좌우하는 매우 중요한 작업이 된다. 해외시장 진출방식을 결정할 때는 기업 자신이 가지고 있는 기업자원, 핵심역량, 경험 및 산업의 구조적 특성 등 다양한 면들을 면밀히 고려해야 한다.

두 번째 사례인 **〈벨회사〉**는 기업의 해외진출과 관련하여 생산활동의 입지선정에 관한 사례이다. 생산활동의 입지선정에 있어서 기업의 목표는 비용을 최소화하고 품질수준을 극대화하면서 소비자들의 수요를 제대로 충족시키는 것이라고 할 수 있다. 즉, 생산활동의 입지선정과 관련하여 고려해야 할 요인들은 크게 제품요인, 기술요인, 국가요인 등으로 구분할 수 있으며 이러한 요인들을 신중하게 고려하여 최적의 입지에 생산시설을 확보해야 한다.

세 번째 사례인 **〈가나 화학비료회사〉**는 기업이 해외에 진출하고자 할 때 투자대상국에 대한 투자환경 분석에 관한 사례이다. 투자환경 분석은 현지국과 주요 인접국의 시장의 규모 및 성장가능성 그리고 노동력, 원자재, 부품의 가격수준 및 확보가능성 뿐만 아니라 정부의 투자유인정책과 정치적 위험 등 다양한 요인들을 면밀히 분석해서 행해져야 한다.

네 번째 사례인 **〈Sony사와 Aiwa사〉**는 기업의 해외진출과 관련하여 생산활동의 입지선정과 핵심역량에 관한 사례이다. 기업의 해외생산활동은 국내생산과 비교하여 장점과 단점을 가지고 있으며 여러 가지 제약요인들도 따른다고 할 수 있다. 그러므로 기업이 해외진출을 하고자 할 때는 자신의 핵심역량을 정확하게 파악해야 하며 그 핵심역량을 과연 해외로 이전하여 활용할 수 있는가에 대하여 냉철하게 판단할 필요가 있다. 이 사례는 생산활동의 입지선정 전략이 기업의 핵심역량의 차이에 따라 어떻게 달라져야 하는가를 Sony사와 Aiwa사의 경우를 비교하여 보여주고 있다.

다섯 번째 사례인 **〈Philips사와 Matsushita사〉**는 글로벌 통합/조정과 현지화에 관한 사례이다. 기업이 글로벌 경영활동을 확대하는 첫 번째 방식은 본사 중심의 시각과 전략을 중시하는 즉, 글로벌 통합(Global Integration)과 조정(Coordination)을 강조하는 방식인데 그 대표적인 예가 일본의 Matsushita사의 경우이다. 이 방식의 장점은 세계 전체 시장을 동일한 성격의 시장으로 인식하면서 일관된 글로벌 전략을 수행할 수 있고 기업 활동의 여러 분야에서 규모의 경제 효과를 누릴 수 있게 됨에 따라 비용을 절감할 수 있다. 한편, 기업이 글로벌 경영활동은 확대하는 두 번째 방식은 해외 현지자회사가 필요에 따라 현지국 실정에 맞는 전략을 수행하는 방식인데 그 대표적인 예가 네델란드의 Philips사의 경우이다. 이 방식은 현지국 여건에 따른 적절한 대응(Local Responsiveness)을 강조함으로써 기업활동의 현지화를 달성할 수 있도록 한다.

여섯 번째 사례인 **〈ABB사〉**는 글로벌기업의 조직구조에 관한 사례이다. 최근 들어 많은 기업들이 초국적기업(Transnational Corporation)을 지향하여 발전하고 있는데 초국적기업의 경우에는 세계 여러 지역에 자회사를 설립하여 기업활동의 배치는 지역적으로 분산되어 있지만 본사가 강력한 통합과 조정을 함으로써 이들을 하나의 기업으로 묶는 형태를 취하고 있다. 매트릭스 조직은 Global Integration과 Local Responsiveness에 모두 관심을 가질 수 있도록 탄생된 조직구조라고 할 수 있는데 매트릭스조직을 성공적으로 정착시킨 대표적인 예로서 ABB(Asea Brown Boveri)사를 들 수 있다.

사례 1 해외시장 진출방식 결정 <프레이저 제조회사>[3)]

1987년초에 미국 오하이오주 콜럼버스에 있는 프레이저 제조회사의 사장인 라크우드씨는 현재의 한정된 범위 내에서의 국제기업활동을 확대시키는 가능성과 그렇게 할 경우 어떠한 형태를 택하고 어느 정도의 규모로 일을 추진해야 할 것인가에 대하여 심각하게 고려하고 있었다.

프레이저사는 1932년 로버트 C. 프레이저씨에 의하여 자그마한 기계작업장으로 출발하였다. 1987년 현재 프레이저사의 본사와 생산시설은 회사설립 당시의 원래 장소로부터 가까운 곳에 위치한 32에이커 부지 위에 지은 600,000평방피트 규모의 현대적 시설의 공장 내에 있었다. 프레이저사의 제품은 미국과 캐나다 전역에 팔리고 있었다. 1986년도의 순매출액은 2천만 달러를 넘었고 당

표 1 프레이저 제조회사 통합손익계산서 (1986. 12. 31)

(단위: 천 달러)

수 익		
순매출	$ 20,212	
로얄티, 이자 및 기타수익	29	$ 20,241
비 용 및 지 출		
매출원가	$ 12,891	
감가상각비	423	
판매, 관리 및 일반비용	4,497	
장기부채에 대한 이자지급	52	$ 17,863
법인세 차감전 이익		$ 2,378
연방소득세(추정치)		$ 1,200
법인세 차감후 순이익		$ 1,178
보통주 1주당 이익 (1986년도) : $ 4.05		
보통주 가격범위 (1986년도) : $34.5 – $41		

3) 이 부분은 사례 *Frazer Manufacturing Co.*를 참고하여 작성하였음.

표 2 프레이저 제조회사 대차대조표 (1986. 12. 31)

(단위: 천 달러)

자 산		
현 금	$ 1,352	
유가증권	880	
외상매출금	1,527	
재 고	6,104	
총유동자산		$ 9,863
투자 및 기타자산		322
토지, 공장 및 설비		5,531
총자산		$ 15,716
부 채		
외상매입금	$ 481	
미지급배당금	178	
미지급금	810	
미지급연방소득세(추정치)	895	
장기부채의 당기상환분	66	
총유동부채		$ 2,430
장기부채(20년, 3.88% 어음: 만기 2003년)		1,205
우선주		1,520
보통주 및 이익잉여금		10,561
총부채		$ 15,716

기순이익은 약 백삼십만 달러에 달하였다. 1987년초에 프레이저사는 천 명에 조금 못 미치는 사람들을 고용하고 있었고 천백 명의 주주들이 주식을 보유하고 있었다(이 회사의 1986년도 손익계산서와 대차대조표는 〈표 1〉과 〈표 2〉에 각각 제시되어 있다).

프레이저사는 플랜지, 압축기, 전동장치, 신축핀, 신축원반카플링, 과속용다원반클러치 등을 포함하는 일련의 카플링과 클러치류를 생산하고 있었다. 회사 전체로 볼 때 프레이저사는 아홉 가지 표준제품을 생산하고 있었으며 이 아홉 가지 표준제품의 여러 가지 다른 규격과 형태까지 고려하면 약 700가지의 제품을 생산하고 있었다. 이 회사의 가장 중요한 제품으로는 이 회사의 연구부서가

1981년도에 개발한 프레이저신축카플링을 꼽을 수 있었다. 이 프레이저신축카플링은 80가지의 다른 규격과 조합으로 생산되고 있었으며 회사 전체 매출량의 3분의 1을 차지하고 있었다. 프레이저사는 이 신축카플링과 다른 몇 가지의 제품에 대해서 세계 특허를 보유하고 있었다. 카플링과 클러치류 시장에는 다양한 품목을 생산하는 대기업들로부터의 경쟁이 만만치 않았지만 1987년 현재 프레이저사는 이 시장에서 상당히 안정된 위치를 확보하고 있었다.

프레이저사는 어느 특정고객이나 특정산업에 의존하여 기업활동을 하지는 않고 있었다. 판매는 판매대리점을 통하여 이루어지고 있었고 산업장비제조업자들은 이들 판매대리점으로부터 프레이저사의 제품을 구입하여 동력이용도구, 시험전동장치, 운반장치, 농기구, 채광기구, 기중기 및 동력이용삽 등을 포함하는 광범위한 제품들에 이용되는 소형전동장치에 쓰고 있었다. 프레이저사 총생산량의 9% 이상이 어느 특정산업에게 판매되지는 않았고 프레이저사 제품의 최다량구입고객도 총생산량의 3% 미만을 구입하고 있었다. 일반적으로 말해서 프레이저카플링과 클러치는 고도로 자동화된 기계를 생산하는 대규모 제조업자들보다는 일반용 도구를 생산하는 중소기업자들에 의하여 더 많이 사용되고 있었다. 프레이저사의 판매부장은 중간규모기업들이 노동절약형 도구를 많이 장치하는 추세가 지속된다면 프레이저사의 카플링과 클러치에 대한 수요 역시 높게 지속되리라고 내다보았다. 이러한 추세와 시장의 폭이 넓다는 점이 프레이저사를 그동안 기업활동에 있어서의 주기적인 변동으로부터 어느 정도 보호를 해주었던 것이다. 1977년부터 1986년까지의 10년 동안 매출액은 천만 달러로부터 이천백만 달러로 증가하였다. 이 기간 중 매출액이 가장 현저하게 감소한 경우는 전년에 비하여 8%가 감소한 해를 꼽을 수 있으나 그 반면에 가장 최근의 경기침체가 있었던 1984년에는 매출액이 실제로 전년에 비하여 5%가 증가하였던 것이다.

그러므로 이 회사의 기업목표는 이 회사가 보유하고 있는 특허와 독특한 기술을 이용하여 시장에서 강력한 경쟁적 지위를 확보할 수 있는 제품분야에서 전문기업체로서 기업활동을 하는 것이었다. 과거에 이 회사는 카플링과 클러치류 이외의 여러 가지 제품에 대하여 성공가능성을 시험해 본 적이 몇 번 있었으며 그 대표적인 예로서 달걀품질검사기계의 부품을 생산하려고 시도하였던 적이 있었다. 이러한 제품들에 대한 투자는 이 회사가 보유하고 있는 주조 및 기계작업 능력을 보다 효율적으로 이용하는 방법으로서 고려되었으나 이 제품들은 별로 성공을 거두지 못하였다. 프레이저사의 경영진은 결국 카플링과 클러치 품목에 대하여 노력을 집중하기로 결론을 지었고 1987년에는 라크우드 씨가 이 회사의 기업목표는 카플링과 클러치제조업체로서 기업활동을 하는 것이라고 못박아 표명하였다. 이 품목분야에서 보다 나은 제품을 개발하거나 현재 있는 프레이저 제품을 위한 새로운 시장을 개척하기 위하여 새로운 투자가 행해지게 되었다.

프레이저사의 생산 및 조립시설은 오하이오주 콜럼버스 근처에 있는 현대적 시설의 공장 내에 있었다. 그 공장부지는 시설확대를 할 수 있는 충분한 여유가 있었고 철도와 고속도로 수송의 면에서 볼 때 좋은 위치에 있었다. 이 회사는 보스턴, 저지시티, 애틀란타, 캔자스시티 및 캘리포니아주 오클랜드에 창고설비를 가지고 있었다. 생산을 특정 공장에 집중시킴으로써 얻을 수 있는 규모의 경제(scale economies)는 다음의 예로부터 알 수 있다. 이 회사제품 중 가장 많이 팔리는 제품 중의 하나인 K-2A(신축카플링부품)를 생산하는 데 있어서 750개를 한 무더기(Lot)로 생산할 때는 단위당생산비가 1.61달러인 데 반하여 1,200개를 한 Lot로 생산할 때는 단위당생산비가 1.31달러로 감소한다. 즉, 최초의 750개 이후 추가되는 450개에 대하여는 단위당생산비가 0.81달러밖에 되지 않는다는 것을 알 수 있다. 환언하면, 이 K-2A제품에 있어서는 750단위 생산수준에서 1,200단위 생산수준으로 생산의 규모를 늘리는 경우 그 증가분에 대하여 50%의 비용절감이 실현될 수 있다는 것이다. 생산규모의 증가에 따르는 비용절감의 구체적 내용은 프레이저사의 제품별로 서로 다르지만 프레이저사의 비용체계의 근본적인 특징은 전형적으로 한계비용이 평균비용보다 현저히 낮으며 Lot규모를 크게 하고 생산가동시간을 길게 함으로써 중요한 규모의 경제를 얻을 수 있다는 것이었다.

라크우드씨는 미국과 캐나다시장에서 프레이저사의 위치는 상당하다고 보았다. 특허를 받은 프레이저신축카플링은 다른 카플링장치가 모방할 수 없는 독특한 특징을 지니고 있었고 프레이저사의 다른 많은 제품들도 경쟁업체의 제품들이 지니고 있지 않은 특수한 기능을 지니고 있었다. 물론, 다른 카플링과 클러치 시스템들이 프레이저사의 제품과 경쟁을 하고 있기는 하였지만 어느 회사도 프레이저사의 제품과 동일한 제품을 생산하여 직접적인 경쟁을 하고 있다고는 볼 수 없었다. 라크우드씨는 미국시장에서 프레이저사 제품의 시장점유율이 약 10%가 될 것이며, 전체 시장의 규모가 점차 커지고 프레이저사의 시장점유율이 증가함에 따라 미국 국내시장에서의 매출량이 확대될 수 있는 여지가 크다고 예측하였다. 프레이저사 제품들은 판매대리점들을 통하여 판매되었는데 이들 판매대리점들은 반드시 그렇지는 않았지만 일반적으로 프레이저사의 카플링과 클러치 전제품을 취급하였다. 이들 판매대리점을 통한 판매조직 이외에도 45명으로 구성된 프레이저사 직속의 외판팀이 있었다.

1986년도의 수출판매액은 325,000달러였으며 프레이저사는 이 수출로부터 40,000달러의 영업이익을 보았을 것이라고 추측되었다. 수출판매활동이 프레이저사에 의하여 적극적으로 추진되지는 않고 있었지만 콜롬버스에 있는 판매부에는 수출판매에 대한 주문이 많은 양은 아니지만 꾸준히 들어오고 있었다. 이렇게 들어오는 주문들은 항상 신속히 처리되고 있었지만 수출시장을 적극적으로 개척 · 활용하는 것은 언어, 관습, 화폐의 차이 등으로 인한 장애로 인해 매우 어렵다고 판단되었다. 더우기, 라크우드씨는 프레이저사 제품의 콜롬버스에서의 원가가 너무 높기 때문에 수출시장에서의 경쟁력이 매우 약할 것이라고 내다보았다. 또한, 외국정부들은 프레이저사 제품에 대하여 일반적으로 20%(종가세) 이상의 관세를 부과하고 있었다.

프레이저사는 모든 제품을 모든 고객에서 일률적인 가격조건인 f.o.b. warehouse로 판매하고 있었다. 유사한 제품을 공급하는 다른 회사들과 경쟁하는데 있어서 프레이저사는 가격보다는 품질, 서비스, 정확한 납기 등을 강조하였다.

프레이저사 경영진의 관점으로는 제품의 품질, 서비스, 납기 등의 개선이 일시적인 경쟁적 우위확보 이상의 것을 가져올 수 있다고 보았다. 그와는 대조적으로 가격인하정책은 경쟁기업체가 당일로 따라올 것이라고 생각되었으며, 그러한 경우에는 결국 매출량은 증가하지 않고 총수익만 감소하게 될 것이라고 내다 보았다. 이 회사의 수출가격정책도 국내가격정책과 동일하였다. 즉, 외국의 수입상은 미국 f.o.b. 가격에 운임과 수입관세를 더한 값을 지불하고 있었다.

미국과 캐나다 이외 지역에서의 프레이저사의 기업활동으로는 수출판매에 대한 주문에 응하는 것 이외에도 영국의 어느 카플링제조업체와의 라이슨싱계약을 들 수 있다. 프레이저사의 엔지니어링 부회장은 자기가 유년시절을 보냈었던 영국에서 1983년도에 휴가여행을 즐기던 중 맨체스터에 있는 후커사의 회장을 만나게 되었다. 1982년도에 3,500,000달러의 매출실적을 가지고 있었고 프레이저사 제품과 관련있는 장비의 제조업체인 후커사는 다른 전동장치제품을 추가함으로써 제품의 다양화를 꾀하려고 하고 있었다. 그리하여 후커사는 프레이저사가 생산하고 있는 몇몇 특허제품에 흥미를 가지게 되었고 그중에서도 특히 프레이저신축카플링에 대한 특허에 지대한 관심을 갖게 되었다. 1983년 말에 프레이저사는 그 영국기업체에게 모든 현재 및 미래의 프레이저사 제품을 영국내에서 생산 · 판매할 수 있도록 특약적 라이슨싱(exclusive licensing)계약을 체결해 주었다. 이 라이슨싱계약상에서 영국(the United Kingdom)이란 잉글랜드, 스코틀랜드, 웨일즈, 북아일랜드를 포함하는 것이라고 명백히 규정지워졌다. 후커사는 또한 미국, 캐나다, 멕시코, 프랑스를 제외한 모든 다른 국가에서 프레이저사 특허제품을 판매할 수 있는 비특약적(nonexclusive) 라이슨싱계약도 프레이저사와 체결하였다. 라이슨싱계약의 조건은 후커사에서 생산되는 제품중에서 프레이저사 특허권을 사용하여 제조된 장치가 부품으로 사용되는 제품의 공장인도판매가격의 1.5%에 해당하는 로얄티를 후커사가 프레이저사에 지급한다는 것이었다. 1986년도에 후커사로부터 받은 로얄티 수입은 30,000달러에 달하였다.

라크우드씨는 후커사의 성공을 상당한 관심을 가지고 지켜보고 있었다. 로얄티 수입은 프레이저사의 수익에 좋은 보탬이 되었으며 특히 더 이상의 추가적인 투자를 하지 않아도 되었으므로 더욱 그러하였다. 1984년에서 1986년 사이에 후커사의 기업활동은 거의 두배로 늘어났는데 이러한 후커사의 성공은 프레이저사의 특허권과 노하우를 이용할 수 있었다는 점에 직접 기인한 것으로 보였다. 1987년도의 유럽시장은 가속적인 산업개발과 기계화로 인하여 프레이저사에게는 좋은 기업활동의 기회를 제공한다고 보여졌다. 그러므로 라크우드씨는 이러한 기회를 효과적으로 활용하기를 무척 바라고 있었으며 아마도 유럽의 어느 기업체와 합작투자를 통하여 유럽에서 제조활동을 할 수 있으리라고 생각하고 있었다. 라크우드씨는 프레이저사가 해외로 기업활동을 확대시켜야 하는 중요한 이유로서 다음의 세 가지가 있다고 보았다.

첫째, 가능한한 최대규모의 시장에서 한 품목에만 기업활동을 집중하려고 하는 회사의 기업목표, 즉 제품다양화가 아닌 시장다양화는 미국과 캐나다 이

외의 지역으로 시장을 확대시켜야 한다는 것을 의미하였다. 프레이저사 제품에 대한 수요의 성격을 살펴보았을 때 저개발국가에 대한 가까운 장래의 판매 가능성은 제한되어 있는 것으로 보였으나 유럽지역에서는 특히 프레이저카플링과 클러치가 시장에서 즉시 성공을 거둘 수 있다고 생각되었다. 영국에 있어서의 후커사의 성공이 이와 같은 가능성을 충분히 뒷받침해주고 있다고 보여졌다.

둘째, 프레이저사 제품인 다원반클러치의 중요한 개선점 중의 하나는 유럽에서의 연구결과로 얻어진 것이었다. 라크우드씨는 프레이저사가 유럽시장에 적극적인 참여자가 됨으로써 최근의 기술혁신에 대한 값진 정보를 얻을 수 있을 것이고 이는 또한 미국 내에서의 경쟁적 지위를 유지하는 데 매우 중요하다고 보았다. 유럽에서는 클러치와 카플링분야에서 상당히 활발한 기업활동이 나타나고 있었으며 라크우드씨는 이 산업분야에서의 최신의 기술개발에 대하여 계속적으로 접촉하기를 바라고 있었다.

셋째, 라크우드씨는 프레이저사의 콜롬버스 공장에서의 비용의 추세에 대하여 매우 걱정을 하고 있었다. 그는 독일기업이 프레이저사가 제품을 생산하는데 드는 비용보다 더 낮은 가격으로 전동형카플링을 오하이오주 콜롬버스에서 판매할 수 있다는 것을 알고 있었다. 어떻게 시간당 8.6달러를 노동자들에게 지급하는 프레이저사가 시간당 5.3달러를 지급하는 유럽기업들과 경쟁을 할 수 있겠는가? 궁극적으로는 프레이저사도 미국의 다른 회사들의 선례를 따라서 제조과정의 많은 부분을 해외에서 행하고 부분품이나 완제품형태로 미국으로 수입해야 될 것이라고 생각되었다. 라크우드씨는 현재로서는 미국의 제조업자들이 외국에서 생산된 카플링과 클러치를 사기를 어느 정도 주저하고 있다는 것을 알고 있었으며 1986년 현재 미국 국내의 카플링과 클러치 시장에서 외국기업으로부터의 경쟁은 거의 없는 상황이었다. 그러나 라크우드씨는 미래에 대하여 걱정을 하고 있었으며 해외 공급원을 확보함으로써 프레이저사의 경쟁적 지위를 유지하기를 원하고 있었다. 또한, 프레이저사가 다른 제조공장을 가지고 있는 경우에는 지역노동조합으로부터의 엄청난 요구에 대항하는데 보다 나은 위치를 확보할 수 있으리라고 생각되었다.

라크우드씨는 해외기업활동을 크게 확대시킬 것인지를 확고히 결정하기 이전에 이를 추진하는 제방법들을 면밀히 검토해 보기를 원하였다. 첫째, 프레이저사는 수출판매를 확대시킴으로써 해외시장을 구축할 수 있을 것이다. 그러나 라크우드씨는 수출판매를 확대시킴으로써 해외시장에서의 경쟁에 성공하기에는 프레이저사의 비용이 너무 높다고 보았다. 둘째, 프레이저사는 라이슨싱계약을 체결할 수 있을 것이다. 이 방법은 이미 영국의 후커사와의 관계에 있어서 사용되었지만 이 방법만 사용하여서는 이익에 명백한 한계점이 있다고 보여졌다. 셋째, 프레이저사는 해외시장에서 이미 기반을 구축한 기업과 합작투자를 함으로써 해외기업활동을 확대시킬 수 있을 것이다. 아마도 프레이저사는 자본과 노하우를 제공할 수 있을 것이고 합작파트너기업은 인력(경영인력과 노동력), 유통, 기업환경에 대한 친숙 등의 이점을 제공할 수 있을 것이다. 특히 이 합작투자에 의한 해외시장 진출방안은 라크우드씨에게 유망하게 보여졌다. 마지막으로 프레이저사가 단독소유의 해외자회사를 설립하는 데는 너무나 많은 시간과 경비가 든다는 것이 명백하였다.

라크우드씨는 그의 마음속에 깊이 자리잡고 있는 어떤 생각들이 그로 하여금 해외기업활동을 적극 개발 · 추진하도록 하는 방향으로 나아가도록 하고 있다는 것을 인식하였다. 그 생각이란 자기의 사업이 어려운 문제점에 당면했을 때 후퇴하여서는 안 된다는 것이었다. 즉 그는 어떠한 조직이라도 정지상태로 있을 수는 없으며 전진이나 후퇴 중 양자택일을 하여야 한다고 믿었다. 그는 행동을 취하기 전에 장기간에 걸쳐 많은 비용을 들여 조사 · 연구하는 것 보다는 낯선 분야에 직접 뛰어들어 경험을 통하여 배우는 편이 일반적으로 더 낫다고 생각하였다. 그럼에도 불구하고 확고한 최종결정을 내리기 이전에 프레이저사가 해외로 진출하는데 있어서 관련되는 가장 기본적인 문제점들을 충분히 검토하기를 원하였다.

주요 이슈

01 프레이저사는 해외기업활동을 추진해야 하는가?

02 옳건 그르건 간에 프레이저사가 해외기업활동을 추진하기로 하였다고 하자. 이 해외기업활동은 어떠한 형태를 취하여야 할 것인가? 즉, 프레이저사의 해외기업활동이 성공하기

위하여는 어떠한 형태로 기업활동이 행해져야 하겠는가? (가능한 형태들(복합형태도 있을 수 있음)은 다음과 같다. (1) 수출, (2) 라이슨싱, (3) 합작투자, (4) 단독소유의 해외자회사, 이 경우 두 가지를 생각할 수 있는데 한 가지는 완전히 새로운 회사를 설립하는 방법이고 다른 한 가지는 한 개 혹은 몇 개의 기존회사를 인수하는 방법이다.) 결정을 내리는 데 있어서는 이 산업에 있어서 경쟁적 지위를 확보하는데 필요한 요건뿐만 아니라 프레이저사의 능력(예를 들어, 프레이저사의 제품, 자본, 인력, 마케팅능력 및 조사/연구의 필요성 등에 의하여 결정되는)도 고려되어야 한다.

03 후커사와의 계약관계를 평가하는데 있어서 특히 다음의 문제점들을 중심으로 하라. 첫째, 후커사와 라이슨싱계약을 체결하였을 당시 라크우드씨는 자기 마음속에 어떠한 가정들을 하고 있었는가? 둘째, 후커사와의 라이슨싱계약을 성공적이라고 볼 수 있는가? 즉, 이 계약의 타이밍이 프레이저사의 전반적 기업전략과 잘 조화가 이루어졌다고 볼 수 있는가?

사례 2 해외생산 입지선정 <벨 회사>[4)]

1982년 1월 벨사의 경영진은 독일 이외의 지역으로 생산시설을 대규모 확장할 것을 심각하게 고려해 보기로 하였다. 1981년도 후반에는 독일마르크화가 1마르크 대 0.3106미달러의 수준으로 평가절상되었는데 이는 1981년 5월 당시의 독일마르크(DM)화와 미달러화의 환율에 비하여 DM의 가치가 13.6% 증가한 것이었다. 또한 1981년도에는 벨사에 있어서의 임금비용이 거의 15%나 증가하게 되었다. 벨사는 독일 내에서 노동집약적으로 제품을 생산하는 회사로서 생산되는 제품의 60% 이상을 수출하고 있었으므로 이러한 독일마르크화의 평가절상과 임금상승 현상 등은 이 회사의 수익성을 감소시킬 수 있는 위협으로 보여지고 있었다.

이러한 곤경으로부터 빠져나오는 가장 효과적인 방법은 벨사의 생산지를 여러 나라에 확보하는 것이라고 보여졌다. 대부분의 제품을 독일 내에서 생산하고 있던 한 미국계 경쟁기업은 이제 막 프랑스에 공장을 설립하였고 가격경쟁을 시작하려고 하고 있었다. 프랑스에서의 임금수준은 시간당 5~6프랑이었고 독일에서의 임금수준은 시간당 6DM[5)]이었다. 이제 문제는 "벨사는 어디에 새 공장을 세워야 할 것인가?" 라는 것이었다.

회사 및 제품

벨사는 가족소유의 독일회사로서 1981년도 유럽 전체의 총매상고는 22,000,000DM에 달하였다. 벨사의 품목은 화장품산업에서 사용되는 특수포장용기로만 구성되어 있었는데 특수한 형태의 개폐용품 및 여닫이식과 스프링식 용기 등으로 나눌 수 있었다. 벨사의 200개가 넘는 고객회사 중에는 유니레버, 콜게이트-팔모리브, 로리엘 등과 같은 몇 개의 매우 큰 다국적기업들도 있었다. 고객회사들 중 벨사의 제품을 가장 많이 구입하는 회사는 벨사 전체 매상고

4) 이 부분은 사례 *Bell Schönheitsprodukte GmbH*를 참고하여 작성하였음.
5) 1982년 1월 현재 프랑화 대 마르크화의 환율은 1 franc = 0.627 DM이었음.

의 10%를 차지하고 있었다.

벨사의 상호가 미국명인 이유는 이 회사의 품목이 벨-인더스트리즈라는 미국회사의 특약적(exclusive) 라이슨싱계약하에 생산되고 있었기 때문이다. 그러나 그 미국라이슨서(licensor)기업은 독일의 벨사에 대하여 소유권은 전혀 가지고 있지 않았다. 벨사는 비교적 소규모의 기업이었지만 1970년대 중반에 이미 영국에 생산공장을 세우고 가동하고 있었다. 영국에 있는 공장은 25,000,000단위의 생산규모를 가지고 있었으며, 이에 반하여 독일의 하노버(Hannover)에 위치한 원래의 공장은 200,000,000단위의 생산규모를 가지고 있었다. 두 공장 모두 보통 최대생산규모의 90%~95% 수준에서 가동되고 있었다. 총매출액 중 18,800,000DM은 독일 공장의 생산에 의한 것이었고, 나머지 2,300,000DM은 영국에서의 생산에 의한 것으로 볼 수 있었다. 9.6% 수준에 달하는 관세 때문에 영국에서 생산된 제품은 영국 내에서만 판매되었다. 영국을 제외한 다른 유럽시장은 독일공장에서 생산되는 제품이 공급되었다. 실제로, 영국에 공장을 세운 이유가 바로 독일에서 생산되는 제품에 대하여 적용되는 9.6%(종가세) 수준의 영국관세 때문이었다. 영국공장에는 30명의 근로자들이 고용되어 있었고 독일공장에는 120명이 고용되어 있었다. 독일공장의 전체인원 중 90명은 여성 근로자들로서 포장용기를 조립하고 장식하는 일을 하고 있었다. 나머지 인원은 관리직에 종사하는 사람들과 기술자들로 구성되어 있었는데 그 중 기술자들은 벨사에서 사용되는 기계류의 많은 부분을 고안·생산하였고 기업활동에 있어서 매우 중요한(정말로 결정적인) 품질관리를 담당하고 있었다.

벨사에서는 어떤 근로자도 노동조합에 가입하지 않고 있었다. 경영진에 의하면 벨사는 노동조합의 관심을 끌기에는 너무 소규모회사라는 것이었다.

판매는 서유럽의 모든 국가와 유고슬라비아를 상대로 행해지고 있었다. 벨사는 미국회사와 체결한 라이슨싱계약에 의하여 유럽국가들과 사회주의국가들에서만 판매활동을 하도록 제한을 받고 있었다. 〈표 1〉은 벨사에 의하여 생산되는 제품과 같은 특수화장품포장용기류에 대한 1981년도의 유럽시장과 미국시장의 크기를 제품단위수로 보여주고 있다. 정상적인 경제여건하에서 즉, GNP의 성장률이 연 4~5%가 되는 경우에 유럽의 비교적 더 개발된 지역에서는 판매량이 연 20% 정도 증가할 것이고 그리스, 포르투칼, 스페인 등의 국가에서

표 1 개폐용 화장품 포장용기에 대한 시장 규모

영 국	150	이태리	150	오스트리아	10
독 일	360	스칸디나비아	60	유고슬라비아	5
프랑스	200	스 페 인	25	합 계 (유럽)	1,100
베네룩스	90	포르투갈	5		
그리이스	5	스 위 스	40	미 국	2,400

는 그보다 더 높은 증가율을 보일 것이라고 경영진은 기대하고 있었다.

경쟁 및 가격

벨사의 경쟁기업들은 다음과 같은 특징을 지니고 있었다.

경 쟁 기 업	소 유 권	공장위치에 따른 생산분포 – 1981년
A (대기업)	영 국 계	프 랑 스 80% 영 국 15% 이 태 리 5%
B (대기업)	미 국 계	독 일 65% 영 국 30% 프 랑 스 5%
C (소기업)	미국계(마지못해 인수함)	독 일 100%
D (소기업)	이태리계	이 태 리 100%
E (소기업)	이태리계	이 태 리 100%

벨사의 경영진은 두 개의 이태리계 소기업들인 D기업과 E기업이 이태리 정부에 의하여 비밀리에 뒷받침되고 있다고 추측하였다. 이태리에서의 가격수준이 EEC 내의 다른 곳에서보다 10%~15% 더 낮다는 점이 더욱 그러한 추측을 자아내게 하였다. D기업과 E기업이 그들의 생산량의 일부를 수출하려고 시도하였으나 그들의 품질수준은 벨사 또는 A기업 및 B기업의 품질수준에 비하여 명백히 낮았었다. 더구나 D기업과 E기업의 공장근로자들은 노동조합에 가입되어

있었고 때때로 동맹파업을 단행하곤 하였다. 그러므로 그들은 이태리 밖에서 제품인도일자를 제대로 지키지 못한다는 좋지 않은 평판이 나 있었다. 그럼에도 불구하고 이들 기업은 이태리 국내시장을 완전히 석권하고 있었다. 한때 벨사는 이태리시장의 30%를 점유하고 있었으며 이태리시장에서 잘 알려져 있었다. 그러나 판매수익이 실제로 거의 존재하지 않는 상황에서 이태리시장에서의 경쟁은 점점 더 불가능하다는 것을 깨달았다. 그러나 이렇게 이태리시장에서의 상황이 전혀 희망적으로 보이지 않던 1981년말에 벨사의 사장 헤르칼러씨는 이태리계 경쟁기업인 E기업에서 전에 경영자로 일하던 두 사람으로부터 벨사가 이태리에서 그들의 감독하에 공장을 세워 생산활동을 시작해보지 않겠느냐는 편지를 받게 되었다.

이태리에서의 상황을 제외하고는 유럽 다른 지역에서의 가격은 비교적 균일한 실정이었다. 벨사의 공장도가격은 유럽지역에서 제품 1,000단위당 100DM이었다. 가격경쟁을 막 시작한 경쟁기업 B는 가격을 종전의 다소 높던 수준으로부터 95DM의 수준으로 인하시켰으며 B기업 역시 DM으로 상품대금을 청구하고 있었다. 경쟁기업 A는 프랑스에서의 지배적인 위치로 인하여 프랑으로 상품대금을 청구하고 있었으며 부가가치세에 대한 조정을 한다면 대체적으로 다른 경쟁기업들과 비슷한 수준의 가격을 책정하고 있었다. 벨사의 한 경영자에 의하면 경쟁기업인 A기업과 B기업이 취하는 행동에 벨사는 즉각적으로 대처하고 또한 벨사가 취하는 행동에도 경쟁기업들이 즉각적인 반응을 보인다는 것이었다. 모든 기업들이 각기 자기 회사의 제품을 다른 회사의 제품

표 2 시장점유율의 비교*

(단위: %)

구 분	벨 사	경쟁사(A)	경쟁사(B)	기 타	합 계
유럽 전체	19	35	25	21	100
프랑스	7	70	20	3	100
영 국	15	30	45	10	100
독 일	22	30	30	18	100

* 추측치임. 판매실적을 밝히고 있는 회사가 없음.

과 가격이외의 측면에서 차별화하려고 시도하였지만 결국 여러 회사의 포장용기가 서로 크게 다르지 않게 된다는 것이었다. 〈표 2〉는 벨사와 경쟁기업들의 프랑스, 독일, 영국, 그리고 전체 유럽에서의 시장점유율에 대한 추정치들을 요약하여 보여주고 있다.

취할 수 있는 제 조치

경쟁, 불리한 환율의 움직임, 독일 내에서의 임금상승 및 이태리로부터의 제안에 접하여 벨사의 경영진은 어떠한 조치가 조만간 취해져야 할 것이라고 느꼈다. 헤르칼러씨는 경쟁기업인 A로부터 B기업의 가격인하에 대하여 A기업과 벨사가 서로 협정을 통한 가격인하를 하여 대처하자고 하는 전화를 받았다. 그러나 벨사의 관점으로는 그러한 두 회사 간의 협정으로부터 얻을 수 있는 이득이 과연 무엇인가가 확실치 않았다. A기업은 결국 임금조건이 유리하고 평가절하가 계속되는 프랑스에서 전생산량의 80%를 생산하고 있지 않는가?

물론, 프랑스에 새로운 공장을 세우는 것이 가장 좋은 방법이라고 보여졌다. 프랑스정부가 자기나라의 특정지역에 대한 투자에 대해서는 매우 조건이 좋은 투자유인을 제공하고 있었기 때문에 더욱 그러하다고 느껴졌다. 더구나, 프랑스 국내에서도 자체적인 기술이 있었기 때문에 일부 기술적 및 디자인상의 작업들은 시간이 경과함에 따라 결국 프랑스에서도 행해질 수 있는 것이었다. 첫 해에는 필요한 부분품의 90% 정도를 독일에 있는 벨사 기존의 공급자들로부터 공급받아야 될 것이라고 생각되었다. 둘째 해까지는 아마도 필요한 부분품의 30% 정도를 프랑스에서 얻을 수 있고 필요하다면 셋째 해가 지나고 나서는 모든 원료를 프랑스 내에서 조달할 수 있으리라고 판단되었다. 또한 알자스와 같은 지역에서는 프랑스 기술자와 노동자들이 일반적으로 독일어에 능통하였으므로 공장시설 및 가동의 초기단계에 있어서 언어문제로 인한 어려움은 별로 없을 것으로 생각되었다. 그러나 벨사의 경영진은 프랑스 임금조건과 환율사정이 앞으로도 과거와 같이 수출에 유리한 상황으로 계속 유지될 수 있을 것인가에 대하여는 확신할 수가 없었다. 더욱이 여태껏 제공되던 투자유인들도 최근에는 변화가 있게 되었는데 그 이유는 투자유치를 위한 보조금지급을 프로젝트비용의 20%까지로만 제한하는 1982년 1월에 체결된 협정 때문이었다.

어떤 면에서는 현재 영국에 있는 공장에 25,000,000 또는 50,000,000단위의 생산능력을 추가하는 것이 가장 쉬운 방법으로 여겨졌다. 그 이유는 공장과 훈련된 인원이 이미 그곳에 있다는 점이었다. 또한 투자유인들도 있을 것으로 기대되었고 파운드화가 또 다시 평가절하될 가능성도 있었기 때문이다. 그리고 아마도 임금이 유럽대륙지역에서 증가하고 있는 만큼 그렇게 빠른 속도로 인상되지는 않을 것으로 보여졌다. 그렇지만 여전히 영국이 당분간은 덜 매력적인 후보지로 보이는 이유는 영국과 유럽대륙국가간의 관세장벽이 완전히 제거되는데는 좀 더 시간이 필요할 것이라는 점 때문이었다. 프랑스에서와 마찬가지로 결국에 가서는 독일에서 만든 부분품 대신 영국 내에서 만든 부분품을 사용할 수 있을 것으로 보여졌다.

이태리로부터의 요청은 벨사 경영진으로 하여금 이태리에 공장을 세우면 한때 유지하고 있던 30%의 시장점유율을 다시 확보하는 데 도움이 될 수 있으리라는 생각을 하게 했다. 기술과 부분품을 영국과 프랑스의 경우와 마찬가지로 이태리내에서 쉽게 얻을 수 있으리라고 기대되었다. 더구나 이태리는 아마도 비교적 저임금의 수출기지로서 역할을 할 수 있으리라고 기대되었다. 그리고 최근에는 리라화가 마르크화에 대하여 평가절하를 거듭하고 있었다. 그렇지만 어느 나라를 막론하고 대통령을 선출하기 위하여 한 해 동안에 여러번의 투표를 하였다면 투자를 하기에 안정된 나라라고 볼 수 있겠는가?

헤르칼러씨와 벨사 경영진의 다른 사람들에게 관심있게 보여진 마지막 방법은 스페인에 공장을 세우는 것이었다. 아마도 이 방법이 다른 가능성들에 비하여 벨사에게 더 큰 그리고 더 오래 지속되는 경쟁적우위를 부여할 수 있다고 여겨졌다. 부분품을 스페인 국내에서 얻을 수 있을지의 여부는 알 수가 없었다. 그러나 임금수준은 EEC 공통관세장벽을 쉽게 뛰어 넘을 수 있을 만큼 충분히 낮다고 생각되었다. 독일로부터 수입되는 부분품에 대하여 10%의 수입관세를 지불해야 하리라고 생각되었지만 스페인 정부당국과 협상을 통하여 재수출된 부분품에 대하여 관세환불을 약속받는 것이 가능하리라고 여겨졌다.

이태리, 스페인, 영국 또는 프랑스에서 생산활동을 하는 데 있어서 가장 바람직한 공장의 크기는 연간 25,000,000 또는 50,000,000단위를 생산할 수 있는 규모라고 보여졌다. 공장용건물은 유럽 전 지역을 통하여 거의 비슷한 연간사용료를 지불하고 임대할 수 있다고 생각되었다. 〈표 3〉은 고려되는 두 가지 생

표 3 생산규모와 비용에 관한 대안

구 분	대안 1	대안 2
연간최대조업도 (단위: 백만)	25	50
필요부지	600제곱미터	1,000제곱미터
임차공장에 대한 연간임차비용*	28,800DM	48,000DM
기계류 구입비용 (독일에서 구입됨)	300,000DM	500,000DM**
소요운전자본	100,000DM	220,000DM
부품원가 (백만단위당)	46,000DM	46,000DM
직접노무비 (독일에서 생산된 백만단위당)	7,000DM	7,000DM
일반관리 및 제경비 (연간)	100,000DM	150,000DM**
운송비	판매액의 2%	판매액의 2%

* 모든 국가에서 유사함.
** 5천만 단위 이상의 공장에 대해서는 기계류 구입비용과 제경비가 생산규모에 거의 비례적임.

산규모에 대한 각각의 제비용명세를 보여주고 있다. 필요한 기계류는 벨사의 본사공장에서 만들거나 아니면 독일에서 구입할 것으로 생각되었다. 잠정적으로 기계류구입 비용에 상당하는 금액만큼의 자기자본출자에 의하여 외국에 공장을 세우는데 필요한 자금조달을 하는 것이 가장 좋은 방법이라고 여겨졌다. 필요한 운전자금은 현지에서 차입하거나 또는 그 외국공장이 부분품을 외상구입하는 경우 그 결제기일을 연장해 줌으로써 해결할 수 있으리라 생각되었다.

벨사의 경영진이 공장을 세우는 데 있어서 프랑스, 영국, 스페인 및 이태리 각각의 경우에 대해 경제여건과 현금흐름에 대한 예상치들을 나타내는 도표를 작성하고 있을 때 헤르칼러씨는 경영진에게 그가 1981년 11월에 받은 한 편지를 상기시켰다. 헤르칼러씨는 이 편지가 벨사로 하여금 독일의 경제여건을 좀 더 조심스럽게 살펴보도록 한다고 말하였다. 이 편지는 벨사에게 합작투자에 참여할 것을 권유하는 유고슬라비아의 한 회사로부터 온 것인데 그 합작투자의 목적은 생산제품을 다시 유럽으로 수출한다는 것이었다. 헤르칼러씨는 그러한 가능성에 대하여 당분간은 심각하게 고려하지 않기로 하였는데 그 이유는 이미 독일에 있는 완전소유의 생산시설과 궁극적으로 경쟁관계에 있게 될 미래 합작투자업체의 파트너와 시간을 오래 끄는 협상을 시작하기에 벨사는 너무 규모가 작은 기업이라는 점이었다. 그럼에도 불구하고 그는 독일과 독일에 있는 본사공장의 경쟁력에 대한 향후 몇 년간의 전망에 대하여 생각해 보는 것은 유익한 일이 되리라고 느꼈다. 만약 유고슬라비아와 같은 나라에 있는 기업이 포장용기사업에 손을 댄다면 아마도 계속되는 독일 통화의 평가절상과 급격한 임금인상으로 인하여 독일에 있는 200,000,000단위의 생산규모인 본사공장의 경쟁적 지위는 시간이 흐름에 따라 점점 더 유지하기 어렵게 될 것으로 여겨졌다. 그러한 시점까지는 비록 새로운 공장이 추가로 세워진다고 하더라도 벨사의 판매량의 대부분은 독일에 있는 본사공장에서 생산되는 제품이 차지하게 될 것이라고 가정하고 있었다. 또한 독일의 벨사주주들이 벨사의 현재 생산활동의 많은 부분을 외국으로 이전시키기를 원치 않을지도 모른다는 말이 상당히 타당성이 있다고 여겨졌다. 그러나 생산의 자동화를 위한 노력은 그 한계가 있다고 생각되었다. 벨사는 1980년과 1981년 사이에 생산량을 증가시키는 동시에 여성근로자들의 수를 150명에서 90명으로 감소시켰었다. 그러나 앞으로는 이와 같은 속도로 생산성을 증대시키는 것은 불가능하리라고 여겨졌다. "독일에 존재하는 공장의 생산능력의 일부는 궁극적으로 다른 곳으로 이전되어야만 하지 않겠는가?" 라는 생각이 헤르칼러씨의 머릿속을 맴돌고 있었다.

표 4 1979년도 유럽국가들의 환율, 경상수지, 무역수지, 시간별급여, 산업설비 이용지수*

구 분	이태리	프랑스	영국	독일	스페인
환 율	625.5 (리라/달러)	5.558 (프랑/달러)	0.416 (파운드/달러)	3.69 (마르크/달러)	70.06 (페세타/달러)
경상수지**	2013	-971	1613	3780	-959
무역수지**	542	-1223	-338	3902	-1871
시간별급여	489 리라	4.21 프랑	11 실링***	5.28 마르크	34.69 페세타
산업설비 이용지수(%)	79.1	94.7	95.8	97.3	자료 없음

* 연말기준.
** 단위: 백만 달러.
*** 1 실링은 (1/20) 파운드에 해당함.

사례 3 해외시장 투자환경 분석 <가나 화학비료회사>[6)]

아메리칸 화학비료회사의 국제부담당 부사장에게 사업계획의 보고책임을 맡고 있는 몬테규씨는 얼마 전 오보투씨를 만났을 때의 대화내용을 다시 한 번 곰곰이 생각해 보고 있었다. 오보투씨는 자기를 중심으로 한 가나 사업가 그룹이 합작투자기업체의 형태로 운영될 공장을 가나에 설립하는 데 아메리칸사가 공동으로 투자할 것을 제의하였었다. 몬테규씨는 오보투씨의 설득력과 그 사업계획의 높은 수익성 전망에 대하여 깊은 인상을 받았었다. 그러나 그 투자사업 제안이 아메리칸사의 엄격한 기준을 적용할 때 아무런 문제가 없었음에도 불구하고 몬테규씨는 이 제안을 그의 상급자에게 보고하기 전에 그를 불안하게 하는 많은 문제점들에 대한 해답을 먼저 얻어야 한다는 것을 알고 있었다. 그래서 그는 지루하게 느껴지기는 하였지만 오보투씨와의 면담 직후에 작성한 메모들을 다시 살피기 시작하였다.

아메리칸 화학비료회사

질소비료를 생산하는 중간규모의 이 미국회사는 1970년대에 급속한 성장을 해오고 있었다. 1968년에 신설된 이 회사의 국제부가 이러한 급속한 성장의 주원인이었다고 할 수 있는데, 그 이유는 아메리칸사는 자본이 부족하여 아메리칸사와 경쟁하고 있는 대규모기업들이 향유하고 있는 수준의 '규모의 경제'(economies of scale)를 달성할 수 있을 만한 규모의 국내공장 설립을 위하여 적절한 투자를 할 수 없었기 때문이었다. 이 회사의 사장은 국내시장에서와 같은 규모의 경제가 존재하지 않는 비교적 소규모의 해외시장들에 대한 소규모 투자가 국내시장에 대한 투자보다 훨씬 더 수익성이 높을 것이라고 생각했었다. 이러한 그의 희망들은 거의 실현이 되었으며 유럽 및 세계 여타지역에서의 공장 수는 급속히 증가하였다. 1976년 말에 이르러서는 아메리칸사가 영국, 프랑스, 이태리, 독일, 레바논, 사우디아라비아, 튀니지아, 남아프리카공화국 및 뉴질랜

6) 이 부분은 사례 *Ghana Fertilizers*를 참고하여 작성하였음.

드 등에 제조자회사를 운영하고 있었다. 이러한 성공적인 해외기업활동의 주된 원인은 해외투자사업계획을 분석할 때 세심한 주의를 기울였다는 것과 아메리칸사가 해외자회사를 단독소유하여 본사의 관점과 일치하지 않는 관점을 가질 수도 있는 현지국 파트너와의 분쟁에 휘말려 피해를 보는 일이 없이 해외기업의 운영을 통제할 수 있었기 때문이었다.

이 해외공장들은 원유를 증류시킬 때 얻을 수 있는 석유화학원료인 나프타(naphtha)의 처리를 목적으로 세워진 것이었다. 즉, 이 나프타를 처리하여 한정된 몇 가지 질소비료를 생산하는 데 있어서의 기초물질을 얻어내는 것이었다. 아메리칸사는 특히 소규모 작업에 적합한 몇 가지 처리과정을 개발하였었다. 그리하여 비교적 값싸고 세련되지 않은 장비를 사용할 수가 있었으므로 그 결과 자본비용과 영업비용을 절약할 수 있었다. 또한 제품의 범위가 한정되어 있었다는 점이 비료사용 개발의 초기단계에 있는 나라들에게 적합하였다. 그러나 이 회사의 유럽에서의 경험이 보여 준 바와 같이, 개발 · 확대되는 시장의 요구를 만족시키기 위하여 후에 공장의 규모와 복잡성이 증대될 수도 있었다.

몬테규씨는 아메리칸사가 아직 영업활동을 하지 않고 있는 나라들에 있어서의 시장의 요구를 파악하고 전반적인 사업계획 타당성을 결정하는 책임을 맡고 있었다. 그는 또한 세계비료시장에서 나타나는 변화들을 예의 주시하고 있었다. 몇몇 경우에 있어서는 그가 조사를 시작하여 아메리칸사가 과거에 수출을 하던 나라들에 대하여 공장시설 투자를 하게 되었다.

아프리카 시장

1974년에 몬테규씨는 아메리칸사가 아프리카 시장에 진출하는 문제를 검토하기 시작하였다. 모든 종류의 화학비료 세계전체소비량은 1955년의 8백만 메트릭 톤(metric ton)으로부터 1974년에 이르러서는 3천만 메트릭 톤이 넘게 증가하였다. 아프리카는 세계전체소비량의 약 3%를 차지하고 있었는데 몇몇 나라들에서 현지생산이 시작된 1960년대 말까지는 수요의 현저한 증가를 보이지 않았었다. 아메리칸사는 북아프리카와 남아프리카에서 생산활동을 성공적으로 시작하였으나 제한된 양의 수출을 제외하고는 아프리카 대륙의 방대한 중앙지역에는 진출하지 못하고 있었다. 몬테규씨는 잠재력이 큰 서부 아프리카 시장에 대한 조사를 하였으나 정부의 통제 및 현지국 시장들이 협소하다는 이유로 그 지역에 대한 어떤 투자 가능성도 배제하였었다. 그러나 1976년에 와서 그는 태도를 바꾸게 되었다. 그는 엄격한 정부통제를 고려한다면 각 나라의 수입량 통계가 보여주는 것보다는 잠재적 시장규모가 훨씬 더 클 것이라고 생각하였다. 그는 또한 아마도 아메리칸사의 해외자회사 단독소유원칙과 미국으로의 배당금 즉시 송금원칙 등에 대한 태도는 바뀌어야 한다고 생각하였다. 현지국 정부들은 합작투자 형태를 취할 것을 종용하고 있었고 외환사정이 좋지 않았기 때문에 단기적으로는 수익에 대한 해외송금규제가 현지국 정부들에 의하여 행해질 가능성이 있었다. 몬테규씨는 이러한 문제점들보다는 현지생산에 따른 높은 장기적 이익 가능성이 아마도 더 중요하리하고 생각했다. 몬테규씨가 오보투씨와 가나 사업계획에 대해 토의하기로 응한 이유가 바로 이러한 생각들에서였다.

가나 사업계획

오보투씨는 1977년 2월에 개최예정인 가나 국제무역박람회의 PR을 목적으로 1976년 12월초 뉴욕을 방문하였다. 그는 아메리칸사가 소규모 화학비료공장 설립 및 운영을 전문적으로 하는 회사라는 것을 알았기 때문에 이 회사에 접촉을 시도하였다. 그는 화학비료사업을 추진하기를 원하였으나 그 자신은 자본과 노하우가 부족하였다. 따라서 그에게는 합작투자기업체를 설립하는 것이 최상의 방법으로 보여졌다.

몬테규씨는 오보투씨가 런던대학으로부터 화학박사학위를 받았으며 한 대규모 영국 화학회사에서 공장감독자로 일한 경험이 있다는 것을 알게 되었다. 오보투씨는 1969년에 가나로 돌아가서는 이른바, 앵크루마 수상정부에 대한 반역죄로 재판받을 날을 기다리며 감옥에서 6년간을 지냈었다. 앵크루마가 쫓겨난 후 그는 정부에서 일하게 된 그의 많은 친구들에게 기술적 고문 역할을 하게 되었다. 그러나 정부에 관련된 일을 하는 것은 그의 성격에 맞지 않았으므로 그는 그가 전에 하던 화학산업에서의 경영활동으로 돌아가기를 원하였다. 오보투씨, 그리고 비슷한 자격을 갖춘 몇 명의 동료들은 많은 조사를 하였으며 당장에는 화학비료산업의 전망이 가장 좋다고 결론을 내렸다.

적어도 향후 5년간 하루 60톤을 생산할 수 있는 규모의 공장을 세우면 가나

시장을 위하여는 충분하리하고 생각되었다. 정부 소유의 정유공장(이태리 석유회사에 의하여 운영되고 있는)이 충분히 믿을 만한 품질의 나프타를 생산할 수 있기까지는 나이지리아에 있는 쉘(Shell)회사 정유공장으로부터 나프타를 수입할 수 있으리라고 판단되었다. 생산된 화학비료들은 정부통제를 받는 많은 기관들에게 판매될 것으로 생각되었는데, 이 기관들은 코코아를 생산하는 농부, 농업협동조합 및 정부농장 등에 씨앗, 살충제, 화학비료 및 기계 등을 보급하고 있었다. 화학비료공장 설립에 대한 사업계획은 접촉해 본 농부들과 정부통제기관들로부터 대단한 환영을 받았다. 수입비료에 의한 시험결과에 의하면 적당량의 화학비료를 사용할 경우 코코아의 수확량이 20%만큼이나 증가될 수 있다는 것을 알게 되었다. 뿌리가 부풀어 오르는 등의 농작물병을 방지하기 위한 살충제를 화학비료와 섞어서 사용할 경우에는 수확량이 더 크게 증가하였다. 그러나 특히 외딴지역의 많은 농부들에게는 화학비료의 사용이 실제로 받아들여지기까지 농작물의 과학적 재배 방법에 대한 교육이 필요하리라고 생각되었다. 코코아 이외의 작물에 대한 화학비료 시장은 엄청난 가능성을 가지고 있는 것으로 생각되었다. 1972년부터 1973년까지의 기간 동안 화학비료 소비량은 약 40,000 달러이었으나 모든 화학비료는 엄격한 정부통제하에 수입되었으므로 이 숫자는 잠재적 시장의 규모와는 전혀 상관이 없었다. 정부는 농산물을 다양화하려 했던 과거의 시도를 면밀히 검토하였으며 식료품의 수입을 줄이고 점차 증가하는 도시인구의 식량해결을 위해 과일류와 곡물류의 생산을 늘리기로 결정하였다. 이러한 여러 가지 점들을 고려하여 오보투씨는 계획하고 있는 화학비료 공장사업에 대한 추정손익계산서〈표 3〉를 작성하였다. 화학비료공장은 가나의 수도인 아크라에 가까이 위치한 새 항구 티마에 새로이 개발된 공업단지 내에 설립될 것으로 생각하였다. 필요한 모든 전기 및 수도는 가나 전체에서 최저의 요금으로 현지조달이 가능하였다. 그리고 공장건설에 소요되는 시간은 약 9개월 정도가 되리라고 예상하였다.

이 사업계획 중 일부 상세한 부분은 외국인 파트너 및 현지국 정부와의 협상을 통하여 결정될 성질의 것이었다. 가나에서의 모든 투자사업계획은 자본투자심의회에 의하여 승인을 받아야만 하였다. 일단 승인된 사업계획은 (1) 1년 내지 10년까지의 50% 소득세 면제, (2) 최고 6년까지의 간접세 면제, (3) 최고 6년까지의 원료, 부품 및 연료 등에 대한 수입관세 면제 및 (4) 최고 6년까지의 완제품에 대한 수출관세 및 물품세 면제 등의 혜택을 받을 수 있는 자격을 갖추게 되었다. 그리고 감가상각은 공장의 내용연수를 통상적인 12년 대신 6년으로 하여 행해질 수 있도록 허용되었다. 1973년에 제정된 자본투자법은 승인된 투자사업은 강제수용되지 않을 것과 특별한 경우의 일시적 제한을 제외하고는 배당금의 송금에 아무런 규제가 가해지지 않을 것을 보장하였다. 그러나 해외로의 송금에 부과하는 20%의 원천세(withholding tax)의 면제는 허용되지 않

표 1 아메리칸 화학비료회사 연결대차대조표

(단위: 1,000달러)

	1975	1974
자 산		
유동자산		
현금	3,200	2,900
외상매출금	76,500	62,500
재고자산	55,500	43,400
총유동자산	135,200	108,800
고정자산		
공장 및 설비(순)	147,300	122,300
기타	15,500	14,900
	298,000	246,000
부 채		
유동부채		
외상매입금	39,100	31,700
장기부채의 당기상환분	1,100	900
법인세	6,300	4,900
총유동부채	46,500	37,500
장기차입금	99,000	64,700
이연법인세	6,700	5,900
우선주	5,000	5,000
보통주	30,000	30,000
자본잉여금	27,500	27,500
이익잉여금	83,300	75,400
	298,000	246,000

았다. 오부투씨는 서면으로 승인을 받아보아야 확실하겠지만 위의 (1)부터 (4)까지에 대하여 적어도 4년까지는 완전면제 혜택을 받을 가능성이 크다고 생각하였다. 만약 (2)부터 (4)까지의 면제혜택이 부여되지 않을 경우에는 영업비용이 매출액의 약 5~10%만큼 증가하게 될 것으로 보였다.

표 2 아메리칸 화학비료회사 손익계산서

(단위: 1,000달러)

	1975	1974
매출	198,300	165,100
매출원가	130,500	106,400
감가상각비	8,800	7,900
감모상각비	1,000	900
판매비 및 관리비	35,100	30,800
총영업비용	175,400	146,000
영업이익	22,900	19,100
이자비용	4,900	4,200
법인세 차감전 순이익	18,000	14,900
법인세	5,700	4,200
법인세 차감후 순이익	12,300	10,700

표 3 추정손익계산서

(단위: cedis)

	1978	1979	1980	1981
매출	600,000	650,000	700,000	800,000
매출원가*	350,000	370,000	390,000	450,000
영업이익	250,000	280,000	310,000	350,000
영업계약 fees(매출의 5%)**	30,000	32,500	35,000	40,000
일반관리비	65,000	65,000	70,000	75,000
이자비용 및 법인세 차감전 이익	155,000	182,500	205,000	235,000

* 감가상각비 포함: 내용년수를 6년으로 한 정액법 사용. 매출원가의 20%에 해당하는 수입원료를 사용할 것으로 추정됨.

** 아메리칸 화학비료회사에 지급할 것임.

오보투씨는 장비구입에 필요한 백만달러로 추정되는 자본의 50%는 자기들 쪽에서 부담하고 나머지 50%는 아메리칸사가 부담할 수 있으리라고 생각했다. 운전자본과 사업초기의 제비용을 감당하기 위해 필요한 250,000달러는 현지은행으로부터 약 10%의 이자를 지급하고 차입하거나 만약 그것이 여의치 못하면 아메리칸사가 부담할 수 있으리라고 생각했다.

몬테규씨는 수치들을 검토하고 나서 만약 중고장비를 설치하는 경우에는 자본비용이 200,000달러만큼 줄어들 수 있으리라고 생각했다. 아메리칸사는 영국 자회사 공장 한 곳을 해체시키는 과정에 있었는데, 그 공장시설이 바로 가나 사업계획이 요구하는 것과 거의 일치하였다. 이것은 전체 자본 중에서 아메리칸사의 지분은 장비를 제공함으로써 메워지고 오보투씨측은 공장부지의 확보, 공장건설 및 탱크저장 등에 필요한 나머지 400,000달러를 제공한다는 것을 의미하였다.

몬테규씨는 과거의 경험으로 보아서 회사의 재무담당자가 가나의 합작투자기업체에 대한 자금대여의 가능성을 고려하기 전에 자기 자신이 먼저 가나의 통화인 세디(cedi)[7]의 가치에 대한 상세한 분석을 해야 한다는 것을 알고 있었다. 이 분석과 함께 가나 경제의 향후 전망에 대한 분석 또한 주의깊게 행해져야 했다.

가나의 경제

독립 이후 앵크루마는 코코아에 의존하고 있는 가나의 경제를 다변화시키려고 시도하였다. 이러한 다변화정책이 1976년에 이르러서는 연 25%의 1인당 실질국민소득의 증가를 가져오게 되었는데, 이것은 연 3%의 인구증가와 1974년부터 1976년까지의 기간 동안 50%의 소비자가격상승이 있었음에도 불구하고 이룩된 성과이었다. 가나는 이러한 성과를 이룩한 대가로 십억 달러의 외채를 짊어지게 되었다.

가나의 외환보유고는 1967년의 5억 4천 5백만달러 수준으로부터 1976년 말경에는 1억달러 수준으로 감소한 반면 정부의 재정적자는 1969년 이후 급격히 증가하였다. 앵크루마는 코코아 수출이 늘어남에 따라 점차로 증가할 외환유입

---

7) 1 Cedi (₵) = U.S.$1.17.
세디는 1975년 7월 19일 가나파운드를 대체하기 위하여 새로이 만든 화폐단위였다.

을 그의 국가개발계획의 재원으로 삼을 수 있으리라고 생각했었다. 코코아 생산자들을 위한 가격인상정책을 실시한 결과 1967년부터 1975년까지의 기간 동안 코코아 생산량은 3배로 늘어났는데, 같은 기간 중에 세계 전체의 코코아 생산량은 두 배로 늘어났으며, 가나의 세계시장 점유율은 30%로부터 39%로 증가하였다. 세계 전체의 코코아 생산량이 2배로 급격하게 늘어나게 되자 코코아 가격은 엄청나게 하락하게 되었다. 곡물생산 규제에 관한 협정을 체결하려는 많은 시도가 있었으나 성공을 보지 못하였고 미래에 같은 종류의 시도를 다시 하더라도 성공할 가능성은 희박하게 보였다.

몬테규씨는 경제다변화계획에 있어서 중요시되었던 사업들은 가나경제의 필요성과는 별로 관련이 없는 것들이라고 생각하였다. 수익률이 낮은 학교, 도로, 전시효과를 노린 운동경기장 및 대형회의실 등의 사회기간구조에 대한 투자는 국가의 생산부문에는 별로 영향을 미치지 못하였다. 재정적자를 감수한 정부의 지출은 국가경제에 있어서 통화량의 급격한 증대를 초래하였으며, 그 결과 외국으로부터 수입되는 소비재에 대한 수요 역시 급격히 증대하였다. 생산부문에 있어서의 많은 투자사업들이 효율적으로 운영될 수가 없는 형편이었는데, 그 이유는 그러한 투자사업들의 경영진이 앵크루마의 연고자들로 꽉 차 있었기 때문이었다. 소의 부족으로 인해 운영이 불가능한 고기통조림공장과 같은 투자사업들은 애당초 시작하지 말았어야 하는 것들이었다.

앵크루마를 내쫓은 국가해방회의(National Liberation Council: NLC)는 가나경제를 회복시키기 위한 계획을 수립하기 시작하였다. 가나의 정부지출은 현저하게 감소되었으며 국제통화기금(International Monetary Fund: IMF)은 가나의 전반적인 경제복구계획을 돕고 외채원리금 상환의무를 제대로 이행해 나갈 수 있도록 돕기 위하여 3천 6백 4십만 달러의 신용공여를 약속하였다. 정부는 또한 중장기 외채에 대한 상환스케줄을 재조정하는 과정에 있었다. 이러한 경제복구계획의 일환으로 정부는 많은 국가소유의 부실기업을 청산하고 과거의 부정부패를 척결하려고 하였다. 제조업과 광업분야에 있어서 해외투자를 유치하기 위하여 투자유인들을 제공하기로 하였다.

국가해방회의의 지도자인 온건한 앙크라장군하에서 정치적 안정이 이룩될 것이라는 보장은 없었지만 대부분의 사람들은 평화로운 경제개발이 재개될 가능성이 매우 크다고 하는데 의견의 일치를 보였다. 소련과 중국공관원들은 추방되었으며, 인접국가들과의 무역이 재개되었고 부족들간의 정치적 갈등은 거의 없는 듯이 보였다.

몬테규씨는 그의 가나의 경제 및 정치상황에 대한 견해는 수량적 자료에 의하여 뒷받침되어야 한다고 생각하였다. 그는 그가 자주 사용해 온 IMF가 발간하는 International Financial Statistics의 자료를 보완하기 위해서 다른 문헌도 참고하였다. 그는 자료를 쉽게 얻을 수 없는 것들에 대해서 현명한 추측을 할 수 있었으므로 그가 확보한 자료는 가나에 대한 판단을 하는 데 있어 충분한 근거가 된다고 생각하였다. 몬테규씨는 경제의 모든 분야에 대해서 완전한 통계적 자료가 제공되지 않는 나라들에 대한 판단을 내리는 데 익숙해 있었다. 그는 가나에의 투자사업에 대한 제안은 빠른 시일 내에 평가되어야 한다고 생각하였다. 만약 아메리칸사가 이 사업계획을 추진하기로 결정한다면 빨리 행동을 취해야만 오보투씨가 아크라로 돌아가서 다른 회사들과 가능성을 타진하기 전에 그와 어떤 형태로든지 사업관계를 확립할 수 있으리라고 보여졌다.

표 4 가나의 경제분석자료

1. 해외부채 (1976년 8월)

금액(백만달러)	채권자	평균만기(년)	평균이자율(%)
	중장기부채		
616	서방진영 공급자	6	7
154	사회주의 국가	12 – 20	2.5
	특별 볼타댐 차입금		
98	세계은행; AID; 수출입은행 등	25	5.75
	단기부채		
34	미지급무역거래대금(서방진영)	–	–
17	미지급배당금 및 기타(서방진영)	–	–
28	미지급무역거래대금(사회주의국가)	–	–

새 정부가 계산을 완결할 즈음에 가서는 이러한 해외부채의 최종 합계가 10억 달러를 초과할 것이다. 단기부채는 1976년 6월부터 2~5년에 걸쳐 분할로 상환되고 있었다. 중장기부채는 가나가 상환기간 연장을 위하여 일련의 협상을 진행시키고 있었다.

2. GNP 1,428백만 cedis (1973)
1,620백만 cedis (1974)

3. 인구 1975년 : 770만
인구증가율 : 연간 약 3%

4. 외국인 투자

전체 투자액은 4억 달러가 넘는데, 유나이티드 아프리카(조명기구 제조 및 무역)와 볼타 알루미늄의 두 회사가 전체 투자액의 50%이상을 차지하였다. 볼타 알루미늄은 티나에 있는 제련소를 운영하는 미국소유기업이다. 이 회사가 거대한 볼타 댐에 의해 생산되는 전력의 판로를 제공하였고 볼타 강 관리소로 하여금 해외부채를 상환할 수 있도록 해줄 것이다.

영국회사들의 투자액은 전체 투자액의 거의 50%를 점하고 있었으며, 이들 영국회사들의 총자본수익률(return on total assets)은 평균 7.9%에 달하고 있다

사례 4 해외생산의 장점과 단점 <Sony사와 Aiwa사>[8]

80년대 중반의 문제점

1985년에 있었던 Plaza협정과 그 이후 진행된 엔고 현상은 일본의 기업들에게 큰 영향을 끼쳤다. 전 세계 소비자 전자산업을 주도하던 기업 중 하나인 Sony사와 Sony가 지분의 52%를 소유하고 있는 Aiwa사도 이러한 환율 변동에 대처해야 했다.

Sony는 일본에서뿐만 아니라 전 세계적으로 가장 혁신적인 기업 중의 하나라고 널리 인식되어 왔었다. 트랜지스터 라디오, 컬러 TV, 워크맨, CD 등에 있어서 Sony의 성공은 전후 일본 산업사에 있어 가장 널리 알려진 성공담 중의 하나가 되었다. VCR시장에서는 Sony가 Matsushita-Victor의 VHS방식에 선두를 내주었지만 많은 사람들은 Sony의 Beta 방식이 더 나은 화질을 제공한다고 믿었다.

Sony는 동시에 세계에서 가장 글로벌화된 기업 중의 하나였다. 1985년에는 총매출의 69% 이상이 해외시장에서 발생되었다. Sony브랜드는 전 세계적으로 높은 인지도와 매우 선호되는 이미지를 얻게 되었다. Sony의 강점은 브랜드 이미지와 더불어 끊임없는 기술혁신과 제품 소형화라고 할 수 있었다.

그러나 Sony조차도 갑작스럽게 불어닥친 엔고 현상에 대처하는 데 어려움을 겪었다. 해외시장의 매출이 매우 높았기 때문에 Sony의 매출과 이익은 환율 변동에 취약하였다. 무역마찰을 피하려는 방편의 하나로 Sony는 Plaza협정 이전부터 해외에서의 현지생산을 시작했었다. 그러나 Sony의 해외 생산비율은 상대적으로 낮아 1988년에 25% 정도에 그치고 있었다.

한편, Aiwa의 문제는 더욱 심각하였다. Sony와 직접 경쟁을 피하려고 Aiwa는 저가 제품시장에 집중하였지만 Sony와 다른 기업들의 제품 품목이 넓어짐

---

8) 이 부분은 Irene M. Kunii and Ron Grover, 'Sony Slides into a Slump,' *Business Week*, June 5, 2000, ; Brent Schlender, 'Sony on the Brink,' *Fortune*, June 12, 1995, ; Richard A. Gershon and Tsutomu Kanayama, "The Sony Corporation: A Case Study in Transnational Media Management," *The International Journal on Media Management*, Vol. 4. No. 2, 2002 pp. 105-117.를 참고하여 작성되었음.

에 따라 그 차이는 좁혀지고 있었다. Aiwa의 상대적으로 적은 매출기반 즉, 매출의 50%가 헤드폰 스테레오에서, 30%가 미니콤포넌트 스테레오에서 발생한다는 점 때문에 Aiwa는 Plaza협정 이후 나타난 도전을 헤쳐 나가는 데 더 큰 어려움을 겪을 수밖에 없었다. 더구나 수출이 총매출의 40%정도를 차지하고 있었기 때문에 엔고 현상으로 인하여 매출은 크게 줄어들게 되었다. 1986회계연도에서 매출은 전년도에 비해 25% 감소하였다.

Sony의 대응책

Sony는 자사의 강점이 혁신적이고 빠른 신제품개발에 있다고 생각했다. Sony는 미국과 유럽과 같은 지역에는 생산설비를 보유하고 있었지만 경영진은 생산시설을 저비용 국가로 이전하기를 주저하였다. Sony는 오히려 고가치, 고품질 제품들에 대한 생산시설을 일본으로 이전시키고자 하였다. 엔지니어들은 선진화된 자동화 설비의 디자인과 그에 따른 직접노무비 감소효과를 재평가하고 경영진은 혁신을 통해 일본 내에서의 생산비가 개발도상국에서의 생산비에 대해 경쟁력을 가지게 되었다고 믿게 되었다.

또 다른 전략은 핵심부품의 판매를 강화하는 것이었다. 예를 들면, Sony는 VCR의 CCD시장을 50% 점유하고 있었지만 규모의 경제로 인한 가격 경쟁력을 확보함으로써 더 높은 시장점유율을 달성할 수 있다고 판단하였다.

Aiwa의 대응책

Aiwa는 환율변동이 가져온 외부적인 위협에 대처하기 위해 과감한 조치를 취하였다. 1986년에 Aiwa는 자발적인 조기퇴직 프로그램을 도입했다. Aiwa의 목표 감원수는 700명이었으나 총직원수의 35%인 1,100명 정도가 신청을 했다. 전체 세 개의 공장 중 하나는 문을 닫았고 또 하나의 공장은 비용절감을 위해 독립된 기업으로 만들어졌다.

국내에서의 이러한 노력과 함께 Aiwa는 해외 생산규모를 과감하게 확장시켰다. 1987년에 싱가포르에 새 공장이 문을 열게 되어 헤드폰 스테레오와 미니콤포넌트 스테레오의 생산이 이 공장으로 옮겨왔다. 또한 Aiwa는 IC생산을 위해 또 하나의 공장을 싱가포르에 설립하였다.

Aiwa는 또 제품개발기능 일부를 해외현장으로 이전시켰으며 부품들은 지역의 생산자들로부터 조달되었다. 디자인 과정 그 자체가 저가 표준 부품들의 사용을 가정한 것이었다. 이러한 노력은 소비자들에게 가격에 비해 가치 있는 제품을 제공하는 데 목표를 둔 것이다.

성과

1988년에서 1991년까지 Sony사는 8mm 비디오의 성공과 미국시장에서의 성장에 의해 빠른 성장을 기록하였다. 그러나 Camcorder의 등장 이후 Sony는 신제품의 도입에 있어서 성공적인 사례를 더 이상 보여주지 못하였다.

더불어 Sony의 원가구조는 크게 악화되었다. 매출대비 원자재비와 노무비의 비율이 증가했고 매출의 70%가 해외시장에서 이루어지고 있음에도 불구하고 해외 현지생산은 35%에 불과했다. 저비용국가에서의 현지생산 기회를 포기함에 따라 Sony의 매출대비 제조노무비의 비율은 경쟁사들에 비해 월등히 높게 되었다. (예: Sony 18%, Aiwa 5%)

Aiwa는 Sony 및 다른 경쟁사들보다 훨씬 나은 성과를 보였다. 1995회계연도에 Aiwa는 매출 30%, 영업이익 18% 증가를 예상하고 있었다. 소비자의 눈을 끄는 많은 제품들이 개발되었고 그 중에 가장 큰 성공은 1991년 12월에 시장에 출시된 미니컴포넌트 스테레오 XG-330이었다. 그 당시 경쟁사들의 제품가격은 10만엔을 상회하였으나 Aiwa의 XG-330은 품질기준을 유지하면서 5만 6천엔에 판매되었다. 이 엄청난 성공은 Aiwa를 미니컴포넌트 시장에서의 시장점유율을 7%에서 20%로 높이면서 선도자의 위치로 끌어올렸다.

주요 이슈

01 이들 두 회사의 생산 및 영업활동에 대한 전략적 의사결정에 대해 어떻게 평가하는가?

02 두 회사 간 성과의 차이를 초래한 주된 요소는 무엇인가?

03 Sony의 기본 전략에 큰 변화가 없는 경우, 만약 Sony가 생산시설을 저비용국가로 이전시킨다면 당면하게 될 주요 과제들은 무엇인가?

사례 5 글로벌 통합/조정과 현지화 <Philips사와 Matsushita사>[9]

배경

네덜란드의 Philips사와 일본의 Matsushita사는 Globalization 추진에 있어서 각기 다른 2가지의 전략을 수행해왔고 이의 결과로 각기 상이한 특징과 능력을 갖춘 조직이 만들어졌다. Philips사는 자사의 기술자원을 토대로 각 지역의 현지 시장 특성에 맞게 이러한 기술을 적용 및 적응시키는 독립적인 National Organization의 네트워크로 잘 알려져 있고, 반면 Matsushita사의 해외진출은 본사 위주의 중앙 집중적이고 효율적인 경영을 통해 연구, 개발, 생산에서 세계적인 규모의 경제를 구사함으로써 전자산업의 선두주자 위치를 차지하였다는 점이 특징이라고 할 수 있다.

Philips사

Philips의 해외시장 진출은 1899년에 캐나다, 브라질, 일본을 포함한 여러 국가에 해외 대리점 망을 구축한 데에서부터 시작되었다. 결국 Philips는 현지 시장 진출을 목표로 여러 개의 현지 회사들과 합작관계를 맺게 되었다. 시간이 지나면서 Philips의 조직은 고도의 중앙집권체제로부터 전 세계에 걸쳐 독립 단위와 현지 생산시설을 갖춘 분권화된 조직의 형태로 모습을 바꾸었다.

제 2차 세계대전 이후로 Philips는 국가마다 현저히 다른 시장여건에 대응하고자 National Organization(NO)의 활성화에 나섰다. NO들은 초창기 Philips형제의 경영스타일과 같이 technical manager와 commercial manager에 의해 운영되었으며 경우에 따라 finance manager가 포함되기도 하였다. 각 NO는

---

9) 이 부분은 Christopher A. Bartlett and Sumantra Ghoshal, "Tap Your Subsidiaries for Global Reach," *Harvard Business Review*, November-December 1986. ; "Philips versus Matsushita: Preparing for a New Round," Harvard Business School Case 399-102, ; "Philips versus Matsushita: A Portrait of Two Evolving Companies," Harvard Business School Case 392−156. ; "Matsushita Electric Industrial(MEI) in 1987," Harvard Business School Case 388−144, ; "Philips Group-1987," Harvard Business School Case 388−050에 기초하여 작성되었음.

Eindhoven에 위치한 Philips 본사로 직원들을 파견하고 반대로 본사의 경영진(top management)도 전 세계의 NO들을 방문하였다.

20세기 후반에 접어들자 전 세계적으로 무역장벽이 무너지기 시작하여 독립적인 국가별 자회사들의 필요성이 점차 없어지기 시작했다. 더 나아가서 경쟁사들은 제조원가 절감을 위하여 생산시설을 저임금 국가로 옮기고 있었다. Philips의 제품들이 기술적으로 경쟁사들보다 우위가 있었음에도 불구하고 전 세계에 산재해 있는 생산시설 네트워크는 Philips에게 비용효율성을 가져다주지 못했다.

이러한 Philips의 당면문제와 더불어 제품에 관한 소비자 요구를 만족시킬 수 있는 Philips의 능력이 떨어지기 시작한 것이 현안으로 대두되었다. NO조직이 global 차원의 효과적인 마케팅에 방해가 되고 있었던 것이다. 이러한 문제들은 Philips에게 심각한 결과를 안겨다 주었다. 예를 들면, Philips사가 Sony사의 Beta형식이나 Matsushita사의 VHS형식보다 기술적으로 우월한 V2000 비디오 테이프 형식을 개발했음에도 불구하고 거대한 전 세계 조직의 비효율성으로 인해 제품을 성공적으로 판매하지 못한 것이다. Philips의 조직이 얼만큼 분산 및 분권화 되어 있었느냐 하는 것은 North American Philips조차도 Philips가 개발한 V2000형식을 거부하고 VHS형식을 채택했다는 사실로부터 알 수 있다. 결국 Philips는 V2000형식을 포기하고 경쟁사인 Matsushita의 VHS제품을 라이슨싱 계약 하에 생산하게 되었다.

1970년대, 80년대, 그리고 90년대 초 사이에 5명의 Philips 회장들은 회사조직의 재구축을 시도하였다. Hendrik Van Reimsdijk회장은 Product Division(PD)과 NO간의 관리관계를 개선하여 생산규모의 증가, 판매되는 상품라인의 축소, 생산의 집중화 그리고 NO들 간의 원활한 상품이동을 증가시키는 데 그의 관심의 초점을 맞추었다. 그 당시의 PD와 NO간의 관계는 상품개발과 판매에 필요한 긴밀하고 빠른 협조에 방해가 되는 것이었다. 이러한 불편한 관계가 위에 언급된 V2000문제의 주원인이었다. Reimsdijk회장은 가장 효율적인 현지 공장들을 국제생산센터(IPC)로 변경시키고 이들이 다수의 NO들에게 제품을 제공하도록 제안하였다. 이 제안은 NO들의 지위를 낮추려는 의도였지만 여러 가지 정치적, 조직적 어려움 때문에 NO의 영향력은 여전히 막강했다.

Reimsdijk회장의 후임자들 역시 NO의 위상을 축소하고 경영과 관련하여

PD의 권위를 높이려고 노력을 기울였다. Philips의 고위 경영진에게는 제품개발과 제조의 글로벌화를 위한 회사의 노력이 성공하려면 이것은 필수적으로 보여졌다. 같은 맥락에서 PD가 각 시장들과 더 직접적으로 연결되어 있어야 했다. 그리하여 제품품목 매니저들은 각 품목에 있어서 가장 경쟁이 치열한, 즉 소비자 취향이 가장 발달되었고 새로운 아이디어와 기술이 계속 개발되는 시장에서 근무를 하도록 하였다. 예를 들어, 디지털 오디오 테이프나 전기면도기에 관한 더 체계적인 이해를 얻도록 하기 위해서 매니저들이 일본으로 파견되었고 의학기술이나 가전제품의 경우에는 미국으로 보내졌다.

비용절감이 효율적인 Globalization의 핵심이었다. Philips는 공장시설의 1/6 이상을 폐쇄하고 100,000명 이상의 종업원들을 해고했다. 그렇게 함으로써 Philips의 조직은 더 이상 비대해지지 않게 되었지만 이러한 비용절감 조치들은 현지국의 많은 불만을 불러 일으켰다. 각 현지국의 정치가들은 Philips의 설비폐쇄로 인해 증가하는 실직율에 대하여 큰 불만을 갖고 있었다.

이러한 엄격한 규모축소와 경영 목표의 재정립에도 불구하고 제3자들은 과연 Philips가 일본 경쟁사들과 나란히 경쟁해 나갈 수 있을 만큼 집중화된 조직이 될 수 있는지를 의문시했다.

Matsushita사

Matsushita의 해외진출은 텔레비전 수출로부터 시작되었다. Matsushita는 처음에는 일본에 소재한 대규모의 공장들에서 TV를 제조하였다. 그러나 개발도상국 정부들로부터의 압력 때문에 Matsushita는 동남아시아와 중남미의 서너개 국가들에 공장을 설립했다. 1970년대에 서방의 보호주의 성향은 중앙집중화된 Matsushita의 경영에 큰 위협이 되었다. 이 결과로 Matsushita는 북미와 유럽 국가에 생산기지를 설립하기로 결정을 내렸다. 그 결과 1972년에 캐나다에서, 1974년에 미국에서, 그리고 1976년에 영국의 웨일즈 지방에서 TV가 생산되기 시작하였다. Matsushita의 성장에 TV가 큰 기여를 한 것은 사실이지만 1980년대에 국제 소비자 전자 산업에 있어서 1인자의 위치를 확보하게 된 것은 비디오 카세트 리코더(VCR) 덕택이라고 할 수 있었다. Matsushita는 전세계적인 수요를 충족하도록 빠른 속도로 생산량을 증가시켰고, 그 결과 1977년에서 1985년까지

생산량이 33배 증가한 6백 8십만 단위가 되었다.

1980년대 중반까지는 세 개의 그룹이 Matsushita의 해외사업을 감독했다. 단일제품을 생산하는 완전소유의 글로벌 생산 센터들은 모두 본사의 Product Division에 직접 보고를 했고, 현지시장에 여러 가지 제품을 공급하는 다품종 판매 및 생산 자회사들은 본사에 있는 Corporate Overseas Management(COM)에 보고를 했다. 그리고 일본 및 다른 국가의 글로벌 생산 센터로부터 제품을 수입하는 해외 판매 및 마케팅 자회사들은 Matsushita Electric Trading Company(METC)에 보고를 했다. COM과 METC는 1985년에 해외 판매와 마케팅 운영의 효율화를 위해 합병했다.

Matsushita의 높은 중앙 집중도는 해외자회사 모두가 본사에 의해 설계된 공장과 설비를 사용하고 생산 센터에서 개발된 생산과정을 따르고 Matsushita의 국내공장에서 생산된 원자재를 사용할 정도의 수준에 이르렀다. 본사가 해외자회사의 매출 및 이익목표를 설정하였지만 해외자회사가 그 목표를 달성하는 방법의 자치권을 가지고 있다는 정도는 허용이 되었다. 그러나 주어진 목표에 미달되는 것은 자치권을 잃어버린다는 것을 의미했다. 본사로부터 해외로 파견된 직원들은 Matsushita의 경영철학을 현지에 알리는 general manager, 자회사의 최근 재정 상태를 본사에 보고하는 accounting manager, 제품 및 process 관련 기술을 자회사에 전해주고 그 지역의 시장 정보를 본사에 제공하는 technical manager의 역할을 수행하였다. 1980년대 중반에는 해외자회사들이 어느 정도의 융통성을 얻기 시작했다. 예를 들면, 중요하지 않은 부품들은 품질검사를 통과하는 경우 지역 공급업자로부터 부품들을 구입할 수 있었다. 그러나 핵심부품들은 여전히 내부에서 공급되어져야만 했다. 기업의 merchandising show를 통해 자회사의 manager들은 본사의 Product Division으로부터 구입하고자 하는 제품들을 협상할 수는 있었지만 본사 경영진이 특정 상품의 특정지역 진출이 중요하다는 결정이 내려지면 그에 따를 수밖에 없는 제한된 자율권이었다.

1986년에는 일본엔화의 급격한 평가절상이 있었다. 엔고 현상은 Matsushita의 수출이 20% 하락하는 결과를 초래했다. 그에 따라 경영진은 1985년도 Matsushita의 매출액 중 1/3 이상을 차지한 VCR에 대한 의존도와 매출의 50%를 차지하고 있던 수출의 불안정성을 우려하기 시작하였고 그 결과 두 가지의 프로그램이 탄생하였다. 그 하나는 Matsushita의 기존 품목에 새로운 품목을 추가한다는 것이었고 여기에는 반도체, 로봇, 컴퓨터, 기타 공장 및 사무실의 자동화기기가 포함되었다. 이에 따라 Matsushita는 사무자동화, 새로운 시청각 분야, 산업 장비, 전자부품 등 4개의 새로운 사업영역에 집중하게 되었다.

운영 현지화(Operation Localization)라는 또 다른 프로그램은 현지 생산을 1990년까지 해외 매출의 25% 내지 50%까지 늘리는 데 그 목적이 있었다. 이 계획은 인력, 기술력, 원자재, 그리고 자본의 네 가지 분야의 현지화에 초점을 맞추도록 요구하였다. 중요한 자리에 현지인의 채용이 늘어났고, 기술과 원자재의 현지화를 위해 Matsushita의 높은 품질기준을 유지하면서도 자회사가 현지에서 기자재를 구입하고 현지에서 생산된 부품을 사용하며 현지의 요구에 맞추어 디자인을 수정하거나 회사의 프로세스와 기술을 적응시킬 수 있는 능력을 개발하였다. 자본의 현지화를 위해서는 다수의 국가에 다양한 상품을 생산하는 공장이 설립되었다.

Matsushita의 희망은 이러한 조치들이 경쟁사인 Philips의 NO가 지향했던 혁신적 환경과 기업가정신을 해외자회사들이 가지도록 고무시키는 것이다. 그러나 일본 내에 집중된 R&D 기능은 그러한 희망을 이루는 데 큰 장애물이 되어 왔고 당분간 지속되리라 여겨졌다. 또 한 가지의 장애물은 일부 자회사의 manager들이 이러한 새로운 프로그램들이 그들을 본사의 자원과 전문성에 접근하기 어렵게 만들 것이라고 생각하는 것이었다. 그럼에도 불구하고 Matsushita는 Globalization을 위한 분산화(Decentralization)를 계속 추진하고자 하였으며 그에 따라 지역 본부의 주요 기능들이 북미, 유럽 그리고 동남아시아 등으로 옮겨졌다.

결론적으로 Philips와 Matsushita는 자신들의 기존 전략과 조직 구조가 더 이상 도움이 되지 않고 있다는 것을 파악하고 각각 최고 경영진이 주도가 되어 많은 중대한 조치들을 단행하였다.

사례 6 Matrix 조직 <ABB사>[10)]

배경

ABB사는 1987년 8월 스웨덴의 Asea사와 스위스의 Brown Boveri사가 합병함으로써 설립된 기업이다. Asea와 Brown Boveri는 합병 당시 각기 긴 역사를 지닌 기업이었다. ABB가 설립된 후 많은 사람들은 ABB가 미래에 주도적인 역할을 할 기업이며 진정한 의미의 Globalization을 실현한 소수의 기업 중 하나라고 호평하였다.

1994 회계연도 당시 ABB의 매출액은 290억 달러이었으며 고용인원수는 200,000명 이상이었다. ABB의 사업분야는 전력 발전, 산업 및 건설 시스템 그리고 철도 수송체제 등을 포함하고 있었다. ABB는 총 매출액의 56%를 유럽에서, 20%는 북남미에서, 나머지 24%는 아시아, 호주 및 아프리카에서 각각 거두어 들이고 있었다.

ABB는 공정 자동화 체제(process automation system), 기관차(locomotives), 로봇(robot), 대기오염 통제체제(air pollution control system) 등과 같은 분야에서 우위를 지키고 있었으며, 전세계 전기산업분야에 대한 최대 공급업체이기도 하였다. ABB는 미국 시장에서 확고한 위치를 차지하고 있는 대기업 General Electric의 아성에 도전하고 있었는데, 특히 당시 시장규모가 연간 30억불에 달하며 계속 성장할 것으로 예상되던 가스터빈 시장에서 강세를 보이고 있었다.

ABB 경영진은 1994년 연차보고서에 다음과 같이 기술하였다.

• 1994년 유럽에서 시작된 경기회복 추세는 ABB의 짧은 기업 역사상 세 번째 단계인 확장단계의 시작을 상징했다. ABB는 주문량이 64% 늘어나고 소득이 배로 증가한 합병 및 인수단계(1988년~1990년)를 거친 이후 1991

10)이 부분은 W. Taylor, "The Logic of Global Business: An Interview with Percy Barnevik." *Harvard Business Review*, March-April 1991. ; "Percy Barnevik Passes the Baton," *Busines Week*, October 28, 1996. ; "The ABB of Management," *Economist*, 1996.1.6. ; "A Tough Swede Invades the US," *Fortune*, 1992.6.29. ; "Asea Brown Boveri," Harvard Business School Case 9-192-139. ; "ABB(A): The Barnevik Era(1988-2001)." IMD case 172을 참고하여 작성되었음.

년부터 1994년 초반까지 경기 불황으로 인한 정리통합 및 선별분야 성장 단계를 거쳤다. 이 두 번째 단계를 거치면서 ABB는 구조조정 및 생산성 향상을 위한 조치를 취했으며 동시에 아시아의 고성장 지역과 중앙 및 동유럽 지역에서의 사업 확장에 주력했다. ABB는 자신의 주요 시장인 유럽이 불황에서 벗어날 때를 대비해서 매출 및 수익 증대를 준비해왔다.

신축적인 기업

ABB의 CEO인 Percy Barnevik씨는 신속히 행동할 것을 요구하였다. 그는 “100가지 결정을 내렸을 때 그 중 70가지가 좋은 성과를 가져온다면 만족할 만한 결과”라고 말하였다. 급변하는 환경 속에서는 항상 옳은 것보다는 신속히 행동하는 것이 더욱 중요하며 기민하기만 하다면 문제점들은 나중에 시정할 수 있다는 것이었다.

*Nikkei Business*지는 일본 기업인들이 ABB와 겪은 경험담 중 일부를 소개했는데, 해당 일본인들은 대기업체인 ABB의 신축성과 기민함에 놀라움을 금치 못했다고 한다. *Nikkei Business*지가 소개한 경험담의 개요는 다음과 같다.

- Itochu사의 어느 부서 책임자는 Barnevik씨로부터 프로젝트 진전 상황에 대해 논의할 수 있도록 회의를 소집해달라는 전화연락을 받았다. Itochu사의 책임자는 납품 지연 문제를 지적했는데 그로부터 24시간 내에 스위스로부터 시정 조치를 이미 취했다는 전화 연락을 받았다.
- 토쿄에서 서쪽으로 250 km 정도 떨어진 Aichi현에 소재한 한 기업은 ABB가 생산한 반도체를 시험하던 중 문제가 발생하자 ABB에 도움을 요청했다. 그 일본기업은 요청 1주일만에 ABB로 부터 첫 회신을 받았고, 얼마 후 이라크 기술자 1명과 스웨덴 기술자 1명이 문제를 해결하기 위해 일본으로 파견되었다. 타 외국 공급업체의 경우 유사한 상황 하에서 회신하는 데만 한달 정도가 소요된다.

ABB는 군살이 없는 조직체이다. 본사의 전체 인원은 100명이 채 안되고 임원도 8명밖에 되지 않았다. 고도로 중앙집권화되고 효율적인 본사는 고도로 분권화된 조직을 운영하고 있었다. ABB는 5,000개 이상의 profit center를 운영하고 있었다. ABB는 1,300개의 독립적이고 독자적인 회사들로 구성된 ‘기업의 연합체'로 조직되어 있었으며, 개별 기업들은 소규모의 집중적 기업활동을 통하여 이윤을 창출하도록 요구되었다.

Globalization

위에 언급했듯이 ABB는 소규모 기업활동을 지향하고 있었지만 동시에 Barnevik씨의 주도하에 기업활동의 글로벌화를 적극적으로 추진해 왔다. Barnevik씨는 글로벌 기업활동의 주요 이점 중 하나는 강력한 "원산지" 효과라고 강조하였다. 얼마 전까지만 해도 유럽국가들은 자국이 보유한 발전 시설 중 2%만을 해외에서 수입해왔다.

주요시장에서 직접 활동하는 것 이외에도 세계적인 활동기반을 구축함으로써 글로벌시장에서 규모의 경제를 이루는 것이 매우 중요하다고 판단되었으며 ABB는 이를 위해 각각의 제품에 대한 생산이 그 제품에 대한 생산기술 및 경험이 가장 뛰어난 공장에서 이루어지도록 하는 한편 각기 다른 시장마다의 수요 추이에 맞추어 각 공장의 peak time을 평준화함으로써 기업활동의 효율을 극대화하고자 하였다.

글로벌시장의 관점에서 볼 때 기업이 세계적인 규모와 지역에 맞는 신축성을 모두 확보하지 못한다면 성공할 수 없다고 할 수 있으므로 ABB와 같이 글로벌화된 기업의 업무수행과정은 종래의 규격화되고 중앙집권적인 세계적 규모 기업활동과는 본질적으로 다른 것이라고 할 수 있었다.

Slim화 된 조직(Lean Oranization)

Barnevik씨가 취임한 이후 취한 첫번째 조치는 본사의 인원을 대폭 감축하는 것이었고, 그 후 ABB가 인수한 130여 개의 회사 모두에게도 동일한 조치를 취했다. 그는 중앙 집권화 된 기업체의 '불필요한' 본사인원을 감원함으로써 1년 안에 본사 인원수를 90% 감축할 수 있다고 굳게 믿었다. 즉, 본사의 자금 및 법률 담당 기능을 독립된 해당 부서로 분산 이전함으로써 30%를 감원하고, 인적자원 관리 등과 같이 본사에서 담당하는 업무를 분권화시킴으로써 30%를 감원할 수 있으며, 감량경영을 통하여 나머지 30%도 감원할 수 있다고 믿었다.

Zurich에 소재한 ABB본사는 100명에 의해 운영되고 있었다. 핀란드에 소재한 자회사 Stromberg는 본사 인원을 880명에서 25명으로, Manheim에 소재한 Brown Boveri의 독일 담당 본사는 고용인원을 1,600명에서 100명으로 각각 대폭 감축시켰다.

Barnevik씨는 초기 공정 합리화 추진을 위한 추가적인 조치를 취했으며 매년 생산비용을 10%씩 절감하는 것이 그의 목표였다. Barnevik씨가 합병 초기에 Brown Boveri의 독일 지사에 대하여 노동력의 10%를 감원하고 Mannheim에 소재한 본사 관리부문을 해체하자 독일 노조는 파업을 조장하며 바리케이드를 설치하고 언론을 통해 회사 방침을 신랄하게 비난하며 강력히 대응했으나 그는 흔들리지 않았다. 합리화 운동의 결과로 독일 종업원 일인당 매출액은 1987년 55,000달러에서 1990년 94,000달러로 대폭 증가했고, ABB 독일지사는 독일에서 독일 기업인 Siemens와 거의 대등한 위치에 서게 되었다.

작업장에서의 개선운동도 인원감축을 통한 합리화 추진운동에 공조했다. 개선노력의 한 가지 예로 1992년 12월에 265명의 인원으로 구성되어 중형 기관차 엔진을 생산하는 스웨덴의 ABB Drive가 실행한 프로그램을 들 수 있다. T-50이라고 명명된 이 프로그램의 목표는 생산기간(cycle time)을 반으로 줄이는 것이었다. 소규모 작업 그룹이 구성되었고, 각 그룹은 생산력 향상을 위해 노력했다. T-50을 통하여 얻은 새로운 아이디어 중 하나로서 그동안 통상적으로 간부가 담당해오던 협상을 작업장 기술자가 직접 담당하게 되자 공급업체들도 배달날짜를 철저히 준수하게 되었다.

R&D 재구축

전세계에 걸쳐 사업을 운영하는 ABB와 같은 회사는 R&D 수행에 있어서 글로벌기업만이 갖는 어려움이 있었다. ABB의 R&D팀은 현업 부서와 원만한 관계를 유지해야 할 뿐만 아니라 다양한 국적과 문화를 가진 연구원 및 팀들 간에 조화를 이루어 전사적인 목표를 위해 공조작업이 이루어져야 했다.

ABB는 Bell의 연구소와 같이 중앙에 집중된 연구소를 운영하는 대신에 R&D활동의 90% 이상이 각각의 Business Unit 내에서 이루어지고 있었다. 일련의 기술관련 업무가 각각의 사업부와 여러 나라에 위치한 비교적 소규모의 본사 직영 연구센터에서 동시에 행해지고 있으므로 ABB가 활동하고 있는 다양한 시장에 적응할 수 있고 또한 각각의 시장에 빠르게 공급될 수 있는 신제품을 지속적으로 내놓기 위해서는 이러한 개별적 R&D 활동들은 효율적으로 통합·조정되어야 했다.

R&D 활동의 통합을 위해 ABB는 첫째, 적절한 인력 배치를 위하여 각 지역의 연구실 책임자는 현업부서 내에서 연구원들이 인정해 줄만한 학문(기술)적인 배경을 지니고 있는 사람을 임명하였다. 둘째, 원활한 job rotation 프로그램을 활용하였는데 예를 들어 R&D센터의 책임자는 젊은 연구원을 현업부서로 파견하여 약 3개월 동안 임원과 함께 일을 하게 함으로써 기업의 목표, 풍토, 마음가짐 등에 익숙해질 수 있도록 하였다. 셋째, 매년 첨단기술이나 경쟁사의 기술개발 활동 등을 검토·분석하는 전략적 기술 기획 프로세스를 개최함으로써 연구원들로 하여금 현업부서 동료들과의 유대를 증진시키고 ABB의 기업문화를 실제로 접할 수 있는 기회를 제공하였다. 마지막으로 각 기술 부문의 Senior VP는 R&D 책임자 및 그 부문의 운영권자 두 사람에게 모두 보고해야 하는 의무가 있었다. 이것은 R&D 활동이 가지는 두 가지 목적, 즉 사업목표의 달성과 기술진보라는 두 측면간에 효율적인 Coordination과 Communication을 이루기 위한 것이었다.

Global Network의 강점

이러한 업무수행의 다양성은 ABB 조직의 여러 부문에서 볼 수 있었다. ABB는 회사 내에 글로벌 네트워크를 형성하여 서로 다른 부문 간의 cross-learning을 가능케 함으로써 이러한 다양성을 최대한 활용하고 있었다. 다음의 예들은 소규모의 독립된 회사들이 상대방의 경험을 토대로 교훈을 얻는 과정을 보여준다.

- 핀란드의 전력 및 전기제품 제조업체인 Stromberg는 1986년 Asea에 의해 인수되었는데 Stromberg는 drive 생산분야에서 세계적인 선두 주자였기 때문에 이 부분에 집중하게 되었다. 한 회사가 모든 분야에서 경쟁하는데 필요한 충분한 자원을 보유하기는 어렵지만 한 분야에서 우위를 지킬 수는 있었다. Stromberg는 ABB의 국제화된 유통구조가 주는 이점을 십분 활용하여 3년 만에 수출량을 50% 이상 증대할 수 있었다. ABB의 국제화

된 유통망은 Stromberg사로 하여금 생산에만 집중할 수 있게 해줌과 동시에 국제 시장에 생산품을 판매할 수 있게끔 해 주었다. Stromberg사는 ABB 그룹이 사용하는 drive의 35%를 납품하게 되었고 재무적으로도 투입자본 수익율이 30%에 달하게 되었다.

- 영국 Dundee에 소재한 ABB Nitran은 변압기 생산업체 중 하나인데 1989년에 인수되었다. 전력을 장거리 송전하는 데 쓰이는 전력 변압기 사업부문을 관리하는 본사는 독일의 Mannheim에 위치하고 있었다. 제품은 16개국에 분포되어있는 25개의 공장에서 생산되고 있었는데, 각 제조업체는 고유의 관리이사와 예산 및 재무제표를 보유한 독립된 회사이었다. Manheim에 소재한 본사는 변압기 사업부문에 속한 모든 기업의 실적에 관한 자세한 정보를 매달 정기적으로 배포하고 각 회사의 사업목표를 설정해 주고 있었다. 인수 초기 Nitran 경영진은 Manheim의 본사가 설정해 준 목표가 현실성이 없다고 판단하고 회의적인 태도를 보였으나 변압기 사업부문에 속한 타 제조업체를 방문한 이후에는, 자사 생산체제의 효율화를 추진하고 생산기간을 단축할 수 있다고 믿게 되었다. ABB는 그 당시 2년간 실시한 Customer Focus Program을 통하여 독일, 핀란드 및 미국에 소재한 변압기 공장의 공정시간을 70%로 단축할 수 있었다. 스웨덴에서는 모터 그리고 저전압 장치와 같은 기본 제품의 배달 소요기간을 각각 15일에서 5일로, 33일에서 3일로 단축할 수 있었다. Dundee에 소재한 Nitran 경영진은 변압기 사업부문에 속한 타 제조업체의 경영방침을 관찰한 이후, 유사한 프로그램을 실행하였고 1년 안에 상당한 성과를 거두게 되었다.
- ABB그룹이 생산하는 각종 저 전압 통제 및 배분관련 부품의 마케팅을 담당하는 영국 Conventry에 위치한 ABB Control은 1991년 수요층의 제품 만족도를 파악하기 위한 의견 조사를 실시했다. ABB Control은 상기 조사를 통하여 한 제품의 배달이 항상 지연됨으로 해서 기업 전체의 신뢰도에 심각한 악영향을 미치고 있다는 사실을 알아내고, 이 사실을 독일에서 개최되고 ABB 그룹에 속한 모든 통제부품 생산업체 대표들이 참석한 사업부문 회의에서 보고했다. 이러한 보고가 있은 후 다른 기업들도 유사한 조사를 실시하게 되었고 조사 결과를 통하여 문제의 근원이 되는 특정 공장

을 식별하였고, 해당 공장에서 발생한 문제가 다수의 ABB계열사들에게 지대한 악영향을 미친다는 사실도 밝혀냈다.

ABB의 경영방침

ABB라는 매우 다양한 그룹의 경영은 Abacus라고 불리우는 경영 정보체제(management information system)가 있기 때문에 가능하였다. Abacus는 그룹에 속한 5,000개의 profit center와 1,300개의 자회사들에 관한 집중화된 보고자료를 제공하고 있었다. 보고자료는 예산예측과 실적을 비교하고 국가간 비교분석을 가능하게 해 준다. Barnevik씨는 매월 500여 개의 각종 사업활동에 관한 자세한 정보를 보고받고 있었는데, 그가 받는 정보에는 모든 사업부문(Business Area), ABB가 활동하는 주요국가와 그들 국가의 자국 기업에 관한 정보 등이 포함되어 있었다. Barnevik씨는 보고서를 통하여 주문량, 현금흐름, 수익성 등과 같은 일반적인 통계 뿐만 아니라 실적의 추세도 알아보고 있었다.

또한 Barnevik씨는 모든 중역들로 하여금 사내에서 영어를 사용하도록 권장하였다. 상기 조치가 취해졌을 당시 ABB 전체사원의 20%만이 영어를 사용하고 있었다. 그전까지 가장 보편적으로 사용되던 언어는 독일어였고, 그 다음은 스웨덴어였다. 또한 모든 재무보고는 미국 달러를 기준으로 이루어지도록 하였다.

ABB의 가장 중요한 특징 중 하나는 matrix 조직이었다. Barnevik씨는 ABB가 내부적으로 세 가지의 서로 상충되는 모순점을 지닌 조직체라고 믿었다. ABB는 global 하면서 동시에 local 하기를, 대규모이면서 동시에 소규모이기를, 매우 분권화되어 있으면서도 중앙집권화된 보고와 감독체계를 갖추기를 추구하고 있었다. 글로벌 matrix 조직이 바로 이러한 모순점들을 해결하는 기본골격으로서 ABB는 이 matrix 조직을 통해 자사의 활동을 조정하고자 하였다. Barnevik씨는 글로벌 matrix 조직의 운용을 다음과 같이 설명하였다.

- 우선 한 사업부문(Business Area), 예를 들어 변압기 부문의 관점에서 보면, 변압기 부문장(BA manager)은 독일의 Mannheim에 주재하고 있지만 그가 관장하는 영역은 전세계에 걸쳐있다. 그는 16개국에 25개 생산설비를 갖추고 연간 매출이 미화 10억달러를 상회하는 사업을 다국적으로 이

루어진 소규모 팀과 함께 운영하고 있다. ABB는 우리의 50개 BA를 수퍼맨과 같이 초인적인 능력을 지닌 manager들이 관리한다고 생각하지 않는다. BA manager들은 그들의 동료, 팀멤버와 함께 사업목표를 설정하고 달성실적을 관리 감독하는 것이다.

- BA manager는 경영전략 수립자인 동시에 global 조정자의 역할을 한다. 그는 전세계에 걸쳐 있는 ABB의 전사적 이익이라는 관점에서, 어느 공장이 어떤 제품을 생산하고 각 공장의 제품이 어느 국가로 수출될 것인지, 또는 각각의 생산기지가 가지고 있는 전문기술과 연구기금을 어떻게 효율적으로 통합하여 전사적으로 활용할 것인가와 같은 결정을 내린다. 또한 그는 전세계 ABB에 산재해 있는 60~70명의 뛰어난 인재들을 파악하고 있어야 한다. 예를 들어, ABB가 태국에 새로 설립하는 지사의 공장장이 필요하다고 할 때, BA 책임자는 태국의 기업활동을 맡을 수 있는 3~4명의 후보자(한 사람은 미국에 있을 수도 있고 다른 한 사람은 Finland에 있을 수도 있다)를 즉각 떠올릴 수 있어야 한다
- 물론 ABB가 한 나라에서 수많은 사업영역에 걸쳐 활동하고 있다는 점은 무시한 채, 개개의 BA운영을 최적화하는 데 조직구성원과 운용을 맞출 수도 있다. 그러나 그러한 조직운영이 ABB에 가져오는 손실은 막대할 것이다. Norway에 위치한 ABB의 변압기 회사에서는 400명의 종업원이 Norway뿐만 아니라 BA가 지정한 해외시장으로 수출하는 변압기를 제조하고 있다. 그러나 ABB Norway는 이 회사 이외에도 Norway 안에서 10,000여명의 종업원을 고용하고 있다. 따라서 변압기 BA가 Norway에서 ABB의 발전기, switchgear , 또는 process 자동화 사업부문과의 coordination을 강화함으로써 얻을 수 있는 이득은 막대하다고 할 수 있다. 그 예로서는 대학교에서의 recruiting활동, 다수의 상품라인에 걸쳐 공용될 수 있는 효율적인 유통 및 서비스 네트워크, Norway 지사들 간의 인력 rotation, 대정부 관계개선 등을 들 수 있다.
- 이러한 이점들을 활용하기 위해 ABB는 Oslo에 본부를 두고 현지인을 사장으로 하는 ABB Norway를 설립한 것이다. ABB Norway의 사장은 다른 Norway기업의 사장과 마찬가지로 노사협의, 은행과의 관계유지, 고객기업의 고위층 접촉 등의 역할을 똑같이 수행한다. 명색만이 사장인 다른

다국적기업의 지사장과는 뚜렷이 구분되는 것이다. Norway에서 성공하기 위해서는 ABB는 Norway기업이 되어야만 한다. 예를 들어 국가적 이익과 큰 관련이 있고 국민들의 자긍심을 크게 높여주는 북해 유정 개발과 같은 프로젝트에 있어 정부가 현지기업이 아닌 외국회사를 주요 공급업체로 선정할 리는 만무한 것이다.

- Matrix 조직을 유지하기 위해서는 상응하는 대가를 치루어야 한다는 사실을 인정한다. 그러나 상충되는 요건들을 동시에 만족시킬 수 있는 능력을 보유하는 것 또한 글로벌화된 기업의 특징이며, 따라서 ABB 각 계층의 manager들은 각기 독특한 능력을 보유하는 것이 요구된다.
- BA manager, Country manager와 각 Local Company의 사장의 역할은 각기 매우 다르다. 그들은 각자 자신의 역할을 이해하고 있어야 할 뿐만 아니라 그들이 서로 경쟁하는 사이가 아닌, 서로를 보완해주는 역할을 해야 한다는 사실을 염두에 두어야 한다.
- BA manager들의 역할이 ABB 조직에서 가지는 비중은 매우 크다. 그들은 뛰어난 전략수립능력뿐만 아니라 전세계 지사들의 실적 평가를 해야 하는 동시에 다양한 국적으로 구성된 팀과 일할 수 있는 능력을 갖추어야 한다. 따라서 ABB는 그간 비전을 갖추지 못하였거나 문화적 차이에 대한 이해와 고려가 부족하다든지, 강압적인 독재스타일의 관리능력만을 가진 일부 BA manager들을 교체하여 왔다. 사실 BA manager들이 자신의 사업부문에서 종사하는 전세계의 ABB 종업원 모두를 마음대로 조정할 수 없는 것이다. 예를 들자면, Local Company의 사장에게 어떤 종업원을 해고하라든지 노사협상에는 어떤 전술을 구사하라든가 하는 지시를 내릴 수는 없다. 그렇다고 BA manager의 역할이 단순히 각 지역의 실적과 통계만을 접수하고 관리하는 정도에서 그쳐서는 안된다. BA manager들은 Country manager들처럼 수천명을 직접 관리하고 보고 받는 휘하조직을 가지고 있지 않으므로 자신의 역할을 어떻게 정의하고 조화를 이루느냐가 관건이라고 할 수 있다.
- Country manager의 역할은 각 Local Company의 사장 역할과 상응하는, 지역의 Line Manager라고 할 수 있다. 그러나 동시에 Country manager들은 ABB의 글로벌한 전사목표를 염두에 두고 있어야 한다. 예를 들어,

ABB Portugal의 사장이 저전압 switchgear BA 부문의 manager에게 Portugal 내에서의 사업운영은 간섭하지 말라고 요구하는 것은 있을 수 없는 것이다. Country manager는 BA manager들과 함께 자신이 관장하는 국가에서 수행되는 각 사업부문마다 실적을 평가하고 개선책을 모색해야 하는 의무가 있다. Country manager는 BA manager들에게 자신의 ABB조직이 해당 사업 부문에서 당면하고 있는 문제를 세부적으로 설명할 수 있는 능력이 있어야 되는 것이다.

- 마지막으로 덴마크의 ABB 변압기 회사나 그리스의 ABB Drive와 같은 ABB의 Local Company 사장들은 다른 방면의 능력과 skill이 요구된다. 그들은 뛰어난 사업부(Profit Center) 경영자인 동시에 각기 다른 두 명의 boss의 지시에 따라야 하는 임무가 주어진다. 결국 두 가지의 다른 역할과 책임을 가지게 되는 것이다. 첫 번째 boss는 바로 Global boss인 BA manager로, BA manager가 설정한 guideline에 맞추어 사업운영을 해 나아가야 한다. 동시에 두 번째 boss로 local operation을 관장하는 Country manager가 있다. 물론 이렇듯 두 명의 boss에게 보고를 해야 하는 사람의 수가 많은 것은 아니다. 독일 전역에 있는 3만6천여명의 ABB 종업원들 중 두 명의 boss를 모셔야 하는 관리자의 수는 50명에 불과하다. 그렇지만 그 50명은 이러한 미묘한 지휘체계의 밸런스를 맞출 수 있는 능력을 지녀야만 한다. 즉, 두 명의 manager가 각기 다른 요구를 해올 때 당황하지 않고 현명한 판단을 내리는 한편 두 명의 manager간에서 눈치를 본다든지 하는 행동을 하지 않을 만큼의 자신감과 도의감이 갖추어져야 한다.
- 사실 우리는 충분한 수의 글로벌 manager 인력을 보유하고 있지 못하다. 따라서 현재 부족한 글로벌 manager들을 양성해내는 데 최우선 순위를 두고 있으며 그것이 우리가 당면한 최대의 과제이다. 그렇지만 글로벌 기업이라고 해서 수천명의 글로벌 manager가 필요한 것은 아니다. ABB의 1만5천 여명의 관리자들 중 500명 정도가 글로벌 manager라면 ABB의 경영은 원활할 수 있다고 본다. ABB는 관리자들을 필요 이상으로 글로벌화하는 데에는 관심이 없다. ABB에게 자신의 국적을 망각하고, 예를 들어 자신은 이제 독일인이 아니며 국제인일 뿐이라고 여기는 사람은 필요가 없다. 현실은 이상과는 다르며 독일에서 상품과 서비스를 제공하고자 한

다면 그 기업 및 기업인은 독일인의 감각과 감성을 지니는 것이 훨씬 유리한 것이다.

- ABB는 최고 경영진, 임원진, BA운영팀 및 주요 직무에 글로벌 manager들이 필요한 것이 사실이다. 글로벌 manager들의 특징은 첫째로 그들이 매우 개방적인 사고를 가졌다는 점이라고 생각한다. 그들은 각각의 국가 조직들이 수행하는 경영방식을 존중하고 또한 특정국가에서는 특정한 경영 스타일이 필요한 이유를 이해할 수 있을만한 상상력을 지니고 있어야 한다. 하지만 글로벌 manager는 각국의 문화적 한계에 도전할 만큼의 결단력과 추진력을 동시에 지녀야 한다. 글로벌 manager는 누군가가 '이태리나 스페인에서는 노조 때문에 어떤 일을 못한다' 라거나 '일본에서는 재무성의 간섭 때문에 어쩔 수 없다' 라고 할 때 그 말들을 그대로 받아들여서만은 안된다. 수많은 핑계와 이유들을 명확히 통찰하고 혁신의 기회를 포착할 수 있어야 하는 것이다.
- 글로벌 manager들은 둘째로 관대함과 인내심을 지녀야 한다. 앞서 말한 대로 ABB의 공용어는 영어인데 글로벌 manager들은 언어의 장애가 수반하는 많은 문제들을 처리할 수 있어야 한다. 글로벌한 임무를 지닌 manager 모두 영어에 능통해야 하며 지역의 전반적인 관리책임을 지닌 manager들 역시 일정 수준 이상의 영어능력이 요구된다. 내 자신이 Sweden ABB의 동료에게 memo를 보낼 때도 영어를 쓴다. 어떻게 보면 같은 스웨덴 사람끼리 영어로 의사소통하는 것은 우습기도 하겠지만 1년 후 그 memo를 어떤 국적의 manager가 이해할 필요가 있을지는 아무도 모르는 일이다.
- 글로벌 manager의 자질은 타고나는 것이 아니라 만들어지는 것이다. 사실 그것은 자연스러운 과정은 아니다. ABB manager들은 무리 지어 사는 동물들처럼 서로 자신과 닮은 사람들은 선호한다. 하지만 글로벌 manager를 양성할 수 있는 많은 방법들이 존재한다. 우선 전세계적으로 인재를 순환근무 시킬 수 있다. 글로벌한 관점을 가지게 하는데 있어 서너 개의 나라에서 실무경험을 쌓게 하는 것보다 더 좋은 방법은 없다. 또한 다국적팀 구성도 한 가지 방법이 될 수 있다. 의도적으로 국적을 초월한 인간관계 형성을 도모하는 것인데 이를 위해서는 경우에 따라서 채용

정책에 본사가 개입한다는 것을 의미한다.

- 이것이 바로 ABB가 BA팀 구성에 중점을 두는 이유이다. 50개 BA팀에 각각 5명의 manager들이 있다고 볼 때, 세계 각지로부터 선발된 250명의 manager 그룹이 형성된다. 이들이 정기적으로 장소를 바꾸어가며 회동하며 그때마다 어려운 경영 이슈들을 해결하기 위해 각자가 적용하는 색다른 시각을 제시함으로써 참석자들이 서로 다른 지역이나 나라에서는 어떤 방식으로 사업이 운영되는지를 이해하게 되는 것이다. 나 자신도 3주마다 열리는 임원회의를 통해 같은 경험을 한다. 거주지, 근무지, 여행지가 서로 다른 독일인, 스위스인, 미국인, 스웨덴인 등이 모여 의견교환을 통해 얻어지는 통찰력은 실로 대단한 것이다. 여기서 기억할 점은 임직원들을 이러한 상황과 여건으로 의도적으로 유도해야 한다는 점이다. 국적의 혼합은 그저 저절로 얻어질 수 있는 것이 아니다.

이러한 조직상의 특징과 업무수행방식의 차이로 인해 일반적인 조직체에 비해 executive의 역할이 다르다는 점 또한 ABB의 특징 중 하나이었다. ABB의 최고 경영진 중 한 사람인 Goran Lindhal씨는 그가 맡은 가장 중요한 역할 중 하나가 경영진이 태만해 있거나 목표 없이 사업을 진행하는 부서를 식별하는 일이며 만약 그런 부서를 적발했을 경우에는 해당부서가 자신보다 두 세 단계 낮은 위치에 있더라도 "배우고자 하는 환경을 조성할 수 있도록 분위기를 쇄신한다."라고 Lindhal씨는 말했다. 한 가지 예로 그가 관리하던 10여 개의 특수 동력 전압기 사업부 중 하나가 중복된 개발활동과 몇몇 유럽국가에 ABB가 설치한 생산시설에 대한 합리화를 제대로 추진하지 못한 경우가 있었는데 담당부서의 일선 관리자들이 의견을 일치시키지 못하자 즉각 Lindhal씨가 개입하게 되었다. 그는 일선 관리자들에게 특정한 하나의 안은 수용할 수 없다고 명확히 밝히고 정해진 기일까지 해결책을 모색하라고 지시했다. 그러나 일부 관리자들이 그가 강조하는 업무공조 방침에 소극적이라는 사실을 알게 되자 그들을 즉각 대체하였다.

Lindhal씨는 세계 도처에서 활동하는 휘하의 사업부 책임자들과 두 달에 한 번씩 정기적으로 회동할 때마다 문제를 제기했다. Lindhal씨는 회의시간을 일상적인 예산검토가 아닌 우발사태 대응계획 연습으로 활용했다. 예를 들어, 특정 환경법이 통과됨으로써 생겨나는 기회와 위협, 선진국과 개도국 간에 문제가 발생했을 경우 개도국에 대한 ABB의 투자활동이 받을 수 있는 영향, 또는 무역협상을 통하여 특정 결의안이 채택되었을 경우 ABB의 국제시장 공급망이 받을 수 있는 영향 등을 고려해 보라고 지시했다. 이러한 활동을 통하여 부하 간부들의 사고력을 촉진시키고 신선한 창의활동을 유발시키는 것이 Lindhal씨의 목표였다.

세계적으로 생각하되 지역적으로 행동하라

1997년 초 사장과 CEO 자리를 물려주고, ABB 이사회의 의장으로 남은 Barnevik씨는 200명 미만의 인력으로 회사의 중추부를 최소화하고, 운영 책임을 각 자회사에 분산시킨 대단히 정력적인 인물이자 급진적인 분산주의자로 알려졌다. 그는 핵심적인 글로벌 기술을 보유한 팀을 구성해 기업 중심부에 배치하고, 내부 벤치마킹을 시행하는 등 몇 가지 관행을 개척한 인물이기도 하였다. 다음은 Barnevik씨에 대한 인터뷰 기사이다.

- 우리는 각 국가의 문화를 존중하고 장려하는 한편, ABB의 글로벌문화도 함께 개발해 왔습니다. 저는 그것을 '우산 문화' 라고 칭하고자 합니다. 그 우산 문화는 우리를 결합시키고, 각자 다른 길을 갈 때보다 더 강하게 만들어 줍니다. 이 글로벌 문화가 우리를 국가라는 섬에 따로따로 고립되지 않게 해주는 것입니다. 우리는 그간의 경험을 토대로 우리의 비전과 가치, 정책 등을 요약, 정리해 'ABB 바이블' 이라는 것을 만들었습니다. 그것은 '훌륭한 시민이 되는 법' 따위의 일반적인 내용이 실린 모양이 번듯한 기업 홍보용 책자가 아닙니다. 'ABB 바이블' 은 우리가 지향하는 것이 무엇인가, 고객이나 외부 기관에는 어떻게 대해야 하는가 그리고 내부적으로는 어떻게 행동해야 하는가 등에 관한 내용을 담고 있는 실용적인 지침서입니다.
- 지역 분권은 중앙의 감시 체제와 병행됩니다. 그리고 지역 분권을 권한의 포기와 혼동해서는 안됩니다. 우리는 권한과 책임을 분산하는 동시에 상급 경영진, 즉 임원들에게는 관여하고, 지도하며 잘못된 일을 바로잡을 권리와 책임을 부여합니다. 우리는 18개월이나 24개월에 한 차례씩 4,500

명의 관리자를 1주일간 소집하고, 주요 글로벌 관리자 100여 명은 1년에 두 차례씩 소집합니다.

• 저는 작은 것이 아름답다는 말을 자주 하곤 합니다. 작은 회사의 경우 직원 개개인의 노력이 회사 전체의 성공에 얼마나 직접적이고 큰 영향을 미치는지 잘 알고 있습니다. 대그룹의 직원들은 회사의 큰 그늘 아래에 숨어버리는 경우가 많은데, 이는 본인을 위해서도 회사를 위해서도 바람직하지 않은 일입니다. 누구든 노출되어 있고, 누구든 책임을 지니고 있습니다. 그런 환경은 위협이 아니라 기회입니다. ABB에서는 실수가 허용됩니다. 허용되지 않는 것은 실수를 바로잡지 않거나 수동적으로 대응하는 일입니다.

주요 이슈

01 ABB는 2가지 형태의 경영체계, 즉 전형적인 미국 다국적기업 스타일의 Strategic Integration과 유럽 다국적기업 스타일의 Decentralization을 적절히 조화시켜 Advanced Globalized Company의 위치에 이르게 되었다. ABB가 이처럼 상반되는 2가지 목표를 동시에 달성할 수 있었던 성공 요인들은 어떠한 것이 있는가?

참고문헌

강태구, 「국제경영(전정판」, 박영사, 2002.

강태구, 김태기, 박복재, 「무역학개론」, 무역경영사, 2006.

강호상, 「글로벌재무관리(제4판)」, 법문사, 2012.

강호상, 「외환론(제2판)」, 법문사, 2003.

국제경영연구회, 「글로벌시대의 국제경영학」, 영지문화사, 1994.

박대위, 「무역실무(제7전정판)」, 법문사, 1997.

______, 「무역개론(제2개정판)」, 박영사, 1994.

반병길, 강호상, 「국제경영(제6판)」, 박영사, 2007.

이 철, 「글로벌경영」, 북넷, 2012.

장세진, 「글로벌경영: 글로벌경쟁시대의 국제경영」, 박영사, 1998.

지용희, 이장호, 강호상, 「최신무역개론(개정판)」, 경문사, 1996.

Bartlett, Christopher A. and Sumantra Ghoshal, "Tap Your Subsidiaries for Global Reach," *Harvard Business Review*, November-December 1986.

______, "Matrix, Not a Structure but a Frame of Mind," *Harvard Business Review*, July-August, 1990.

Buckley, P. J. and M. Casson, *The Future of the Multinational Enterprise* (London and Basingstoke: The Macmillan Press, 1976).

Chandler, A. D., *Strategy and Structure* (Cambridge: MIT Press, 1962).

Daniels, John D. and Lee H. Radebaugh, *International Business: Environments and Operations*, 8th Ed. (Reading, M.A.: Addison Wesley Longman, Inc., 1998).

Davidson, W. H. and P. Haspeslagh, "Shaping a Global Product Organization," *Harvard Business Review*, March-April 1982.

Davis, S. M., *Managing and Organizing Multinational Corporations* (New York: Pergamon Press, 1979).

Deresky, H., *International Management: Managing Across Borders and Cultures*, 3rd ed. (Upper Saddle River, N.J.: Prentice-Hall, 2000).

Dunning, J. H., "Towards an Eclectic Theory of International Production," *Journal of International Business Studies*, Vol. 11, No. 1, Spring/Summer 1980, pp. 10–12.

Enrick, N. L. and B. L. Myers, "A Structured Approach for Case Methodology in the Business Policy Course," *Decision Sciences*, Vol. 2, 1971, pp. 111–122.

Fayerweather, John, *International Business Strategy and Administration*, Second Edition (Cambridge, M.A.: Ballinger Publishing Co., 1982).

Gershon, Richard A. and Tsutomu Kanayama, "The Sony Corporation: A Case Study in Transnational Media Management," *The International Journal on Media Management*, Vol. 4. No. 2, 2002 pp. 105–117.

Gold, Bela, "Changing Perspectives on Size, Scale and Returns: An Interpretive Survey," *Journal of Economic Literature*, (March, 1981), pp. 5–33.

Grubel, Herbert G. and P. J. Lloyd, *Intra–Industry Trade: The Theory and Measurement of International Trade in Differentiated Products* (New York: John Wiley & Sons, 1975).

Hill, Charles W.L., *International Business: Competing in the Global Marketplace*, 6th Ed. (New York: McGraw–Hill Irwin, 2007).

Hymer, S. H., *The International Operations of National Firms: A Study of Direct Foreign Investment* (Cambridge, Mass.: MIT Press, 1976).

Keesing, Donald B., "Labor Skills and Comparative Advantage," *The American Economic Review* (May,1966), pp. 249–58.

Knickerbocker, F. T., *Oligopolistic Reaction and Multinational Enterprise*

(Boston, Mass.: Harvard University Press, 1973).

Krugman, Paul R. and Maurice Obstfeld, *International Economics: Theory and Policy*, 6th Ed. (Boston, Mass.: Pearson Education, Inc., 2003.

Kunii, Irene M., and Ron Grover, 'Sony Slides into a Slump,' *Business Week*, June 5, 2000.

Leontief, Wassily, "Domestic Production and Foreign Trade: The American Capital Position Re-Examined," *Proceedings of the American Philosophical Society* 97 (September 1953) pp. 331−349.

Linder, Staffan Burenstam, *An Essay on Trade and Transformation* (New York: John Wiley & Sons, 1961).

MacDougall, G. D. A., "British and American Exports: A Study Suggested by the Theory of Comparative Costs," *Economic Journal* 61 (December 1951), pp. 697-724; (September 1952), pp. 487-521.

Ohlin, Bertil, *Interregional and International Trade* (Cambridge: Harvard University Press, 1933).

Ohmae, Kenichi, *Triad Power: The Coming Shape of Global Competition* (New York: Free Press, 1985).

Perlmutter, H. V., "The Tortuous Evolution of the Multinational Corporations," *Columbia Journal of World Business*, January-February 1969, p 12.

Porter, M. E., *Competition in the Global Industries* (Boston, M.A.: Harvard Business School Press, 1986).

Posner, Michael, "International Trade and Technical Change," *Oxford Economic Papers*, Vol.13 (October, 1961), pp. 323−41.

Robock, Stefan H., Kenneth Simmonds, and Jack Zwick, *International Business and Multinational Enterprises*, Revised Edition, (Homewood, Illinois: Richard D. Irwin, 1977).

Root, F. R., *International Trade & Investment*, 5th Edition, (Cincinnati, Ohio: South-Western Publishing Co., 1984).

________, *Entry Strategies for International Markets*, (New York: Lexington Books, 1994).

Samuelson, Paul, "International Trade and the Equalization of Factor Prices" *Economic Journal* 58 (1948), pp. 163–184.

Schlender, Brent, 'Sony on the Brink,' *Fortune*, June 12, 1995.

Simon, H. A., *The New Science of Management Decision*, (New York: Harper and Bros., 1960)

Stopford, J. M. and L. T. Wells, *Managing the Multinational Enterprise* (New York: Basic Books, 1972).

Taylor, W. "The Logic of Global Business: An Interview with Percy Barnevik." *Harvard Business Review*, March-April 1991.

Vernon, Raymond, "International Investment and International Trade in the Product Cycle," *The Quarterly Journal of Economics* (May, 1966), pp.190–207.

Wells, Louis T. Jr., "A Product Life Cycle for International Trade?" *Journal of Marketing* (July, 1968), pp. 1–6.

Yip, George S., *Total Global Strategy: Managing for Worldwide Competitive Advantage* (Englewood Cliffs, N. J.: Prentice–Hall, 1992).

국문색인

ㄱ

ㄴ

ㄷ

ㄹ

ㅁ

ㅂ

ㅅ

ㅇ

ㅈ

ㅊ

ㅌ

ㅍ

ㅎ

영문색인

[저자 약력]

姜鎬相은 서강대학교 화학과를 졸업하고 미국 콜럼비아 대학에서 국제경영학 박사학위를 취득하였다. 1983년 미국 텍사스 주립대학교 경영대학 교수로 부임한 후 국제경영학 박사과정 주임교수를 역임하였으며 1986년에 귀국하여 현재까지 서강대학교 경영대학 교수로 재직하고 있다. 저자는 국제금융 및 국제경영 분야에서 30권의 저서와 42편의 논문을 집필하였으며 1990년도에는 저서 『국제금융시장론』으로 매일경제신문사로부터 정진기언론문화상을 수상하였다.

〈서강 Harvard Business〉 편집위원장을 역임하였으며, [금융산업발전심의위원회], [외환제도개혁 소위원회] 등 각종 정부관련 위원회의 위원으로 활동한 바 있고 〈한국국제경영학회〉회장을 역임하였다.

글로벌기업 – 환경과 전략 –

2013년 9월 5일 초판 1쇄 발행
2016년 7월 5일 초판 2쇄 발행

저 자 강 호 상
발행인 배 효 선
발행처 도서출판 法 文 社

10881 경기도 파주시 회동길 37-29
등록 1957년 12월 12일 / 제2-76호(윤)
전화 (031)955-6500~6 Fax (031)955-6525
e-mail(영업): business@bobmunsa.co.kr
(편집): edit66@bobmunsa.co.kr
홈페이지 http://www.bobmunsa.co.kr
조 판 광 암 문 화 사

정가 24,000원 ISBN 978-89-18-12155-0